特色小镇全程操盘及案例解析

WHOLE PROCESS OPERATION AND CASE ANALYSIS OF THE FEATURED TOWNS

陈建明 / 著

新华出版社

图书在版编目（CIP）数据

特色小镇全程操盘及案例解析/陈建明著.--北京：
新华出版社，2018.3
ISBN 978-7-5166-3947-4
Ⅰ. ①特… Ⅱ.①陈… Ⅲ. ①小城镇-城市建设-案例-
中国 Ⅳ.①F299.21
中国版本图书馆 CIP 数据核字（2018）第 057907 号

特色小镇全程操盘及案例解析

作　　者：陈建明

责任编辑：徐　光　　　　封面设计：闰江文化

出版发行：新华出版社
地　　址：北京市石景山区京原路 8 号　　　　邮　　编：100040
网　　址：http://www.xinhuapub.com
经　　销：新华书店、新华出版社天猫旗舰店、京东旗舰店及各大网店
购书热线：010-63077122　　　　中国新闻书店购书热线：010-6307201

照　　排：北京金宇达文化发展有限公司
印　　刷：天津中印联印务有限公司
成品尺寸：170mm×240mm
印　　张：19　　　　字　　数：285 千字
版　　次：2018 年 5 月第 1 版　　　　印　　次：2018 年 5 月第 1 次印刷
书　　号：ISBN 978-7-5166-3947-4
定　　价：48.00 元

序言一

优客工场创始人、董事长　毛大庆

过去40年，中国的城市化进程高速发展，无论北京、上海、深圳这样的一线城市，还是天津、南京、杭州等二线城市和诸多的三四线城市，都取得了举世瞩目的建设成就。在此期间，城市化经历了快速发展阶段和加速发展阶段，2016年，中国的城市化率达到57.35%，较1978年大幅提升39.43个百分点。

伴随着中国城市化进程，中国经济、社会诸方面都发生了翻天覆地的变化，取得了可喜的成绩，但也带来了很多问题。大城市人口膨胀、交通拥堵、房价飞涨等问题对于经济持续发展的严重制约，以及中国经济升级、转型过程中面临的诸多挑战，都是城市化进程中亟待破解的难题。

在这样的市场环境下，“中国制造”的领军品牌华为、中兴等企业不得不选择搬离一线城市，而中国乡村则面临土地大量流失、宅地废弃、人口大规模转移等问题。显然，高速城市化导致的“大城市病”和“乡村病”正在日益加剧。

特色小镇正是在这样的背景下，迎来了巨大的发展契机。

2016年2月，国务院印发了《关于深入推进新型城镇化建设的若干意见》，明确提出加快培育具有特色优势的小城镇，带动农业现代化和农民就近城镇化；同年7月，《关于做好2016年特色小镇推荐工作的通知》下发后，又将特色小镇建设提升到国家高度。住建部也先后两次公示了全国特色小镇名单。

发展特色小镇、统筹城乡发展，已成为中国城镇化建设的重要方向。中国特色小镇作为国家发展战略，正在呈现全面爆发之势，市场普遍关注如何用专业的手段开发和运营特色小镇。

在这样的背景下，陈建明先生结合自己和易铺智库团队在特色小镇领域的实践经验，对特色小镇从产业细分、产业定位、市场定位策略、产品策划、规划设计、投资融资、招商及 IP 导入、运营、典型案例、实战要点等环节进行了系统性的专业论述，并就国内外大量特色小镇项目的案例进行分析。这样的研究，对于中国特色小镇的发展，无疑有着重要的参考和借鉴作用。

陈建明先生在本书第二章提出了“特色小镇产业定位原理”，给我留下了深刻的印象。他从“比较优势”产业组合原理、特色产业定位的空间原理、特色产业定位的时间原理三个维度形成特色小镇产业定位的方法论，让我们清晰地理解了特色小镇的特色产业应该怎样从农业、工业、生态、旅游、文化价值及文化产业、细分行业商务办公、商业及其他服务业、房地产 8 类产业中进行决策选择，这种科学的决策思维对于特色小镇的发展无疑具有重要的价值。

关于特色小镇产业定位的时间原理选择生态趋势、新技术趋势、产业趋势及城市群发展趋势对特色小镇特色产业的定位进行预见性修正，具有很好的决策指导意义，其中新技术趋势的内容和我在 2016 年 9 月发表的《全球视野中的未来社会五大趋势性变革》中提到的“共享经济成为社会经济重要业态”“虚拟与现实同步深化”“人工智能成为人类的重要助手”有着一致的判断。

上述趋势性变革不仅对于特色小镇的发展有重要的指导意义，对于优客工场同样具有重要的指引作用。优客工场是我于 2015 年创办的共享办公企业，目前是中国该领域中一家独角兽级别的企业。我认为，特色小镇和共享办公的共同点在于，二者都需要远见卓识的内容运营。

另外，优客工场也将成为特色小镇在共享办公领域不可或缺的运营IP。参照国外发展的经验来看，以“产业”为灵魂的特色小镇是解决大中城市发展差距过大，稳步推进城镇化建设的重要途径和有效引擎。作为人口、产业、经济的重要载体，特色小镇在未来具有无限的发展空间和发展机遇。

相信本书对特色小镇从业者将具有重要的指导和借鉴意义。

序言二

全联房地产商会商业地产研究会会长　王永平

中国大中城市发展过程中的雷同化现象颇为突出，“千城一面”最直观的表现是城市建筑风貌。如果摘去城市街道的路牌与店铺上的地名，许多城市彼此之间有时要区分出来都不是件容易的事。“千城一面”也体现在产业布局上，每个城市都是面面俱到、包罗万象，但就是特色不鲜明，即使是北京过去多少年间也是大而全，所以才有时下的去非首都核心功能一说。

保护与培育自然界的生物多样性已经是社会的共识，许多城市在市政建设与产业发展上，对于多样性与差异化的认识还不到位，所以，当国家提出鼓励发展特色小镇的时候，各界还是充满期待与欣喜。而且，也确实有不少具有远见卓识的企业家真心希望投入其中，有所作为。但是，中国的问题就怕刮风，就怕搞成运动，就怕被利益集团利用。一类是不会搞而胡搞一气；一类是干脆就没想过要真搞。事实上，在这方面已经显现了一些苗头，特色小镇概念嚷嚷得最起劲的是房地产商，其中一些地产商正以特色小镇名义到处跑马圈地。

特色小镇最本质的东西就是产业特色，成功与否关键还是看内容，而不仅仅是建筑形式，更不是花里胡哨的新概念。从这一点上说，特色小镇与商业地产也是相通的。商业地产也经历过一个浮夸的发展过程，概念五花八门，外表奇形怪状，但是，最终行业还是要回归运营本质。且从重开发转向重运营已经成为大势所趋。

所以，我希望特色小镇的发展能少走些弯路。要做到这一点，除了政府制定好的政策导向，企业去除投机心态之外，还有很重要的一点就是要有相对系统的产业理论指引，为那些真正想做特色小镇的企业提供借鉴与参考。

当然，特色小镇在当今中国还处于启蒙阶段，浙江、江苏等少数地区的试点与探索也还有待于进一步总结，因此，加强特色小镇的理论研究显得尤为重要与紧迫。

我认识陈建明先生多年，他在对待新生事物方面有着独特的敏感性与前瞻性。在本世纪初，中国商业地产刚兴起之时，他就涉足商业地产，实际操盘了一大批商业地产项目，其中，既有做甲方的，也有做乙方的。之后，他又开始潜心研究商业地产理论，办网站，出书，忙得不亦乐乎。他的书出版后送我一些，细读之下，就觉得即使不认识他的人，研读他的书也一定会了解到写书人一定不是纯搞研究的，而是懂实务的。但是如果只会实操没有理论悟性，也是写不到这等程度的。他在书中也较早地指出了商业地产发展过程中可能出现的问题，后来也得到了不少印证。

近两年，听到建明兄关于商业地产的发言少了，原来他是闭门去跨界研究特色小镇了。从书稿来看，他还是下了工夫，而且收获颇丰，从特色小镇的产业定位到规划设计，从投融资到 IP 导入，研究工作全面且系统。据说，他还跑到国外多地实地考察特色小镇，总结其发展经验与教训。这回他又跑到前头去了。由于中国特色小镇尚处于发展初期，所以，客观而言，这样的研究可能深度也不一定够。但是，廖胜于无，对于他的开创性研究还是应该予以积极鼓励。同时，也呼吁有更多的有识之士参与到特色小镇的研究中来，不断推动特色小镇的建设与发展。

序言三

全经联执行主席　杨乐渝

众所周知，特色小镇已经成为中国城镇化建设的新“风口”，无论站在中国城镇化趋势的角度，还是站在中国经济转型的角度看，特色小镇的发展都将成为推动中国经济持续发展不可或缺的力量。特色小镇的科学发展无疑已经成为市场的焦点！

全经联作为以推动产业创新和城镇化发展为使命的企业家组织，以“全产业、新经济、联发展”为内容和模式的事业共同体，集“平台＋智库＋资本＋产业创新 IP 集群”的资源和动力为一体的创新生态和产业生态系统，尤其关注特色小镇的科学发展问题。

全经联通过“全经联特色小镇产业运营大会”“全经联特色小镇投融资模式研讨会”等，探讨特色小镇的产业运营、金融解决方案，对特色小镇发展进行更深入、更落地的研讨；全经联产业孵化器已聚集、投资、孵化和加速了近千个各产业领域的产业创新 IP，成立了文旅、文创、健康、养老、儿童、体育、农业等十大特色产业创新 IP 集群，为特色小镇发展搭建了不可或缺的 IP 矩阵。

通过这些最前瞻的实践，全经联深知当前中国特色小镇发展存在诸多问题，亟须建立科学发展的理论体系和方法论。

很高兴看到陈建明先生即将出版的《特色小镇全程操盘及案例解析》

的书稿，这本书对特色小镇的产业细分、产业定位原理、市场定位策略、产品策划、规划设计、投资融资、招商及IP导入、运营、典型案例、实战要点等进行了专业阐述，并就国内外大量特色小镇项目的案例进行分析。这样系统性的指南对于特色小镇发展企业以及行业都有着重要的指导和借鉴意义。

本书第二章提出的“特色小镇产业的定位原理”，从“比较优势”产业组合原理、特色产业定位的空间原理、特色产业定位的时间原理这三个维度形成特色小镇产业定位的方法论，这样科学、理性的思考和当前特色小镇产业定位“模式化”“套路化”“打法思维”形成鲜明的对照，将有利于特色小镇精准定位和风险控制。

对于特色小镇来说，文化主题对于小镇IP的打造至关重要，陈建明先生在第五章第四节“特色小镇的文化主题设计”中提出了特色小镇文化主题设计的三大原则：设计符号的独创原则、主题尺度的张力原则、主题表现的科技原则，深刻诠释了打造特色小镇文化个性的“撒手锏”，希望中国特色小镇能够通过文化主题的打造塑造出绝对的竞争力。

本书第十章总结的特色小镇实战“要点”都是作者深刻实践的经验之道，希望能为特色小镇的开发运营者指点迷津。

在中国特色小镇快速发展的今天，关注并全力助推中国特色小镇发展的全经联期待更多的特色小镇项目能够通过科学化、专业化的运作，做好特色小镇产业和金融的双轮驱动，成功打造生态、生活、生产为一体的“三生综合体”。

目录

第一章　特色小镇概述

当下，特色小镇无疑是中国城市化率超过50%以后，城市化纵深发展最热的词汇。短短两三年间，特色小镇取代了“城镇化”，以更加人文、更具体验性的姿态融入社会，变成现代流行热词。“城镇化”有些过于学术，过于文质彬彬了，以至于80、90乃至00后，听到“城镇化”就感觉要上课、被教育；但是“特色小镇”不同，很有温度和亲和力，如移动互联网时代的用户体验一样，那么亲近自然。我想这正是“特色小镇”被广泛传播的内生力量。

1.1 特色小镇，美丽的邂逅

相信不少人在国外旅行的时候，有过与特色小镇美丽邂逅、温情相识的经历。

我和家人几次在欧美自驾，亲身感受了国外成熟发展、个性张扬的“特色小镇”，其中美国西线自驾热点线路1号公路中途的卡梅尔小镇令人记忆深刻。

图1.1 波西米亚风情的卡梅尔小镇

卡梅尔小镇 (Carmel)，是美国蒙特利半岛一个精致的海滨文艺小镇，位于美国西岸著名旅游观光景点、十七哩路 (17 Mile) 南方约二里处，距离旧金山市大约两个小时车程。卡梅尔建于20世纪初期，历史虽还不到百年，但是在美国西岸却众所皆知，是一座人文荟萃、艺术家聚集，充满波西米亚风情的小镇。卡梅尔的早期居民90%是专业艺术家，其中著名作家兼演员Perry Newberry和著名演员兼导演Clint Eastwood都先后出任过卡梅尔小镇的市长。

先看看卡梅尔小镇是怎样的美艳：卡梅尔无疑是一处世外桃源般的地方，许多风格独特的艺术家和作家都住在这个依山面海、充满波西米亚风情的小城市中，奇特的建筑物和景色美得如童话一般。这里的居民们极力抗拒现代化。如今，市内仍禁止张贴广告、装霓虹灯或停车咪表和盖快餐店，以便维持原貌。原始的风情带给人朴实、祥和和温馨。沿小镇的主街Ocean Avenue向西走到尽头，就是“十七哩”海滨拥有独一无二大沙滩的卡梅尔海滩。

图1.2 卡梅尔海滩

再看看卡梅尔为什么天生丽质：风光明媚的蒙特利半岛被称为世界上陆地、海洋、蓝天的集大成者，并被公认为理想的度假胜地，而17英里卡梅尔则是其中的精华。碧海蓝天、鲜花礁石、随处可见的海鸟和海豹、悬崖峭壁、古老的松柏构成了十七英里迷人的画卷。

早在100年前，“艺术家、诗人和作家的卡梅尔”已经闻名遐迩。1969年，中国著名的国画大师张大千曾居住在此，称其居所为“可以居”。100年来，迄今为止只有4000多居民的卡梅尔风采依旧，其以优美的自然环境和优雅的艺术氛围成为加州十七哩黄金海岸公路的一大亮点。在这里，有各样的时装店、古董店、糖果店、画廊、玩具店以及日用工艺品店。

图1.3 艺术卡梅尔

卡梅尔小镇给我最直观的感受是，卡梅尔小镇首先是“美丽小镇”——自然环境美，人居环境美，基础设施和城市别无二致，甚至超越；卡梅尔小镇更是“魅力小镇”——最大的魅力无疑是艺术家、艺术文化产业聚集地，为不少人创造了就业，也为不少生意人创造了机会，甚至形成了强大影响力的产业引爆点，于是精英云集，甚至连房价都高高在上！

可想而知，一个美丽、魅力的特色小镇一定会吸引游客，而游客的穿梭意味着旅游产业活力迸发……这就是我对美国卡梅尔小镇的印象。

当然，在国内也有很成功的特色小镇，比如京郊密云的古北水镇。

古北水镇是司马台长城脚下独具北方风情的度假式小镇。经过发展，其已经成为北京周边观光游览、休闲度假、商务会展、创意文化等旅游业为一体，服务与设施一流、参与性和体验性极高的综合性特色休闲国际旅游度假目的地。

图1.4 古北水镇水天一色

古北水镇最抓人眼球的无疑是43万平方米精美的明清及民国风格的山地合院建筑，包含2个五星标准大酒店、4个精品酒店、5个主题酒店，20余家民宿、餐厅及商铺，10多个文化展示体验区及完善的配套服务设施。

和过去北京周边的旅游小镇相比，古北水镇已经彻底打破了以往的北京周边旅游设施的水准。另外，古北水镇在文化主题的发掘和运营方面也恰如其分地与北京中高端市场的需求相契合，大家享受了文化盛宴，自然也乐意为此买单。于是，古北水镇在京郊精彩绽放。

古北水镇夜景堪称北京一绝，2016年全新重磅打造长城脚下的夜游“八大名玩”，把长城文化演绎到极致：

登长城，提灯夜游司马台；

品长城，城下湖畔精致晚餐；

望长城，摇橹长城下；

赏长城，星空温泉絮语；

聆长城，浪漫水舞秀；

宿长城，夜宿长城脚下；

戏长城，戏水长城脚下；

醉长城，山顶品酒观星。

图1.5 看古北水镇夜色，观司马台长城

这个基于北方水文化建造而成的小镇，正在成为北京夜游时尚新地标，也吸引着越来越多的年轻人及国际友人前来度假。这里，也是摄影家和美食爱好者的天堂。

卡梅尔小镇和古北水镇给我留下的深刻印象让我笃信特色小镇精彩的未来，我和易铺智库团队亲自操盘实践或顾问咨询了“北京怀柔雁栖镇”“成都生态谷”“保定裘皮小镇”“天津华明小镇”等项目，并于 2013 年 5 月 9 日在北京盛大发布了“易铺智库特色小镇产业定位原理”，希望能为行业提供有益的借鉴和参考。

2013 年后，特色小镇加速发展。很欣慰看到习近平主席提出的：新型城镇化建设必须牢固树立并切实贯彻创新、协调、绿色、开放、共享的发展理念；集“特而强、聚而合、小而美、活而新”等特点于一身的特色小镇，为中国城镇化发展创新提供了生动鲜活的案例，为新常态下经济转型升级提供了新的思路……在这样的国家战略面前，我们期待特色小镇在中国卓越发展，为中国城镇化的发展奠定成功的未来！这也是出版本书的目的——希望这本书能够为推动中国“特色小镇”的健康、科学发展尽绵薄之力!

未来，我们可以有这样的中国特色小镇梦：当中国有1千个成功的特色小镇的时候，一个特色小镇2万居民，总量就是2千万；当中国有1万个成功的特色小镇的时候，按照一个特色小镇2万居民，这就意味着2亿人口在特色小镇实现了城镇梦想，不用再到城市里！这将意味着中国城镇化在城市化取得巨大成就后，发展滞后的乡村不仅可以改变基础设施落后的面貌，而且可以通过产业发展，文化旅游创新，实现人居环境、产业发展、旅游价值的飞升，这将成为逆城市化的驱动力，点亮中国城市化的美好未来!

特色小镇是中国城镇化的未来梦想，那么，怎样实现无疑成为关键!本书希望结合易铺智库操盘经验及对国内外成功特色小镇案例的分析解读，为中国特色小镇的发展梳理出可行的实战宝典，推动中国特色小镇卓越发展。

1.2 特色小镇的基本概念及解析

一、特色小镇的基本概念

首先，我们需要对特色小镇的概念进行科学的定义。在众多特色小镇定义的描述中，个人认为下面的定义相对比较严谨。

特色小镇是指具有优美的生态环境和优良的基础设施，依赖某一特色产业和特色环境因素（如地域特色、生态特色、文化特色等），打造的具有明确产业定位、文化内涵、旅游特征和一定社区功能的综合开发项目，是产业聚集地、消费聚集区、新型城镇化发展区三区合一，产城乡一体化的新型城镇化模式。

可以说，特色小镇并不是一个行政意义上的城镇，而是一个大城市内部或周边的，在空间上相对独立发展的，具有特色产业导向、景观旅游和居住生活功能的项目集合体。特色小镇既可以是大都市周边的小城镇，可以是较大的村庄，也可以是城市内部相对独立的区块和街区，其中部分服务功能可以和城市共享。上面提到的卡梅尔小镇就是这样气质和内涵的特色小镇。

特色小镇的基础是优美的生态环境和良好的基础设施，核心是特色产业。新兴产业因为强大的发展势能，成为不少特色小镇的特色产业选项，比如高端服务业、私募基金、互联网金融、创意设计、大数据、机器人、云计算、健康服务业，或其他智力密集型产业等，当然，特色农业、旅游产业、特色新型工业、艺术产业等耳熟能详的产业也会是中国特色小镇的产业选项，甚至更有广泛适应性。如丽江九色玫瑰小镇，谁敢说它不是具有中国特色、魅力绝伦的特色小镇呢？

图1.6 丽江九色玫瑰小镇

之所以强调特色小镇的基础是优美的生态环境和良好的基础设施，是因为在中国过去20年城市化的过程中，传统工业主导的特色产业属性的小镇已经在全国范围内广泛发展，但是很遗憾，传统工业发展过程中忽视对生态环境的保护，甚至原本秀美山川被污染殆尽，最终，我们看到的是一个个生态环境被毁坏的特色产业小镇，但绝对不是我们今天倡导的“特色小镇”——今天大力发展的特色小镇绝对不可以是生态环境被毁坏，市政设施落后的“特色小镇”。

在城市化发展取得巨大成就的今天，如何解决城镇发展是中国未来城镇化的重点。首先应该将更多的村镇变成生态环境优美、基础设施完善的乡村，让“美丽乡村”成为中国符号，这意味着未来中国或许遍地都是美丽小镇；再进一步，如果其中不少小镇不仅生态环境优美、基础设施完善，而且形成一种或几种产业聚集，形成了小镇的产业驱动力，那么这些美丽小镇无疑就是我们千呼万唤的“特色小镇”。

当特色小镇具备了优美的生态环境和良好的基础设施后，就自然具备了生态旅游价值，尤其在一线、二线城市周边更是如此。一线、二线城市周围的特色小镇比较容易成为宜居宜业的大社区，比较容易依托宜人的自然生态环境、丰富的人性化交流空间和高品质的公共服务设施。

从上述特色小镇的概念来看，特色小镇已经超越了单一产业，往往是多产业融合，这也意味着打造特色小镇所具有的复杂性。过去，大家认为商业地产已经很复杂了，是“大学生”水平的人才能做的事情；而特色小镇的投资开发和商业地产相比，又明显复杂很多，完全不是一个等量级了。除了形形色色商业地产的开发运营外，各种类型的产业运营将成为更加有挑战性的内容，这意味着特色小镇真得“研究生”水平的人去操作。这个表述算是调侃，但内中道理的确如此。

二、“特色小镇”，“特”在何处?

正如“特色小镇”的概念，“特色”无疑是最重要的内容，无论是特色产业、特色产品，还是特色项目，乃至IP、特色运营，都意味着这个小镇不同的个性、价值乃至魅力！正如体验娱乐商业制胜之道——“不同，即竞争力！”通过打造“不同”的“特色”，形成特色小镇的竞争力，甚至是杀伤力，无疑是特色小镇产品策划的王道。

正如中国久负盛名的特色小镇——乌镇定位的策略是“要做唯一，而不是第一”。农业、工业经济，产品生产讲求标准、规模化，“争做第一”往往是市场策略；特色小镇产业内容更多是第三产业，体现出和农业、工业经济不同的产品特点，“唯一”成为市场策略，如果策划定位能够深入把握“比较优势”的产业，对地方资源、文化有入木三分的领悟，对各种产业趋势了然于胸，IP 资源充分，并且足够精准运营，那么这个特色小镇在某个或某些领域就可能成为区域、城市、国家乃至全世界的唯一，这也正是特色小镇“特”的魅力所在，“特”令特色小镇跳出争做行业第一的农业、工业经济“红海”特点，其可能独步江湖，长期享受商业蓝海的福利，成为惊艳的“唯一”。

鉴于特色小镇可能是多个产业融合发展，其中也包括特色农业、工业等，这就意味着成功的特色小镇往往会首先创造一个或多个第一，然后在产业、产品、内容、营销等方面再创造一个或多个“唯一”。

成为“唯一”，无疑是特色小镇成功的秘诀！大家听起来可能会觉得悬乎，但是全世界具有“唯一”特质的特色小镇不在少数，比如因达沃斯论坛而举世闻名的达沃斯小镇就是这样的典范。

让我们看看达沃斯小镇是怎样成为“第一”和“唯一”的吧！

达沃斯小镇位于瑞士东南部格里松斯地区，坐落在 17 公里长的山谷里，靠近奥地利边境。它是阿尔卑斯山系海拔最高的小镇，海拔 1560 米，只有 1.3 万人，是瑞士知名的温泉度假、会议、运动度假胜地。那里雪峰绵延，树木葱茏，景色如诗如画，到处辟有滑雪场，是欧洲顶级滑雪胜地之一，在滑雪旺季，70 万游客前来度假，是欧洲人心中的“人间天堂”。

达沃斯只有两条主要道路，区域内以巴士为主要交通工具，都是单行道，处处可感受到“平淡和随意”。在如此狭小的空间里，每年的世界经济论坛却聚集了来自全球的 2400 多位各国政界、商界重量级人物，酝酿着影响世界的重大话题。在这里，任何与会者只能一人进入会场，不得带助手入内。在达沃斯，每个人的身份只有一个——参会者。无论是大公司的CEO、是亿万富翁，还是当红明星，都要自己提行李入住、排队存衣服、倒水、领会议资料，很少看到有前呼后拥的人；在晚宴前的鸡尾酒会上，国家总理也和其他出席者一样，端着杯子在人群中挤来挤去；在会场上，无论是不是名人，都没有指定坐席；开大会时，由于人多，无论是谁，来晚的人都要站在过道上听会；发言时，大家机会平等，争论也好，讨论也罢，可以畅所欲言。

图1.7 雪中的达沃斯小镇

这里的冬天尤其丰富多彩，每年大约有70万游客来此度假，因为这里拥有全欧洲最大的高山滑雪场。它拥有5个独立的滑雪场，其中任何一个都堪称大雪场。冬季的瑞士还是一个雪橇王国，几乎所有的滑雪场都设有雪橇区和雪橇小径。因此，瑞士也是滑雪观光者和初次体验者的天堂。

曾经到过达沃斯滑雪场的人，一定会对那里孩子们的欢声笑语印象深刻。年轻的父母一般都会带着孩子，甚至还在襁褓中的，让他们从这里迈出人生勇敢的一步。

达沃斯小镇美丽的生态环境令世人难以忘怀，但是在这些美丽的背后，我们需要拨云见日，看看达沃斯小镇在哪些方面可称为世界的“第一”。

（1）欧洲最大的高山滑雪场；

（2）雪橇王国最负盛名的小镇；

（3）阿尔卑斯山系最高的小镇；

（4）达沃斯20世纪起成为国际冬季运动中心之一，滑雪场分为七个部分，其中帕森地区 (Parsenn) 是最大也是最受欢迎的滑雪场；毗邻的克罗斯特滑雪场 (Klosters) 是英国皇室的最爱。

（5）19世纪时肺结核还是不治之症，而达沃斯因为海拔高，四面环山，空气干爽清新，是各种肺病患者最佳的疗养地；

（6）1877年，欧洲最大的天然冰场在达沃斯落成，世界级的选手都在这里训练。此外，达沃斯还有一座冰雪体育馆。每年这里的国际赛事不断，让体育爱好者大饱眼福。

有了上面的“第一”，再看看达沃斯的“唯一”，这个“唯一”无疑就是“唯一的达沃斯世界经济论坛”。有了它，这个“唯一”令“欧洲最大的高山滑雪场”的头衔都不那么引人注目了。这个“唯一”其实是小镇借助国际性论坛打造的营销唯一。

对达沃斯小镇“特”的解读可以梳理出特色小镇定位研究的基本逻辑，那就是怎样根据特色小镇资源、产业等为特色小镇确定“第一”和“唯一”的产品和市场方向，如果运营阶段能够把美梦变成现实，能够打造出世界级的“第一”和“唯一”，那这个小镇就可以走向世界；如果能够打造出中国的“第一”和“唯一”，那么这个小镇或成全国典范；如果能够打造出省或城市的“第一”和“唯一”，那么这个小镇成为区域特色小镇也是不错的选择——未来更多的特色小镇也将会是这个类型。

对于特色小镇来说，“唯一”和“第一”的内容，就是未来我们需要阐述的特色小镇IP的特征，成功的特色小镇往往是打造了一个或多个“唯一”内容的小镇，否则很难持续成功运营，后续我们将会深入解读。

三、特色小镇的4个维度

特色小镇是复杂的，也是精彩的，所以需要用庖丁解牛的思路进行深入分析，这样会有利于理清思路，透视全局。从特色小镇的内涵出发，我们可以从 4 个维度透视特色小镇的发展水平，分别为产业维度、功能维度、形态维度和制度维度。

1. 产业维度

21 世纪，市场动态变化始终是主旋律，加上科技创新，产业变化更加高频；不同国家、城市、区域的产业又会因为区域差异而不同。对于特色小镇来说，产业定位成为首要的选项，怎样的创新性和特色性，并且能和周边产业或者自身形成一定长度的产业链，就是产业落地的重点。从经济发展的趋势看，发展高端服务业、高新技术、绿色低碳型产业，产业的经济开放性和生产效率会较高，可持续发展具备可行性。当然，中国特色的农业、工业产业在很多城镇建立的竞争力依然具有特色小镇的产业支撑，只要做好生态复原和保护，这些产业依然可以成为特色小镇的特色产业，引领众多特色农业、特色工业小镇的真正崛起。对于特色小镇来说，最终特色产业的选择还需要考虑小镇周围的城市特点，以及动态变化趋势、产业的适应性等因素。

从国内外成功特色小镇的产业定位看，产业定位几乎从战略上决定小镇的成败，因为能够导引成功的产业类型需要生存的土壤，需要产业延伸，需要面对竞争——达沃斯小镇作为世界顶级滑雪胜地，滑雪运动在世界范围内的贵族化趋势形成了小镇趋势性上涨的消费力量，无论政界、商界都是座上客，再加上达沃斯论坛世界传播，滑雪运动这样高大上的体育产业奠定了小镇走向世界的基础，与达沃斯论坛交相辉映，成就小镇全球荣耀；而中国茅台镇作为中国首屈一指的白酒酿造胜地，原生态的环境成为最重要的竞争力，贵州茅台酒不仅将中国白酒消费和白酒文化带到全世界，也令这个白酒产业小镇历久弥香。

需要指出的是，科技创新范畴的产业对于绝大多数小镇来说都是从零起步，但是人才往往会成为科技创新产业小镇的边界条件。各种类型的科技小镇能够成功的前提，一定离不开人才聚集形成的支撑。我们无法想象，全国各地复制的中关村产业园关联的科技小镇，如果没有人才，产业是怎样失去发展的基础和力量的。所以，特色小镇选择科技产业，必须对人才环境有足够准确的判断和把握。

2. 功能维度

特色小镇的功能应具有一定的集聚度及和谐度，经济、社会和生态等各功能之间需要协调发展，功能结构要合理，公共服务功能化程度要比较高。

去过国内外特色小镇的人对这些应该有切身感受，即使没有去过，相信大家对于国外诸如美国卡梅尔小镇、荷兰郁金香小镇、瑞士达沃斯小镇以及北京周边的古北水镇、中国南方最负盛名的乌镇都应该有一个判断：这些小镇往往是聚集性发展的，因为没有聚集就很难形成小镇紧凑的氛围；这些小镇是居民、商贾、游客和谐共处的乐土，因为特色小镇的兴旺能让居民更加安居乐业，能让商贾更加用心经营，能让游客更加舒适快乐，当特色小镇经济、社会和生态都协调发展、功能结构合理的时候，就意味着小镇魅力尽现，真正实现了特色小镇的发展愿景。

3. 形态维度

特色小镇要全面体现“特色”，除了特色产业以外，在空间上也可以体现明显的特色，建筑、开放空间、街道、绿化景观和整体环境可以在某种主题下协调延展，体现出共性的特色，并因为大尺度的“张力”，令特色更加鲜明，这样的风貌特征与城乡空间形态和环境质量协调发展，很容易形成新的特色内容，进而形成特色小镇系列 IP 矩阵。

特色小镇从建筑形态考虑其实有很重要的差异化内容，尤其在深入考虑地方文化特色后，恰如其分地进行文化主题融合，将令特色小镇在建筑上个性飞扬，而且很有可能打造“极大的不同”和“相对乃至绝对的唯一”。山西平遥古城创造的古城复原风貌就是这样。

平遥古城位于山西省中部平遥县内，2009 年被世界纪录协会评为中国现存最完整的古代县城。始建于西周宣王时期（公元前 827 年～公元前

782 年）。被称为“保存最为完好的四大古城”之一，也是中国仅有的以整座古城申报世界文化遗产获得成功的两座古城市之一。2015 年 7 月 13 日，平遥古城成为国家 5A 级旅游景点。2017 年 11 月 19 日，获得年度旅游目的地声誉奖。

图1.8 平遥古城的建筑风貌

我还曾经参观过东北绥化一个小镇，那个小镇将小镇近百年的历史通过博物馆以及每家每户认领历史主题方案进行院落改造，打造小镇文化历史旅游。当进入这个小镇后，马上被小镇的历史文化主题所吸引：将历史在建筑、墙面、地面和道具上进行完整呈现，对于来自城里的旅游者无疑具有吸引力。这个小镇的尺度虽然不大，但是思路很对，赋予建筑形态内涵，就会产生良好的效果。

4. 制度维度

特色小镇在一定意义上也是一个特殊政策区，应围绕特色小镇的发展目标，建立起与其发展相适应，设计能激励相应产业、资金和人才进驻的制度，以及保障机制。

当前，中国的特色小镇的建设的处在发展初期，几乎所有的小镇都面临基础设施不完善的问题，基础设施的主角通常主要是政府，而政府又无法同时顾及这么多小镇的基础设施建设。也因此，特色小镇的基础设施的建设建立在政府和特色小镇投资方的协作机制上。如解决怎么办、何时办、怎么投资、怎么融资等问题，这就牵涉到本应该政府负责的基础设施的投融资模式问题，如果依然按照过去的方式肯定无法解决问题，所以建立特色小镇的创新制度极为关键。

特色小镇的发展也离不开政府的政策支持，配套的税收政策、人才引进制度等都是特色小镇发展过程中必不可少的内容。

四、特色小镇开发的四个要素

特色小镇是具有特色产业、文化内涵，缩小城乡发展差距的发展平台，人和产业是特色小镇的核心。而缺乏产业支撑的特色小镇，无异于房地产的低效造城运动。特色小镇的建设一定要结合自身特质，充分挖掘地区特色，找准产业定位，进行科学规划，形成生态再造、产业发展、文化引领、功能融合的四位一体的发展闭环。

1. 生态再造

自然生态是特色小镇建设的基础，一旦自然生态遭到破坏，特色小镇就无从谈起。特色小镇必须依托现状生态资源，融合低碳、智能、协调、绿色、共享发展理念，按照生态优先和可持续发展的要求，在保持原汁原味风貌的基础上，恰当进行开发保护，打造区域集约化开发的生态价值。

图1.9 吉维尼小镇莫奈花园的鲜花和绿色

喜欢旅游的朋友们，一定不能忘记国内外特色小镇最美好的记忆。位于法国上诺曼底的吉维尼小镇（Giverny），是印象派爱好者的胜地，因莫奈花园故居而闻名，也是莫奈生命中最后43年所住之处，故居里最闪耀的是他苦心经营的花园，除了标志性的睡莲和著名的日本桥，还有不同时节都会盛放的各种花卉，在这里，你可以找到莫奈画笔里的色彩。

在中国改革开放取得卓越成就的今天，我们面对特色小镇的发展机遇，需要理性思考工业化发展过程中可能会出现的环境污染问题，且要通过环境治理，复原生态环境，为特色小镇的建设奠定基础。

从国内外特色小镇的发展经验看，生态再造是成功的基础；从消费者的需求看，没有良好的生态环境，就无法形成旅游、消费、移居的动力。

站在中国城镇化发展的新阶段，习近平主席2005年提出了“绿水青山就是金山银山”的科学论断，这正是特色小镇发展最重要的基础和前提。

2. 产业发展

特色小镇的产业不在于广和多，而在于特而强。产业是小镇的生命力，脱离了产业支撑，小镇将无以为继，甚至沦为空城、鬼城。特色小镇需要结合当地资源、产业基础，选择一个或两个具有特色和较高聚集度的产业作为主攻方向，使之成为支撑其未来发展的大产业，同时吸引产业集聚，形成产业链，通过产业发展，带动其他业态的发展，从而激活整个小镇。

在产业发展的道路上，可能面临多种选项：或者是原有产业的振兴，或者是周边城市产业的外溢，或者是创新产业的第一次精彩呈现，都可能成为特色小镇产业爆发的着力点，成为特色小镇走向未来的力量。

我的故乡是中国枸杞之乡宁夏中宁，在儿时的记忆里，我也是枸杞地里摘枸杞的小伙伴之一，也因此，我从小就对枸杞建立了深厚的“友谊”和“情感”。近年来，我见证了“中国枸杞之乡”枸杞产业支撑的特色小镇在家乡的发展。

中国枸杞之乡宁夏中宁，具有得天独厚的枸杞种植的自然条件。根据

《本草纲目》记载，中宁枸杞几千年前就誉满华夏，无论枸杞的营养成分还是药效成分都是国内最好，当然也是国内产量最集中的地方，那么枸杞种植延伸到枸杞酒、枸杞茶、多样化枸杞制品的加工就是最正常的工业产业价值延伸。类似的农业种植产业特色的小镇在中国不胜枚举，未来一定是中国农业特色小镇的重要力量。

3. 文化引领

文化是特色小镇的内核，只有深度挖掘小镇历史文化脉络，提炼适合小镇的文化因子，在小镇建筑塑造、小镇风貌的营造过程中融入文化基因，才能为小镇润色。无论是地域文化、农业文化，还是外部文化内容植入，只要做好文化内涵，都能使小镇在众多特色小镇中脱颖而出，形成自身的文化标签，并且为小镇的发展注入源源不断的动力。

我们可以把文化理解成为符号，理解成为内容、项目，也可以理解成为故事，乃至文化资源，甚至文化节庆，这些都会彰显小镇特色和个性，令特色小镇成为媒体的焦点，成为居民、游客有温度的体验目的地。

科尔马（Colmar）是法国东北部阿尔萨斯的一个小镇，其保留着16世纪的建筑风格——木筋屋，由木材搭建的多面形屋顶，独特的设计，使小城充满着浓郁的阿尔萨斯风情。这也是建筑文化留给科尔马的魅力。

图1.10 科尔马的木筋屋——建筑文化令小镇魅力四射

4. 功能融合

功能融合是小镇整体布局需要考量的内容，通过对小镇精准的产业定位、产品策划以及整体的科学规划，形成功能恰当融合的不同产业、不同产品的组合架构，构建形成小镇的骨架，同时结合自身文化脉络及场地特征，进行特色小镇人性化、个性化内容的组合，最终打造协同发展的生态、生活、生产空间。这些都将在后续的章节专门进行深入研究。

1.3 国外特色小镇的发展解读

一、国外特色小镇发展的基本情况

20 世纪 60 年代，工业化和城镇化的高速发展导致大城市人口过度集聚、拥堵不堪，但乡村出现空心化，为分流大城市人口，发达国家启动小城镇建设。其中，英、美、日三国启动小城镇建设时的城镇化率均达到 70%，而韩国起步时间较晚，城镇化率在 40% ~ 50% 之间，与我国较为接近。截至目前，英、美、韩、日等经济发达体均已经完成了对小城镇的开发培育工作，小城镇已成为这些国家经济、人口和产业的主要发展载体。

(1) 小城镇聚集了这些发达国家六成以上的人口。其中，美、德等发达国家六成以上的居民都生活在 10 万人以下的小城镇。根据美国最近的人口普查数据显示，2010 年美国总人口为 3.09 亿，63.0% 的人口居住在 5 万人以下的小城镇；根据 2016 年德国统计年鉴数据显示，截至 2014 年底德国总人口为 8119.75 万人，其中 80% 的人口居住在 10 万人以下的小城镇。

(2) 国外小城镇已成为当地产业集约化发展的聚集地。如美国金融行业有格林威治对冲基金小镇和门罗帕克风险投资基金小镇，而硅谷更是库比蒂诺、山景、帕罗奥图、森尼韦尔等高科技产业小城镇的集合；德国高斯海姆小镇的机床制造业、英国 Sinfin 小镇飞机发动机制造业和西班牙阿尔特索小镇的服装制造业均在国际上具有绝对竞争力。

(3) 作为人口及产业的核心载体，小城镇已成为发达国家城乡均衡发展的重要经济活力点。例如，美国高科技小镇集聚的硅谷人口不到美国的 1%，但 GDP 占比却高达 4% ~ 5%，纳帕谷综合性乡村休闲文旅小镇集群每年接待国内外游客 500 万人次，仅旅游经济收益就达 6 亿美元，税收达到 2.21 亿美元，且提供了 17000 多个工作机会；法国格拉斯小镇每年仅香水业就能创造 6 亿欧元的财富。

二、国外特色小镇的发展背景

国外特色小镇的发展经过上百年的实践，在经历诸多失败的教训和曲折的成功后，已经逐步总结出较为科学的发展经验。无论是欧洲还是美国，乃至亚洲国家，不少特色小镇的实践者在特定的条件下，经过不断积累、沉淀和演变，乃至市场淘汰，逐步形成今天我们看到的那些充满魅力的特色小镇，其产生的背景和原因主要有以下几个方面：

1. 城市化驱动，以小镇为单位的国度

欧美国家是以小镇为单元的国度，“特色小镇”是他们的主流生活场。到过欧美国家的人可能会被纽约、伦敦、洛杉矶、东京等大都市繁华喧闹所震撼，但是给人深刻印象的往往是那些掩映于幽林树丛之间，坐落在旷野平原之上的一座座小镇。不少朋友国外旅游的目的地，其实已经不是喧嚣的城市，而是这些个性十足的特色小镇，除了可以体验旖旎的自然风光外，不同的文化体验已经成为大家最大的关注。

鲁西永 (Roussillon) 是被法国政府选入“经典美村”的村庄之一。小镇建在如血的高崖之上，房屋俱是红岩筑就，正午时分也似落日残照的苍凉。

相对于大都市的灯火繁华、高楼林立、人群嚷嚷，欧美国家的人从骨子里更喜欢居住在小镇里，很多小镇都是几百年的历史传承，留下了一代又一代人的印迹，无论是建筑肌理、人文风情、商业形态还是生活习惯、

传统工艺，都代表着一种文化传承和精神象征。

图1.11 红色的浪漫小镇——鲁西永

这种历史和文化传承，以及人们的小镇生活习惯都是西方特色小镇形成的重要原因。

2. 人口和产业外移，产业经济需要新的增长极

从 20 世纪中期开始，以欧美为代表的发达国家已经进入工业化时代，大城市病凸显，堵车、污染和老城区犯罪率飙升，于是开始出现人口向郊区转移的趋势。美国曾一度出现“逆城市化”的浪潮，大量人口从大都市中心地区向周边城镇扩散，一度出现城市空心化的现象。

大都市周边的小城镇土地便宜、环境宜居、交通便利，成为推动人口外溢和居住郊区化的重要因素。在这个“逆城市化”过程中，很多企业把总部或部分核心功能搬迁至大都市周边的小城镇，通过企业或产业带动周边特色小镇的发展，同时也通过各种城市功能转移为不堪重负的大都市缓解压力。

后工业化时代除了大都市病的严重弊端之外，另外一个问题就是产业动力不足。特别是就业水平得不到有效提高，很多居民全靠国家的福利和

补给。为了更好地推动就业，打造全新的以小镇为单元的经济增长极，政府通过城市规划积极引导有基础的特色产业小镇的发展。

在企业外迁或人口向郊区转移的过程中，政府意识到这对于周边小城镇是一次非常好的升级转型机会。因此，在政府政策的扶持下，小城镇与当地特色产业或转移来的大企业进行有机融合，再通过各种鼓励措施吸引人才汇集到小镇之中。最后，慢慢沉淀出了一批充满吸引力的特色小镇。

3. 收入均衡，容易形成产业和人才聚集

欧美发达国家各地区收入相对均衡，并没有出现像中国这样大量人口流动的现象，甚至很多人群都想逃离大都市，去周边小城镇工作生活，特别是那些气候好、人口密度小、房价低、税收少的小城镇。所以，这些小城镇的综合条件甚至比大都市都要好，只要在特定的条件下，就很容易形成人才和产业的聚集效应。

目前中国由于区域收入差距越大，低收入地区人口向高收入地区流动的现象非常明显，每年的春运就可以看出。农村人想进城，内陆地区人口涌向沿海发达地区。特别是在欠发达的地区，如果没有任何基础支撑，特色小镇是很难引入产业资源。

三、国外特色小镇主要类型

国外特色小镇的发展具有典型的市场化特色，低成本及要素的聚集往往形成市场聚合的力量，对于其成功影响巨大。国外特色小镇大多数是通过龙头企业或培育基础产业慢慢向某一个空间聚集，最后形成产业集群，再加上小镇本身的优质生态人文资源，最终形成特色鲜明的小镇。从特色产业专业细分的角度看，国外特色小镇主要有以下几种类型：

1. 特色农业类型特色小镇

欧美特色农业小镇与当地特色农业的发展息息相关，无论是特色农业种植还是养殖，形成一定规模化后往往意味着生态价值、商贸价值、工业价值乃至旅游价值。例如：

郁金香产业小镇：位于荷兰西部的丽斯小镇是著名的郁金香花田区，

每年 4 月份，蓝色、红色、粉红色和黄色的郁金香灿烂绽放，形成一道五彩缤纷、独具特色的风景线，而当地的农民也希望通过荷兰的国花来获取高额的利润。数以万计的游客来到荷兰后，第一选择就是去郁金香花田一览美丽胜景，而当大家坐着旅游大篷车来到花田时，所看到的美景要比想象中更加让人兴奋，让人赞叹；荷兰每年种植的郁金香约有 30 亿株，其中有三分之二会销往国外，主要出口地是美国和德国。

葡萄产业小镇：美国纳帕谷 (Napa Valley) 位于旧金山以北约 50 英里，是美国第一个世界级葡萄酒产地。纳帕谷是一块 35 英里长，5 英里宽的狭长区域，除了酒庄和几个小镇，整条山谷内种满了葡萄。纳帕谷风景优美、自然淳朴，现在已不单单是酒庄的集中区，已经成为一个以葡萄酒文化、庄园文化而负有盛名的旅游胜地，包含了品酒、餐厅、SPA、婚礼、会议、购物及各种娱乐设施的综合性度假区，目前每年接待世界各地的游客 500 万人次左右。

图1.12 美国纳帕谷

2. 特色工业类型特色小镇

发达国家特色工业型特色小镇与工艺传承、产业积累、生态人文环境资源等因素关系密切，是天时、地利和人和的结果。例如：

巧克力产业小镇：美国好时小镇，号称“世界上最甜蜜的地方”，这里有 3 家现代化的巧克力工厂，是北美地区最大的巧克力及巧克力类糖果制造商。

全球体育用品产业小镇：德国赫尔佐根赫若拉赫，中心历史城区、手工业发展传统以及就业市场的吸引力让这座小镇有着高品质的生活，这里拥有三家全球体育用品企业：阿迪达斯、彪马、舍弗勒。

全球纺织品产业小镇：瑞士朗根塔尔小镇，蓝拓纺织品公司和阿曼集团的所在地，它们拥有全球化的分支机构和供应商网络。这个小城镇为它们提供了充足的劳动力以及长期形成的支持本地产业发展的传统氛围。

传统工业如何做大做强，如何通过创新赋予更多全新的内涵，这值得我们思考。特别是中国的珠三角、长三角、京津冀地区，有很多专业镇，每个镇都形成了一个传统产业集群，但是并没有形成特色小镇的氛围。未来如何从专业镇走向真正的特色小镇，是中国很多小城镇需要破题的关键所在。

3. 工业企业总部类型特色小镇

在欧美发达国家，很多小镇是依托一个工业企业总部发展起来的。

英国 Sinfin 小镇：世界著名的航空发动机公司罗伊斯·罗尔斯总部所在地，中间是办公和核心工厂，周边是绿地和低密度住宅区，这里能生产出全世界最高端的航空发动机。这无疑是典型的飞机工业及商务办公型特色小镇的样板。

图1.13 英国Sinfin小镇

德国英戈尔斯塔特小镇：奥迪的全球总部和欧洲工厂所在地，奥迪总部所在地的传统镇区人口只有两三万人，但却是高端人才的核心聚集地。这显然是汽车工业及商务办公型的特色小镇。

图1.14 德国英戈尔斯塔特小镇

目前，中国的高级人才和高端产业主要都集中在大中城市，较少有集中到小镇上的。未来这种状态会逐渐发展。发达国家的实践表明，高端产业并不一定要集中在大城市，高端产业发展所需的人才，也并不是全都喜欢居住在大城市，尤其在中国一线、二线城市房价经历 2015 ~ 2017 年初的暴涨后，这种趋势将会因为中国大城市住房成本及办公成本提高而变得更加可能，甚至在政策的鼓励下成为趋势，这也是经济水平和城镇化发展到一定程度之后的必然结果。

中国的小城镇通过不断改善和提升生态环境、交通条件和配套设施，在政府政策引导和企业推动的双轮驱动下，加上大城市高房价挤压，中国的高端人才和高端产业势必逐渐向小城镇聚集。

4. 细分行业商务办公类型特色小镇

在欧美发达国家，也有很多小镇是依托细分行业企业商务办公发展起来的。例如美国的硅谷，其实就是一连串的科技企业商务办公类型小镇聚集而成，另外，这种类型的小镇往往还会依托世界知名院校，为企业发展提供必需的科研和人才力量。

美国山景城小镇：是美国人均最富有的小镇之一，Google的二十多栋办公楼就散落在这个美丽的小镇里。除此之外，还有很多高科技公司。这是典型的细分行业、高科技企业商务办公型特色小镇。

图1.15 美国山景城小镇

对冲基金主题小镇：美国格林威治小镇，是全球第三的对冲基金小镇，其主要依托纽约全球金融产业基础逐渐形成的细分行业、对冲基金企业商务办公形成的特色小镇。

图1.16 美国格林威治小镇

5. 文化产业特色小镇

欧美发达国家，最令人瞩目的就是文化特色小镇。这些小镇除了得天独厚的风光资源，或者特别打造的特色文化资源外，关键在于主题鲜明，每个小镇都结合当地文化进行有效结合，打造“唯一”，让人流连忘返，终生难忘。

电影主题小镇：法国戛纳小镇，不仅拥有度假胜地的综合性优势，还是电影节、世界经济论坛等重要节庆和会议的永久性会址，其知名度和客流量也得到了大大地提高。

图1.17 法国戛纳小镇

壁画主题小镇：德国加米施—帕滕基兴，以壁画为主，色彩绚烂，特色突出，让全世界的游客慕名而来。

图1.18 德国加米施—帕滕基兴

体育主题小镇：瑞士达沃斯小镇，虽然不少人通过达沃斯论坛了解的达沃斯，但是达沃斯首先是体育主题之冰雪小镇，其基础首先是体育文化。后来通过高端论坛，以会议经济作为核心，带动了相关文旅产业发展。

户外运动小镇：新西兰皇后镇，是全世界极限运动爱好者的天堂。仅有三万人口的小镇，每年吸引着全世界高达 300 万的游客前来。

图1.19 新西兰皇后镇

图1.20 萨勒姆女巫小镇的博物馆

女巫小镇：萨勒姆（Salem）位于波士顿东北边，隶属于被认为是美国精神圣地的新英格兰地区。这个人口只有 4 万的沿海小镇，最为人熟知的是当地盛行的女巫文化。萨勒姆是美国 18 ~ 19 世纪最重要的海上贸易口岸，积累了富足的财富，与远东频繁的交流在当地的文化历史上留下了深深的东方印记。女巫文化、东亚艺术和航海文化是萨勒姆的核心。

高校社区主题小镇：剑桥小镇。受到国家战略政策影响，也由于剑桥大学 35 个学院坐落于此，从而成就此镇。这类高校社区主题小镇属于文化资源属性的文化特色小镇的范畴。

图1.21 英国剑桥小镇

可以看出，文化产业型特色小镇的共性就是拥有良好的生态旅游环境资源，个性就是每个小镇文化主题非常鲜明，让人耳目一新。

6. 旅游产业特色小镇

欧美发达国家，旅游和文化通常在特色小镇中融合发展，有的情况下又会相对独立，但是深入研究会发现，旅游产业要素已扩展为“食、住、行、游、购、娱、体、会（会议）、养（养生）、媒（媒体广告）、组（组织）、配（配套）”，他们相互交织组合，形成了一个紧密结合的旅游产业链。

安纳西小镇：安纳西位于法国东部的上萨瓦省，距瑞士日内瓦只有 22 英里，是法国十大美丽城镇中最大、最受欢迎的一个小镇。安纳西的亮点在于连接各个运河的露台（安纳西也有“小威尼斯”之称）和闻名的岛宫，这一造型优美如画的城堡于12世纪建成，坐落于一条运河的正中间。

发达的旅游产业：其丰富的历史人文和自然资源，使得安纳西的旅游业十分发达。以旅游业为主导，形成餐饮、休闲、娱乐、民居、商铺等多种空间形式。

图1.22 美丽的安纳西小镇

缤纷的文化产业：法国安纳西国际动画节始创于1960年，是顶尖级的国际动画评奖节，在动画工业中的地位举足轻重，一直是动画节的先导者。安纳西也因为一年一届的国际动画节而闻名于世。

丰富的体育产业：2009年7月23日，安纳西举办了环法自行车赛(Tourde France）第18赛段，绕安纳西湖赛段；2011年7月6日，作为三个竞选国之一的安纳西参选2018年冬奥会的主办城市；2013年7月20日，安纳西举办第20届环法自行车赛。

安纳西小镇旅游产业的吃、住、行、游、娱、购六大要素完善且发展良好，安纳西在以旅游业为主的小镇品牌打造过程中，积极发挥旅游产业的主导作用，从而带动餐饮、商贸、房地产、通信、保险、咨询、文体、会展等配套产业或者相关产业的发展，成为产业链完整、环境优良、品牌知名度高的法国十大名镇之首。

可以看出，旅游产业特色小镇的基础是拥有良好的旅游环境资源，个性就是每个小镇的旅游特色鲜明，甚至成为区域、城市、省、国家、国际范围的“唯一”。

7. 生态产业特色小镇

特色小镇最基础的基因无疑是生态价值，前文也分析过，优美的生态环境和优良的基础设施是特色小镇的必要条件，否则故事讲得再天花乱坠，但环境乌烟瘴气，也会将这个小镇彻底毁掉。生态环境好是特色小镇的基本要素，但是当我们发现欧美有一些特色小镇的生态环境好到可以成为产业力量的时候，我们必须把生态产业特色小镇特别分类说明。比如：

生态主题小镇：法国依云小镇，绝美的山水环境打造了超级生态竞争力，为健康养生行业的发展提供了重要的基础，也形成了独特的养生主题。

依云的名字来源于阿尔卑斯山脉的天然矿泉水，依云镇背后雄伟的阿尔卑斯山是依云水的源头，来自高山融雪和山地雨水在阿尔卑斯山脉腹地经过长达 15 年的天然过滤和冰川砂层的矿化形成了依云水。来自大自然的馈赠使依云的名声远近闻名，它古老而神秘的故事也吸引了想要探寻依云的人们来到依云小镇。

8. 商业设施类型特色小镇

商业设施在品牌的带动下，往往充满魅力，并且可以扩展商业圈，即使在遥远的城外也能活化小镇，令一个小镇精彩呈现，魅力尽显。这类商业设施尤其以大型的郊区 SHOPPING MALL 和奥特莱斯为代表。

巴黎“欧洲谷”购物村：欧洲谷是位于巴黎东边的一片购物村，整片购物村分购物中心式的欧洲谷购物中心（Desigual Val D'Europe）和河谷购物村（La Vallée Village），其中欧洲谷购物中心集购物、美食、休闲于一体，但商场内品牌打折的力度不如对面的河谷购物村，也因此，购物村特别有人气。购物村周围也有迪士尼乐园以及各种档次和品牌的酒店做配套。

加拿大西爱德蒙顿购物商场 (West Edmonton Mall)：其是世界最大的购物游乐场所，占了相当于 48 条街道的面积，有 800 多家商店，100 多家饮食店，19 个电影分厅和一家豪华酒店，还有世界水上乐园、星河游乐场、冰宫溜冰场、深海探奇潜艇、海豚湖、海洋生物洞穴、圣马利亚船，还有蹦极。其内部的商店、餐厅、旅馆、游乐场和人工湖都用玻璃制的圆屋顶覆盖，即使在下雪而不能外出的严寒冬季，在这里也能得到愉快的享受。这个购物中心建设之初，周围几乎是不毛之地，政府只是象征性地收 1 美元的土地费，从而在政府支持下成就了全世界最大的 SHOPPING MALL，也带动了特色小镇的发展。

商业设施在任何小镇都有，上述商业设施已经不是小镇的小配套，而是商业产业属性的特色产业，从而造就了精彩纷呈的商业主题特色小镇。

以上是国外知名特色小镇基于产业角度的分类，从中可以看出，尽管不少特色小镇的产业组合是多元的，但是最核心的产业、最特色的产业的确具有唯一性，其他组合产业往往属于附属和补充。

四、国外特色小镇发展启示

良好的生态环境、休闲旅游体验氛围是基础，而特色产业是小镇发展的驱动力。国外特色小镇通常着力打造文化竞争力、产业驱动力、旅游辐射力和生活吸引力，这值得国内特色小镇借鉴。

1. 文化竞争力：创造“第一”甚至“唯一”的重要路径

文化可以深入骨髓，甚至打造绝对差异化；文化可以产业化，并且有极大的竞争力。如果把特色小镇上升到文化战略高度上，就会产生更大的综合附加值。

动漫形象柯南首先是动漫 IP，形成动漫小镇的引领，当上升到文化创意产业高度的时候，文化又固化成一种日本元素和文化载体，其影响力远远不局限于小镇本身；格拉斯的香水产业已成为“浪漫法国”的代言者，香水文化世界飘香，也是展示名人文化的最佳之地，小镇产城一体，引人入胜，让人流连忘返。这些特色小镇的文化竞争力，基本上都创造了这些小镇世界性的“第一”甚至“唯一”。

以德国海德堡为例，它是传统和现代的优良结晶。其坐落在内卡河畔的文化古城和大学城，周身散发着书卷气；它是古板德国的浪漫写照，如同江南采莲女，秀外慧中。

图1.23 浪漫的海德堡

启示：在建设特色小镇之时，我们需要跳出小镇，跳出产业，将文化与产业、建筑、生活融合，打造更高价值的战略价值点，从内容、主题、建筑表现到主题活动展现出小镇更有深度、更有温度的文化附加值。

2.产业驱动力：深度培育，以特色产业核爆市场

产业是特色小镇发展的内在动力，是需要培育和引导的，一个没有产业动力的小镇将不可持续。

瑞士莱蒙湖边上的沃韦小镇通过雀巢龙头企业，构筑起系统的食品产业集群体系；茅台镇通过茅台白酒产业把至美生态、就业加工和服务业形

成链条，从而打造出世界级的生态工业小镇。

图1.24 瑞士莱蒙湖边上的沃韦小镇

启示：特色小镇的产业需要深度培育，并进行横向和纵向打通，要么形成产业集群，要么构筑产业生态圈，要么扶持龙头企业，通过“点”式突破，核爆市场，从而实现小镇长久的产业驱动能力。

3. 旅游辐射力：消费驱动极限扩展旅游商圈

旅游是特色小镇的外来驱动力，通过调动游客市场的积极性，吸引更大的消费力，并与产业动力进行打通，让特色小镇更具生命力。

格拉斯的鲜花香水之旅，日本柯南小镇的动漫体验之旅，沃韦的品位之旅和格林威治的人文之旅，以及各种旅游观光和特色节庆活动，这些特色小镇的共性就是文化传承和旅游功能，更是产业动力之外的第二驱动力。

图1.25 日本柯南小镇

启示：文化和旅游是特色小镇的“灵魂”，也是打通其他产业的重要通道。因此，特色小镇不仅要有产业驱动力，还要有差异化，甚至“唯一”的文化旅游吸引力。

4. 生活吸引力：筑巢引凤，营造生活新空间

任何一个特色小镇的主体都是人，人最需要的就是一个人性化、有温度的生活平台。所以，特色小镇的宜居氛围非常重要。沃韦小镇、柯南小镇、格林威治、茅台镇都是最适合人居住的小镇。

启示：用心进行有温度的宜业、宜游、宜居休闲氛围的打造，这样的特色小镇才有吸引力和归属感。

五、国外特色小镇发展机制

欧美国家在激励和约束特色小镇发展方面，主要采取“用地—文化—环保—财税”的科学引导策略，通过设定规模、业态引导、公共空间打造、环保政策制定、浮动绩效财税补贴等措施，推动特色小镇走向良性发展之路。

1. 科学规划与引导机制

特色小镇不是自给自足的一座座“孤岛”，而是与大都市经济功能区关系密切的重要一环。欧美发达国家都有自己专门的小城镇或新城镇发展规划，有意识地注意特色小镇与周边地区统筹发展，防止漫无目的的肆意扩张。

例如，德国所有中小城镇的地方政府管理机构都雇有专业城市设计师，负责指导当地的土地发展，颁发建筑许可，调解相关的法律纠纷，为当地发展寻求公众支持，参与区域规划战略。

英国在第二次世界大战结束后，发起“新城运动”，颁布了《新城法案》(New Towns Act)，主要目的是通过对特色小镇开发建设，疏解大城市的过剩人口。初期主要是针对大都市50公里内的斯蒂夫尼奇、克劳利、哈洛等特色小镇的发展规划。后来，随着私家车保有量的上升和交通运输条件的改善，逐渐向更远的区域扩展。

美国在20世纪初行政管理局与预算局就提出了“都市统计区”(Metropolitan Statistical Area）的概念，将具有一定规模的大都市与周边辐射范围内的多个小城镇视为一个有机整体。

日本在20世纪50年代颁布了《首都圈整备法》，确立了东京与周边地区共生发展的理念，将首都周边的108个农村小城镇纳入到东京都市圈的规划范围，让这些小城镇既可享受到首都圈的政策红利，又能充分开发周边地区的广阔市场。

特色小镇在城市化进程中起到了与大都市的“衔接功能”，让所有的地方都能和那些向世界经济开放的大都市相联系，所以国家的医疗政策、高等教育政策和交通政策都给予这些“特色小镇”极大的扶持，通过“城市契约”推动地方性项目的进程并促进了特色小镇的基础设施发展。

2. 公众参与与监督机制

国外的城市规划理念不仅是为了建造城市，也是为了向公众提供服务。因此，城市规划和相关政策的制定，都要充分听取公众的诉求和意愿，而不是仅由规划机构和管理部门的工作人员在办公室里“冥思苦想”谋划出来的。只有符合公众需求的城市规划，才会造就出活力十足的小镇。

国外政府通过公众的积极参与，更好地实现了小镇定位的科学性和功能的多样化，并且能够更加符合市场趋势。遗憾的是，在中国的城市规划中，公众参与机制仍然处于半空白状态：虽然有些规划在前期调研中了解了公众的想法，但是在规划制订过程中和完成后很少再征询公众的意见。也因此，中国的公众参与并没有起到应有的效果。

3. 区域和税收自治机制

在国外很多国家都是属于自治机制。既然是自治，各级政府都拥有很大的自主权，也有自己独立自主的法律法规，各地方政府会在法律允许的范围内制定《城市章程》。另外，国外很多特色小镇都有自己独立的财政权利。这种独立性当然也意味着市场化，显然有利于科学化的发展。

例如，瑞士中小城镇的大部分收入来自居民和企业的税收，每个城镇可以设定各自的税率，因此有利于吸引更多的居民和企业进驻。

美国格林威治在吸引对冲基金企业入驻的时候，当地税收比纽约要低很多。大概一千万美元的年收入，在格林威治税收要比在纽约省 50 万美元。格林威治的税率也比纽约低，比如说房产的物业税，小镇只有千分之十二，近在咫尺的纽约州就要千分之三十。这些市场化、灵活的政策显然有利于小镇的产业整合和成功。

4. 超前完善的公共服务设施机制

在国外特色小镇的发展进程中，地方政府扮演的主要职能就是完善基础设施，牵头负责完善交通、通讯、排污等公共设施建设。除此之外，他们还充分考虑和满足居民的各种需求：大到银行、商店、邮局、交通、道路、消防队和医疗，小到休闲椅、停车场和公厕的设置，甚至残疾人无障碍通道、马路的自动收费设施等。通过降低交易成本与城乡要素相对价格，进而加快人才和特色产业在特定空间的集聚。

德国特别重视对公共服务领域的投资，其设立公共设施的等级配给制度，完善各级中心相应的属性，保证地方政府在发展和运营公共服务中能够得到相应的支持等。

虽然我国城市规划已将公共服务作为一项主要的规划内容，但是由于知识结构与数据的欠缺，我国城市规划在深入分析一个地方的资源和公共服务的供给水平方面显得比较薄弱。

5. 生态保护和文化传承机制

欣赏国外的特色小城镇，犹如欣赏一幅巨大的油画，给人留下别有风味的印象。所到之处，天空澄蓝，大地碧绿；森林环抱，芳草萋萋；天高气爽，绿树如茵；公共服务，设施齐全；方便静谧，适宜人居。

(1) 国外特色小镇很少发展传统工业，尤其是污染比较大的工业。另外，在建设过程中强调环境的保护，杜绝污染企业或者产业的进入。绿色或生态小镇建设模式更加强调这一点。

(2) 国外特色小城镇的发展历程中，非常注重生态保护和文化传承，经过一代接一代的后来者，用热爱保护好先人留下的瑰宝，把富有历史人文内涵的传统与现代化的生产生活方式进行有机结合。

综上所述，国外特色小镇很多发展思路和做法值得我们借鉴和思考。所以，中国特色小镇建设要循序渐进，因时、因地、因人制宜，杜绝形象工程，防止同质化和泡沫化，同时要避免特色小镇被房地产和资本绑架，预防把特色小镇变成新一轮的圈地运动。

特色小镇不是一两天就建成的，而是需要在政府正确引导及市场力量推动下，通过调动各方的积极性，才能打造出一个个具有长久生命力和竞争力的特色魅力小镇！

1.4 中国特色小镇的发展现状

一、中国特色小镇发展的市场时机

与国外相比，我国自1978年以来，城镇化经历了快速发展阶段和加速发展阶段，2016年城市化率达到57.35%，较1978年大幅提升了39.43个百分点。与此同时，大城市人口膨胀、交通拥堵、房价飞涨的问题已不利于企业、人才发展，华为、中兴等企业已经选择搬离一线城市，而乡村则面临土地大量流失、宅地废弃、人口大规模转移等诸多问题，高速城市化导致的“大城市病”和“乡村病”日益加剧。在此背景下，发展特色小镇、统筹城乡发展已经成为国内城镇化建设的重要方向。

国家政策层面的直接推动为特色小镇提供了巨大发展契机。《国家新型城镇化规划（2014—2020年）》指出，目前，中国正面临着产业的升级与转移，资本与劳动力在城市间的流动更加频繁，在经历了大城市的不断扩张后，中国城市的发展真正进入到以城市圈为主体形态的阶段。2016年2月，国务院颁发《关于深入推进新型城镇化建设的若干意见》，明确提出加快培育具有特色优势的小城镇，带动农业现代化和农民就近城镇化；当年7月《关于做好2016年特色小镇推荐工作的通知》的下发，又将特色小镇建设提升到国家高度，不同层面的政策也相应出台，这些均为特色小镇的发展创造了可遇不可求的发展契机。

从国外发展经验来看，以“产业”为灵魂的特色小镇是解决大中城市发展差距过大、稳步推进城镇化建设的重要途径和有力引擎，作为人口、产业、经济的重要载体，特色小镇未来的发展机遇无可限量。

二、中国特色小镇发展的市场环境

经过过去30年的发展，中国城市化取得了巨大的成就，无论北京、上海、深圳、广州这样的一线城市，还是天津、南京、杭州、武汉等二线以及诸多的三线四线城市，都以令世人惊叹的建设成就举世瞩目。当然，与这些建设成就如影随形的无疑是持续上涨的房价和在高房价面前举步维艰的实体经济，以及中国农村普遍落后的基础设施乃至不少城镇被破坏的生态环境，这就是摆在当前中国城市化面前的现实——显然，具有土地成本低廉特点的中国农村如果能够借鉴国外特色小镇的发展经验取得全国性的成就，那么面对高房价举步维艰的实体经济无疑就多了一个选项，多了一个产业带动城镇发展、全社会多赢的经济可能，当全国能够打造1万个成功特色小镇，每个小镇都会解决2万人的生活和就业，这意味着2亿人将在城市化后不是涌入大城市，而是遍布在中国乡村的特色小镇，带着产业成功实现中国城市化的完美收官，这就是当前特色小镇发展所处的大环境。

深入分析，我们可以得出以下结论：

（1）特色小镇能破解中国经济发展的瓶颈，对产业转型升级、改善人居环境、提升城镇化质量都有好处。当前，中国区域发展不平衡，资源过度集中，产业、资金、技术、人才高度集中在大城市，影响了经济均衡发展，而特色小镇既能疏解大城市的部分功能，也能构成城市周边的综合承载力，加快资源要素的集聚，从而统筹城乡，缩小城乡差距，成为提高有效供给和扩大内需的新动力。

（2）特色小镇能让公共资源配置更合理。一方面，一些大城市的“城市病”造成住房困难、交通拥挤、空气污染严重；另一方面，一些中小城市教育卫生医疗资源紧缺。解决这一问题，就要给小城市和新农村提供良好的公共资源。

此外，特色小镇作为城市与农村的连接，或者叫中间地带，可就近解决租房、交通、就医就学等问题，吸引年轻人、大学生回乡创业，就地成就事业，这样，不仅大城市的功能得到了疏解，人口迁移的成本也能降下来，这是在为小城镇“添色”，为大城市“减负”。

（3）特色小镇能为逆城市化做准备。从美国、日本等国的发展看，城市化率超过 70%，就会出现逆城市化趋势，而承接大城市的人口转移，主要是卫星城和小城镇。中国城市化发展进入下半场，特色小镇将引领城市化发展。

三、中国特色小镇的现状

1. 政府推动，典范传播

中国特色小镇其实早就在国内很多地方被深入实践，而且已经有不少特色小镇经营成功，名扬四方。2016 年 10 月 14 日，住房城乡建设部公布了第一批中国特色小镇名单，进入这份名单的小镇共有 127 个，在各地推荐的基础上，经专家复核，由国家发展改革委、财政部以及住建部共同认定得出。

在住建部等三部委公布的这份名单中，浙江省的特色小镇最多，有 8 个；山东省、江苏省、四川省有 7 个；广东省 6 个；安徽省、福建省、湖北省、湖南省、贵州省、陕西省分别有 5 个；河北省、辽宁省、江西省、河南省、广西壮族自治区、重庆市有 4 个；北京市、上海市、山西省、内蒙古自治区、吉林省、黑龙江省、云南省、甘肃省、新疆维吾尔自治区有 3 个；西藏自治区、青海省、宁夏回族自治区有 2 个；新疆生产建设兵团 1 个。

浙江金华市横店镇就是首批入选的特色小镇。横店镇是国家可持续发展实验区、国家影视产业实验区、AAAAA 级国家旅游区、浙江省高新技术实验区，先后荣获“国家卫生镇”“全国文明镇”“第一批中国特色小镇”等 20 多项国家级、省级荣誉称号。镇内有国家 AAAAA 级景区横店影视城，建有广州街、香港街、明清宫苑、秦王宫、清明上河图、华夏文化园、明清民居博览城、梦幻谷、屏岩洞府、大智禅寺等 14 个大型景区和影视拍摄基地。

图1.26 浙江金华市横店镇

2. 政府引导，市场升温

2016年7月，住建部、发改委、财政部等三部委明确提出要在全国范围内开展特色小镇培育工作。到2020年，培育1000个左右各具特色、富有活力的休闲旅游、商贸物流、现代制造、教育科技、传统文化、美丽宜居的特色小镇。住建部继2016年10月，公布了127个特色小镇名单后，2017年7月再次公布第二批276个全国特色小镇。

政策层面的高度重视无疑是引发社会各界集中关注特色小镇并逐渐形成热潮的重要原因之一。据相关研究机构统计，截至2017年1月份，全国共发布特色小镇相关政策105个，其中有21个省、自治区以及33个地级市都先后发布了特色小镇相关政策。

3. 企业热捧，市场狂飙

自2016年相关部委公布特色小镇的名单和发布相关政策后，目前已有多家房企披露涉足小镇建设计划。据媒体报道，截至目前，至少有20多家房地产开发企业明确提出要进军特色小镇领域，其中有部分企业已开始动工建设。这些企业中，有些企业已经将特色小镇作为企业主营业务发展或企业发展的重要板块。

推进特色小镇发展，综合考虑了城镇化、民间资金的投资引导、文旅产业发展等因素，对于培育新产业和提升城镇居住品质有积极的意义。很多房企积极参与此类项目，既看到了此类产业的市场机遇，也为其转型提供了一个较好的平台。作为行业启动特色小镇建设最早的企业之一，碧桂园已经成功布局了5个科技小镇，华侨城将构建100座具有中国传统民俗文化特色的小镇，绿地控股则把特色小镇模式纳入2017年发展战略，将重点选择有大城市购买力溢出效应、有产业导入支撑的一二线重点城市远郊及周边，投资启动特色小镇大盘项目，华夏幸福基业在大厂、嘉善、香河等地打造的影视小镇、人才创业小镇、机器人小镇等已初具规模。

房地产企业加大特色小镇投资，在房企境内发债停滞、银监会收紧开发贷、严禁理财资金违规进入房地产、证监会严控私募资产管理计划等资金监管全线收紧的背景下，信贷政策对特色小镇项目的倾斜，以及地方大量资金投入和扶持政策，也是吸引房地产企业乐此不疲布局特色小镇的原因。

4. 政府疏导，防范地产化

2016年10月，国家发改委发布的《关于加快美丽特色小（城）镇建设的指导意见》指出，鼓励政府利用财政资金撬动社会资金，共同发起设立特色小镇建设基金；鼓励国家开发银行、农业发展银行、农业银行，以及其他金融机构加大金融支持力度；鼓励有条件的小城镇通过发行债券等多种方式拓宽融资渠道。

2017年2月8日，国家发改委联合国家开发银行发布意见指出，将发挥资本市场在脱贫攻坚中的积极作用，盘活贫困地区特色资产资源，为特色小（城）镇建设提供多元化金融支持。各级发展改革部门和开发银行各分行共同推动地方政府完善担保体系，建立风险补偿机制，改善当地金融生态环境。

因此，通过布局特色小镇可以打通政府资金、社会资本和金融机构三方融资渠道，通过吸引多元化投资主体，并让其充分发挥各自优势，来破解特色小镇建设的"融资难"问题。

由于一二线热点城市拿地成本高，房企毛利率及净利率持续下滑，再加上近年来热点城市房地产调控，让房企面临高价拍地、高价卖房的压力。而目前政府积极筹划建设的特色小镇项目，其土地出让不走招拍挂模式，而是让有品牌、有产业资源的房企通过良好的整体规划来获取廉价土地资源，并在后续运营中持续获得稳定的现金回报。

房企只有不断获取土地资源，才能维持企业规模的不断增长。面对有限的一二线城市土地资源，对于多数房企而言，布局部分优质的三四线城市成为其战略之一。一部分房企就是在通过特色小镇的模式进入三四线城市，这也成为了当前最热的一种拿地方式。

对此，住建部、发改委、财政部等三部委在《关于开展特色小镇培育工作的通知》中指出，培育特色小镇要坚持突出特色，防止千镇一面和一哄而上；坚持市场主导，政府重在搭建平台、提供服务，防止大包大揽，以产业发展为重点，依据产业发展确定建设规模，防止盲目造镇。

房企布局特色小镇，意在真转型还是讲故事有待时间检验。第二批全国特色小镇评定，住建部已明确要求不得推荐以房地产为单一产业的镇，并要求被推荐的小镇需实施并储备一批质量高、带动效应强的产业项目。在政策层面的明确要求下，特色小镇发展将会逐步理性。

四、中国特色小镇的商业机会

当前，不少企业热追特色小镇投资发展，从商业角度评估，的确符合投资规律，甚至是良好的商业机会。特色小镇在中国面对的机会甚至超越国外，原因很简单，中国人口众多，土地资源价值毋庸置疑，尤其在当前农村集体土地处在改革前夕，伴随农村集体土地制度的创新发展，特色小镇肯定是土地资源金矿。

中国特色小镇的商业机会，或者收益主要包括 6 个方面，下面简要解析。

（一）特色小镇六大收益

进行特色小镇投资开发，需要对特色小镇的六大收益模式足够清楚，即：工程收益、土地收益、房产收益、旅游收益、特色产业收益和资本收益。这是特色小镇开发投资的核心模式设计。

1. 工程收益

就特色小镇来说，工程投资巨大。特色小镇的开发商，还应该是建造商，这样才可以拿到工程收益。特色小镇项目，最好设计为 PPP 项目，基础设施、土地开发、公共设施开发、产业基础开发等应该由政府埋单，或以政府补缺的内容纳入 PPP 构架，才可能形成区域发展的合理架构。一个特色小镇，投资 50 亿～100 亿元，其中基础部分占 40%～60%。这是一个建造产业的大蛋糕，不应由建造商专享，应该由开发商分享。

2. 土地收益

土地升值，是任何区域开发、城镇开发的基础和核心。特色小镇经过专业化开发，土地价值从每亩几十万元升值到几百万元，这是正常的规律，这意味着土地升值收益可观。未来伴随农村集体土地市场化，土地升值收益可能远超当前预期。

3. 房产收益

房地产是产城一体化中不可或缺的组成部分。特别是休闲商业地产、短租型住宿地产、度假地产、养老地产、乡村庄园地产等。对于有些市政建设由特色小镇开发商先期垫资、后期土地置换的项目来说，房产收益往往是解决项目现金流的重要选项，甚至会成为项目可行的基础条件。

4. 旅游收益

成功的旅游产业，往往意味着巨大的现金流，这是项目持续运营能力的体现。旅游做得好的特色小镇，旅游收益相当可观。

5. 特色产业收益

特色产业，无论是农业、工业还是其他，依靠产业竞争力，往往能发展成为现金流聚集的产业。

6. 资本收益

对于特色小镇这样的综合性投资项目来说，资产投资、产业投资都对资本具有吸引力，在项目发展过程中，股权转让、资产证券化等，将为特色小镇的投资方兑现资本收益，从而实现资本退出。

（二）特色小镇六大收益实现的路径

1. 搭建可持续运行的投资、融资架构

理解了特色小镇六大收益，在进行特色小镇资金计划、筹措的时候，就必须对投资、融资架构进行科学搭建：先投资基础设施、土地开发、公共设施开发等，也要落实 PPP，落实长期开发相关金融支持贷款等。作为特色小镇投资与融资的启动架构，将直接影响项目最终的成功。

2. 特色产业 / 旅游落地及持续建设是成败关键

需要指出的是，启动之后，若不能有效形成商气 / 人气，不能快速落实产业 / 旅游项目，落实大规模聚集商气的街区架构，那么，土地升值就不可能实现。因此，投资的第二个重点，必然是产业项目或旅游项目，使产业和人气快速聚集。在产业和人气聚集的同时，必须落实休闲业态聚集，要让来的人留下来消费，要让人夜间消费。只有这样，才能形成商气，形成小镇价值，形成商业地产价值，形成土地价值，形成消费聚集下的消费产业聚集。

基于以上聚集逻辑，我们需要进一步投资旅游目的地的配套、街区配套、产业链配套等。在此基础上，才能够形成城镇的聚集，并通过投资城镇服务设施，提升城镇架构与居住结构。

总之，运营能力极为关键。旅游运营、商业街区运营、消费产业运营、特色产业运营的良性运转，才能够保证产业的持续发展，并形成就业基础。

3. 收益实现

一是工程收益的实现；二是土地升值下资产转让或资产融资的实现；三是房地产销售下的快速资金回笼；四是产业现金流回报；五是股权的转让、上市等退出机制，最终实现资本收益。

当然，不同类型的特色小镇，其盈利模式略有差异。比如旅游小镇和产业小镇的出发点并不相同：旅游的核心是消费，尽可能地吸引消费者来流动消费；产业的核心是生产，尽可能吸引高技术人才创业就业，长期定居。二者发展路径也截然不同，赖以发展的区位条件、基础设施、配套服务、盈利模式也都差异巨大。旅游特色小镇对于交通和区位因素的要求较低，但是对天然的特色旅游资源要求颇高，建设成本主要集中在景区的开发，并通过旅游运营获取盈利，这和一般景区并无二致。产业特色小镇对交通区位以及产业配套要求较高，需要税收、政策补贴、管理收费等支持，实现产业聚集并赢利。

综合上述内容，可以看出特色小镇的商业价值巨大，这样的商业价值对于城市化率已经超过 57% 的中国来说，相比传统领域的商业机会，特色小镇肯定是难得的金矿。

第二章 特色小镇的产业定位

在上一章，我们对特色小镇的概念以及国内外发展的情况进行了详述，相信特色小镇已经在大家头脑中具有了基本的模型。当然，消费者和操盘者所理解的特色小镇显然有巨大的差别：消费者欣赏特色小镇之美即可，至于特色小镇之美怎样实现显然不是消费者关注的内容，但是作为操盘者却完全不同，不仅要体会消费者的感受，更重要的是要能够站在产业定位、产品组合、资源导入、运营实现的角度对用户、消费者的需求进行全方位的整合判断，并转化成科学的项目方案和执行方案。

特色小镇对于任何投资商、运营商来说，首要的问题都是特色小镇的产业定位，这关乎项目的成败：错误地选择特色产业，可能意味着后期跑得越快，失败得就越彻底。

本章主要针对特色小镇的产业定位策略进行详解，希望提出的特色小镇产业定位方法论能够为行业提供有益的借鉴和参考。

2.1 特色小镇的产业价值细分

特色小镇作为中国城镇化未来重要的发展方向，其复杂性是众所周知的。从三个产业的划分角度看，第一产业之农业，第二产业之工业以及内容庞杂的第三产业，就某个具体的特色小镇产业定位而言，决策是多样的、复杂的。要想对特色小镇的特色产业及附属发展产业做出准确的定位，首先需要从意识上站在全国、全世界、全产业的高度对特色小镇可能的产业价值进行产业细分，不仅知己知彼，还要知全市、知全省、知全国、知世界，这样才能确保中国特色小镇在未来的成功，甚至还可以问鼎世界。

关于产业划分，传统的方法就是第一产业、第二产业、第三产业，从特色小镇精准定位的需要考虑，上述三大产业的划分显然不足以解决特色小镇产业的精细化定位。

我和易铺智库团队在北京怀柔雁栖镇、成都“生态谷”和河北保定蠡县裘皮小镇等特色小镇项目的操盘或顾问咨询服务过程中，深刻感受特色小镇产业定位需要对“三大产业”进一步细分的重要性，只有这样才能拨云见日。易铺智库认为，任何特色小镇通常具有 8 大产业价值中的几种产业价值，这 8 种产业价值分别是：

（1）农业产业价值（包括特色农业）；

（2）工业产业价值；

（3）生态环境价值；

（4）旅游产业价值；

（5）文化价值及文化产业；

（6）细分行业商务办公价值；

(7) 商业及其他服务业价值（包括农业商贸）；

(8) 房地产业价值。

一、农业产业价值

农业产业价值主要指农业种植和农业养殖。

农业种植当中，各类庄稼、谷物通常不会成为特色小镇的选项，原因是庄稼、谷物就是非特色范畴的农业生产，本身没有什么特殊性或者特色，也缺乏体验感；蔬菜瓜果可能成为特色小镇的选项，原因是有采摘体验、劳动体验的价值，也经常被一些示范小镇的特色农庄项目所采纳；果树花卉种植因为既具有采摘体验、劳动体验、观赏体验、消费体验，又可以形成产业延伸，所以往往成为特色农业种植在特色小镇中的选项——北京大兴魏善庄以月季种植闻名，优美的生态环境更令小镇风光旖旎，加上旅游产业延伸，小镇魅力尽显，特色产业完美呈现。

图2.1 大兴魏善庄“月季小镇”

农业养殖当中，大多数牲畜家禽对于来自城市的小朋友很有吸引力，所以不少开心农场中设置相应的项目作为吸引城市青少年的内容，这属于农业养殖中的体验内容；如果牲畜家禽大规模养殖，形成马场、养鸡场以及其他牧场，那么这样的小镇会成为畜牧产业主导的小镇，也有成为特色小镇的潜质——图 2.2 的内蒙古塞罕坝奶牛牧场就属于畜牧产业为基础、带动旅游的特色小镇；渔业养殖不仅对于青少年有吸引力，对于成人也有吸引力，不少度假村、农家乐都设置了鱼塘，无论钓鱼还是主题餐厅都是很好的旅游体验内容；诸如狐狸、貂等的养殖，因为属于皮革、皮草行业生产资料生产环节，和工业加工制造密不可分，从而在国内不少皮毛养殖产业聚集地形成皮革产业小镇，产业贯穿皮毛动物养殖、皮毛初加工、深加工、皮革制品生产、皮毛及皮革产品交易一条龙的产业链，这样的产业小镇在河北省肃宁、蠡县、白沟、辛集、浙江海宁、东北佟二堡等地方都有，遗憾的是，过去几十年这些小镇大多数忽视了环境保护，让这些有了产业的小镇，却因为生态环境被破坏，丧失了“特色小镇”的机会。当然，如果这些已经有了产业的小镇重新进行生态复原，进行产业恰当的优化调整，也很容易成为名副其实的“特色小镇”。

图2.2 内蒙古塞罕坝奶牛牧场

上述农业种植、养殖只是列举了部分内容，对于绝大多数农业种植和养殖为主的小镇来说，因为产业规模小，类型普通，所以往往发挥其生态价值，在生态环境复原的前提下，这些农业种植、养殖项目作为配角，可以作为体验性项目在特色小镇中展现自然的吸引力；对于少部分农业种植、养殖产业定位清晰，市场规模庞大的小镇来说，形成特色农业种植、特色农业养殖主导的特色农业主题小镇具有极大的可能性；对于特色产品种类丰富，农村市场规模庞大的中国来说，特色农业主题小镇一定是中国特色小镇发展的重要力量，我们可以期待精彩纷呈的葡萄、苹果、郁金香、牡丹、油菜花、枸杞、山楂、麋鹿、马场、奶牛等特色农业主题小镇遍布华夏大地，谱写特色小镇的魅力篇章。

由此，可以得出这样的结论：中国形成较大产业规模（在国内排名前三）的各种类型的养殖、种植、资源城镇，都具备依托特色种植、养殖、资源，发展相应特色小镇的可能性，这些小镇产业往往不是问题，需要解决的是特色小镇“优美的生态环境和优良的基础设施”问题，并结合旅游消费趋势进行人性化的旅游设施、商业设施的建设，而这个类型的特色小镇对于绝大多数中国小镇才具有可借鉴性、可发展性。

二、工业产业价值

农村小镇工业产业价值最好的发展方式无疑是按照产业延伸、科学发展的思路进行发展。中国葡萄酒之乡——河北怀来，具有天然的葡萄种植的自然条件，那么葡萄种植延伸到葡萄酒的加工就是最正常的工业产业价值延伸；中国蓝宝石之乡——山东昌乐，是中国第一、世界第四的蓝宝石产地，依托蓝宝石矿延伸出来开采、初加工、原石交易、珠宝加工以及珠宝交易，形成蓝宝石产业链，这是矿产资源性城镇的工业产业价值发展的典型——易铺智库也曾经全程服务昌乐宝石城项目，为中国“蓝宝石之乡”的发展做出专业的引领。

对于绝大多数中国普通城镇来说，因为当地农业种植、养殖、资源等并没有什么特色的规模化的产业方向，所以过去几十年选择了江浙一带的一个城镇进行一两类产品加工生产并批发销售的发展模式，且已经形成了较大规模的发展。比如，廊坊霸州的胜芳镇成为国内前列的金属玻璃家具产业基地，产业规模庞大，产业优势明显，存在的问题是生态环境需要复原，基础设施需要完善；被誉为“中国纽扣之乡”的嘉善县西塘镇大舜村位于中国古镇西塘的北部，一年生产纽扣 1000 多亿枚，年产值 70 亿元。这样的小镇无疑产业已经很发达，未来需要站在长期发展的角度，对生态环境进行复原，对基础设施进行完善，并结合旅游消费趋势进行系统性提升。显然，生态复原意味着较大的投入和长效机制，但是从持续发展的角度来看，中国所有因为工业发展导致生态环境破坏的城镇、城市都需要励精图治，恢复生态。

图2.3 “中国纽扣之乡”的嘉善县西塘镇

除以上两种工业发展的小镇外，其他小镇或者属于没有工业发展的城市，或者属于工业发展了但是没有形成产业规模的情况。前者很幸运，因为生态环境可能没有被破坏，后者很悲观，因为工业产业没有完成规模化发展，同时生态环境被破坏，这往往成了这些小镇很难发展的制约因素。

综合上述分析，可以得出这样的结论：农业特色种植、养殖及资源延伸到工业并且已经具有国内产业影响力的小镇，基本上已经解决了产业发展问题，只要在生态环境复原，基础设施完善，以及旅游商业设施方面做好优化完善，就比较容易打造出各具特色的“特色小镇”；没有农业特色种植、养殖、资源基础，但是已经在特定工业产业形成产业优势的小镇，产业发展问题已经解决，但是在经济环境持续变化，市场变革的阶段，需要快速进行产业调整，如果能够延续产业优势的话，这类小镇的问题也是生态环境复原，基础设施完善，以及旅游商业设施优化完善的问题；其他没有工业化的小镇，因为生态环境没有破坏，依然具有重新发展的可能；

其他工业发展但是没有形成产业，而且环境已经被破坏的小镇，首要问题是解决生态环境问题；对于距离核心城市较远的小镇来说，未来发展机会比较小。

三、生态环境价值

中国经济经过近40年的发展，取得了巨大的成就，但遗憾的是，由于环境保护管控不足，现在出现了比较严重的环境问题。环境问题既是当前中国所有城市面临的问题，也是乡村以及特色小镇必须解决的问题。因为特色小镇的首要条件是生态环境优美，不然谁乐意去环境污染的小镇旅游休闲呢？

对于没有被工业污染的中国乡村来说，在特色小镇的发展过程中，其生态环境无疑成为该小镇发展的基础。如果生态环境绝佳，就可以成为这个小镇的“特色”。比如，北京密云的黑龙潭、桃源仙谷、仙居谷、白龙潭、天门山等景区，游客可以欣赏断崖飞流而下的叠彩瀑布、山林里悠悠流淌的小溪等美景，体验难得的惬意。它们的共性特点就是原生态，从这个角度讲，原生态的生态环境对于这些旅游景区来说是极其重要的吸引力，也正是生态环境的价值体现。

图2.4 北京密云黑龙潭风景区

在特色小镇的发展过程中，小镇的生态环境是特色小镇的首要条件：生态环境好，未必能成为特色小镇；但是特色小镇，生态环境势必要好，这样的特色小镇才具有竞争力和生命力。

四、旅游产业价值

特色小镇的旅游产业价值对于特色小镇的经营来说至关重要。成功的特色小镇往往部分或全部包括以下内容：主题公园、景区、景点、乐园、娱乐场、酒店、名宿、旅社等，这些旅游产业的元素承载着小镇的人气和财气，也往往是小镇盛衰的标志。

当然，主导产业不同的特色小镇，旅游产业的元素、项目和影响力会有比较大的差别：前文提到的法国巴黎的“欧洲谷”，迪士尼乐园和名为“巴黎欧洲谷海洋生命”的水族馆都是其中重要的旅游设施，也正因为迪士尼乐园带动的人气不仅令“欧洲谷”旅游收入爆棚，也令各种星级的酒店、风格各异的餐厅生意也爆满，还令奥特莱斯购物村门庭若市。这就是超级旅游 IP 为核心的特色小镇的旅游张力和市场影响力。

图2.5 法国“欧洲谷”迪士尼乐园

位于法国著名的苹果产地卡尔瓦多斯的贝弗龙小镇，与邻近的村镇联手，共同打造出名为“苹果酒之路”的产业链和苹果主题旅游线路。贝弗龙还在每年 10 月举办盛大的苹果酒节，吸引八方来客。像贝弗龙这样的苹果种植及新型工业小镇带动的旅游和迪士尼乐园带动的旅游人气完全不同，游客没有那么多，人气没有那么旺，经济收益肯定不如对方，但是作为特色农业种植产业主导的特色小镇来说，投资少，收益也不错，这对于众多的中国小镇来说更容易借鉴，也更容易成功，迪士尼乐园这样的旅游超级 IP 主导的特色小镇毕竟是少数，因为全世界迪士尼乐园、环球影城、乐高乐园数量本身就很有限。

图2.6 法国著名的苹果产地、卡尔瓦多斯的贝弗龙小镇

虽然成功的旅游特色小镇可以赚得盆满钵满，但是从欧美市场看，纯粹的旅游特色小镇反而占少数，更多的特色小镇反而是其他产业特色领衔、旅游产业为辅的发展模式，这些特色小镇的旅游设施占比会明显减少，但是并不影响这些小镇休闲度假的氛围，有时候反而更加轻松宜人。

从旅游消费的特点看，各种特色小镇都具有旅游价值，只是旅游价值高低不同，内容、档次不同，品牌不同，旅游产业在小镇产业中的占比不同。对于特色小镇的开发来说，怎样恰如其分地进行旅游部分的定位、规划及运营实现才是重点，过大尺度、过小尺度都不利于特色小镇运营的成功。另外，把所有特色小镇都当旅游小镇看待也是谬误。

五、文化价值及文化产业

文化对于每一个特色小镇来说都是爆发点，关键是怎样挖掘出“特有”甚至“独有”的文化元素，并能够在小镇精彩绽放。这往往是特色小镇打造“第一”或“唯一”的重要路径。理性分析，我们可以认为文化在特色小镇的发展中往往起到引领的作用，文化元素恰当深度挖掘甚至可以为项目全世界、全国传播创造低成本传播的可能，尤其是有品牌授权的文化 IP 甚至可以让小镇零成本传播，这都是文化的力量，也是品牌的力量。

关于特色小镇中的文化价值挖掘，我们可以从以下案例中发现其路径。

西班牙安达卢西亚地区胡斯卡尔是 3D 电影《蓝精灵》的拍摄地，它把电影剧本与小镇城镇化建设结合起来，成为全球知名的文化旅游小镇。它的成功来源于以下方面：

为了把蓝精灵电影的布置和小镇的生活设备建设有机地结合起来，小镇使用了 9 吨蓝色涂料，把村中教堂、政府，甚至公墓在内的 175 幢建筑全部涂上明亮的蓝色，凸显蓝精灵的蓝皮肤颜色；利用电影主题把文化要素注入到所有旅游、消费项目，例如“格格巫酒吧”、穿蓝精灵衣服的导游等；大力发展与蓝精灵相关的衍生产品，小镇销售与蓝精灵有关的纪念品；在假日举办“蓝精灵集市”摊位出售与之相关的工艺品。

图2.7 胡斯卡尔小镇的建筑文化

与胡斯卡尔用电影文化和建筑文化形成其文化竞争力不同，福建永泰嵩口镇的文化价值挖掘则沿着不同的路径。

嵩口镇是福州唯一的中国历史文化名镇，位于福州市永泰县的西南部，地处永泰、仙游、德化、尤溪、闽清五县的接合部，辖区面积 257 平方公里，辖 1 个社区、20 个行政村。其拥有“中国历史文化名镇”“闽台乡村游示范基地”“全国首批乡村旅游创客示范基地”“全国重点镇”等众多荣誉。

嵩口镇有彰显特色的传统文化：嵩口镇在南宋时期形成集市、形成赶墟（初一、十五）；在元朝置镇、明朝设巡检司；在 1914 年成立福建省第一个乡镇商会，是海上丝绸之路重要渡口、闽商文化发源地之一，也是虎尊拳发源地；历史上，从嵩口镇走出以南宋著名爱国主义词人张元干、闽台最大农业神张圣君为代表的众多文人；全镇 160 多座古代民居，木雕精湛、石雕丰富、灰塑疏朗。

图2.8 福州永泰嵩口镇木雕建筑文化

上面两个成功的特色小镇的文化价值或自主发掘，或文化植入，都形成了强烈的文化特色，并广泛传播。

除了上述文化价值外，还需要特别关注大学、博物馆、研究中心、体育设施、运动项目、艺术村等文化产业项目在特色小镇中的角色以及打造文化特色小镇的可能性。

六、细分行业商务办公价值

伴随经济发展，尤其在新经济推动下，商务办公承载着企业办公的使命，聚集了金融、科技、服务等各领域的企业，甚至有不少工业和企业也把研发部门、市场销售部门、客户服务部门、资金管理部门，从过去的工厂、商业区搬到了各种各样的写字楼里，这为产业的聚集提供了极为有利的条件。

美国的对冲基金小镇就是对冲基金等金融企业聚集形成的产业特色小镇；美国硅谷散布着不少高科技企业聚集形成的 IT 产业特色小镇；中国北京的上地无疑是国内外 IT 企业聚集形成的 IT 产业小镇。

在移动互联网发展、商业零售市场网络化趋势下，商业开店对实体店铺的需求呈现下降的趋势，而商务办公市场的空间反而增加——不少放弃实体店铺策略的零售商把对商铺的需求调整成为办公需求就是明证。这意味着特色小镇中商务办公会呈现更加明显的需求增长，这对于特色小镇的开发无疑是有利的。

回顾过去三四十年全国各地产业园的发展，大家一定会提出疑问：某种类型产业商务办公主导的特色小镇和产业园又有什么区别呢？区别之处也正是过去产业园发展存在短板的地方：过去的产业园只是解决了企业商务办公的需求，周边没有做相应的住宅、社区配套等的开发，以至于上班人群不得不在居住地和产业园之间长途奔袭，而产业园往往在晚上和周末人去楼空，毫无生气，更没有了特色小镇宜居宜业的综合发展。某类产业商务办公主导的特色小镇在发挥产业园整合产业资源优势的基础上，还会进行住宅、社区配套乃至文化设施的建设，令产业特色小镇更加和谐，并创造更好的人居环境，不同于产业园冰冷的氛围。我们可以认为产业商务办公主导的特色小镇是规避了产业园发展的不足后，更加综合、更有社会价值的模式。

七、商业及其他服务业价值（包括农业商贸）

任何地方有了人就一定会产生对商业及其他服务业的需求，伴随消费规模的增长，也会逐步激发商业及相关服务设施的建设和运营，这就是商业及其他服务业产生和发展的逻辑；当一个地方，或者一个小镇盛产某种物品，消费乃至批发需求又很强劲的时候，也一定会促进商贸批发设施的建设，这就意味着特色小镇必须充分考虑商业服务产业的价值，并在小镇做恰如其分的商业服务设施的定位、规划、建设和运营。如“香水小镇”格拉斯的商业街。

商业及其他服务业的载体就是商业地产，既然商业及其他服务业的市场需求在任何特色小镇都存在，那么商业地产的开发在特色小镇中一定是重要的内容，无论规划成商业街、购物中心、奥特莱斯、婚庆广场还是简简单单的社区底商、沿街商业，都承担着服务小镇消费需求的使命。当然，特色小镇的商业地产到底怎么规划，需要进行定位，规模做多大，定位什么商业，这些问题准确判断，并对规划设计、建设、招商、运营循序渐进，最终才能水到渠成。

图2.9　“香水小镇”格拉斯的商业街

需要特别指出的是，商业地产无疑是特色小镇重要的投资回报选项。站在特色小镇开发的角度，地产类型的开发内容在开发阶段就可以通过销售产权、经营权回收投资，对于其他产业大多数属于长线回报的特色小镇开发来说肯定是重要的现金流，这是有利于特色小镇发展的选项。需要关注的问题是，有些项目过分关注商铺销售，进行过大规模商铺的开发，市场难以承受，无论销售还是出租都遭遇滑铁卢，这是物极必反的教训，需要引以为戒。

在农业特色小镇的开发中，还必须关注相应特色农业种植、养殖产品及加工产品的流通商贸需求，比如荷兰郁金香小镇花卉的批发市场，“中国家具之都——东莞厚街”的家具批发市场，“中国水晶之乡——江苏东海”的珠宝市场，河北肃宁裘皮市场，都是特色农业种植、养殖产业化后不可或缺的商贸流通市场选项。从国内商贸批发市场的发展情况来看，虽然电商对批发市场形成巨大冲击，但是被冲击的更多是中间流通属性的批发市场，这些原产地属性的批发市场所受冲击相对较小。

伴随特色小镇旅游消费的发展，旅游消费对于这些市场形成持续的支撑，这些市场批零结合将是发展趋势，这无疑有利于农业特色小镇商业地产项目的持续经营。

另外，当前大家比较关注的养老、康养、婚庆等主题的特色小镇，我们也需要对其产业价值属性有准确的理解。从科学分类的角度看，养老、康养、婚庆等都属于主题性的商业及其他服务业范畴，即使这类主题的小镇在文化方面做了绝对突破性的挖掘，我们清楚了其商业及其他服务业的属性，就应该清楚这类小镇的市场半径普遍体现商业消费的特征，除非主题及内容上有超越性，爆点具有核爆性，否则这类小镇的商圈半径不会很大，需要理性思考经验的风险问题。

最后，特别提醒大家，特色小镇的商业地产往往是小镇成功与否，以及成功程度的风向标：成功的特色小镇，商业繁荣，商业地产空置很少，精彩的商业街留下的不只是消费，还有精彩的镜头瞬间，以及通过微信、微博等快速传播的小镇魅力；失败的小镇，商业凋零，大量商铺空置，留下的自然是无奈和衰落。

八、房地产业价值

特色小镇之所以强调“镇”，是因为每个特色小镇不仅要解决产业问题，还要解决人居问题，以及小镇“特色”及优美的生态环境和优良的基础设施吸引的旅游观光人群，这都意味着“特色小镇”不同于传统的冰冷的街道、空空荡荡的周末，以及导致交通压力加剧的非人性化工作及生活方式的城市病的产业园、开发区。

鉴于此，“安居”之选意味着特殊小镇一定具有房地产产业价值，换言之，必要的、适当规模的房地产开发一定是特色小镇不可或缺的组成部分，且对于特色小镇投资的回收是有利的，尤其在政府资金匹配不到位的情况下，甚至成为特色小镇开发自我救赎的重要渠道。

当然，房地产过大规模的开发又不利于特色小镇的发展，因为特色小镇的产业规模决定了可支撑的人口规模，过大规模的房地产开发的结果就是新的“鬼城”、“空城”的出现，而且房地产思路下的特色小镇基本上都是挂“特色小镇”羊头，卖“房地产”狗肉。

和距离城市很近的开发区、新区相比较，全国开发区、新区形成的“鬼城”绝大多数是暂时的，因为距离城区比较近，伴随城市化发展，人口持续增加，产业持续提升，这些“鬼城”绝大多数会最终会和谐发展，但是距离城市比较远的“特色小镇”则不同，其居住人口的有效规模来自产业的规模，虽然旅游消费等形成一定的服务业的人口需求，但是很有限，不少讲旅游地产故事的小镇除非小镇距离核心城市比较近，生态环境资源具有吸引力，否则较大规模的住宅开发最终会因为销售问题成为小镇的负担。当前政府特别强调，杜绝借特色小镇大肆圈地进行房地产开发的情况，其中内在的逻辑就在于特色小镇人口规模从产业角度看，需要恰当规模——无法想象美国纳帕谷大量进行房地产开发会是什么效果，或许最美葡萄园和庄园文化将无法形成，也自然无法打造世界知名的农业种植特色小镇。另外，避免不少开发商借特色小镇概念在城市周边低成本囤地，造成国家财富的流失，也是政府当前对特色小镇开发进行合理管控的着力点。

房地产开发因为期房销售的特点，对于特色小镇的成功开发是有价值的，毕竟其他绝大多数产业选项都是长期回收。就规模庞大的特色小镇开发来说，不解决资金回报问题只能空谈特色小镇的精彩未来；但是房地产开发又必须适当发展，这关乎特色产业均衡发展，甚至关乎特色产业的成败——过大比重的房地产和乌泱泱的常住人口，会让小镇像城市一样嘈杂，从而令小镇魅力尽失。这就是均衡的逻辑，分寸的道理。

还需要特别指出的是，特色小镇的房地产既然是在“特色”的光芒下，那么完全可以让“特色”成为符号，因为连房地产都带着“特色”的印迹无疑有利于特色小镇“特色”的自然流淌。对于游客来说，这种建筑的特色也是文化的张力。就仿佛美国纳帕谷的庄园，就是和葡萄酒文化相得益彰的房地产形态。

从上述的分析可以看出，房地产在特色小镇中可以名正言顺，不用羞答答，除非你骨子里还是传统的住宅开发思维，在特色小镇思维下的房地产应该是气质范儿、特色范儿，不稀缺但不过剩，这就是理性的特色小镇的房地产。

经过上述关于特色小镇产业价值的分析，我们发现农业产业价值（包括特色农业）、工业产业价值、生态环境价值、旅游产业价值、文化价值及文化产业、商务办公价值、商业及其他服务业价值（包括农业商贸）根据特色小镇自身的区位、特点、特色，市场环境、竞争环境都有可能成为某个特色小镇的特色产业，特色小镇的特色产业按照科学细分无非上述 7 个大的类型。其中，农业产业价值、工业产业价值、商务办公价值还要进一步进行具体产品类型的细分。

那么，特色小镇的特色产业到底怎样定位才能从特色小镇的产品阶段就奠定小镇的竞争力，形成差异化、可持续的发展？这是所有特色小镇在发展之初定位研究的关键。至于房地产业价值，之所以列出作为 8 大价值的重要内容，但是不作为特色产业的选项，是因为特色小镇的发展绝对不是传统的房地产发展模式，房地产在特色小镇中不可或缺，但不可以作为主导产业，这既是政府对特色小镇产业政策的要求，也是特色小镇健康发展内在规律的要求。

近期看到不少特色小镇相关的文章，大谈特谈特色小镇的几种模式，武断地判定旅游特色小镇就是主导的方向……诸如此类的观点都是缺乏科学的态度，缺乏市场化意识，甚至存在照搬照抄的现象，这对于特色小镇的发展和成功百害而无一利。

本节内容希望通过对第三产业的深入分解和分类为大家建立系统的、完整的特色小镇的产业价值结构，梳理清楚头绪再开始对特色小镇事业的推进，这才是符合企业、行业和社会需要的。

2.2 特色小镇产业的定位原理

任何特色小镇的产业内容，大多是农业（包括特色农业）、工业、生态、旅游、文化价值及文化产业、细分行业商务办公、商业及其他服务业（包括农业商贸）、房地产8大类。如果将房地产从特色产业定位中去掉，以确保特色小镇发展的科学性，那么特色小镇特色产业定位的选项无疑会在农业、工业、生态、旅游、文化价值及文化产业、细分行业商务办公、商业及其他服务业中进行选择，或者特色产业是单一产业选项，或者个别小镇是多项产业的组合都有可能。这就是本节内容需要解决的问题。

一、“比较优势”产业组合原理

对于任何志在进行特色小镇投资开发的企业来说，最关键的无疑是特色小镇的产业怎么定位，是照搬照抄还是纯创意思路的策划？照搬照抄肯定是行不通的，纯创意思路的策划可能会因脱离实际，而无法落地。一个成功的特色小镇必须在项目之初，就做出正确的特色产业的定位和选择。

我们可以把特色小镇看做一个三大产业都可能包括的小的经济体，其成功意味着这个小经济体在发展和竞争中必须具有持续竞争力，这和国家、区域类型的大经济体的发展有类似的地方，所以我们有必要在此引入经济学家大卫·李嘉图的比较优势理论。

大卫·李嘉图在其代表作《政治经济学及赋税原理》中，提出了比较成本贸易理论（后人称为“比较优势贸易理论”）。他认为，国际贸易的基础是生产技术的相对差别（而非绝对差别），以及由此产生的相对成本的差别。每个国家都应根据“两利相权取其重，两弊相权取其轻”的原则，集中生产并出口其具有“比较优势”的产品，进口其具有“比较劣势”的产品。

对于特色小镇发展来说，确定的特色产业只有具有比较优势才能获得持续发展，才可能会在特色小镇的竞争中赢得市场，这就是特色小镇产业定位的基本原则。

当然，特色小镇作为一个小的经济体，规模大小，产业当量必然有别，甚至最有竞争力的第一特色产业，因为现状市场基础、市场规模、竞争优势等因素局限，不足以支撑特色小镇面对未来外部竞争的情况也存在，这时候势必考虑进行其他可能产业内容的挖掘，形成几种有关联、延展性“比较优势”产业的组合，如果恰当组合，并且借助强势 IP 植入，这样多产业的组合竞争力或许可以改变市场格局，甚至赢得市场。这就是特色小镇“比较优势”产业组合原理的基本内容。

上述内容强调关联、延展性“比较优势”产业的组合是因为两个或多个有比较优势的产业在关联性、延展性的情况下，不是简单的叠加，而是深度融合式的“1+1 > 2”的结果，这显然有利于市场竞争格局下的卓越成长。

关于特色小镇“比较优势”产业组合原理，可以做如下总结：

（1）特色小镇的竞争力在于有比较优势的产业；

（2）特色小镇有比较优势的产业可以是单一的，也可以是多元的；

(3）特色小镇的产业组合讲求产业关联、延展性。

特色小镇“比较优势”产业组合原理是任何成功特色小镇的撒手锏。以瑞士达沃斯小镇为例进行分析。

被誉为会议小镇的瑞士达沃斯小镇，因日内瓦商学院克劳斯·施瓦布教授 1971 年创建的“世界经济论坛”每年初在这里召开而蜚声世界。小镇除了拥有当地居民生活的设施外，配套还有旅游服务中心、呼吸系统疾病的治疗所、天然溜冰场、国会中心、冰雪体育馆等设施，是温泉度假、国际会议、运动度假产业为特色，融生活、旅游等于一体的小镇。达沃斯小镇的特色产业首先是生态价值及生态产业的发展，并依托生态产业进行滑雪运动及会议经济等文化产业的发展，上述生态产业和文化产业是达沃斯小镇双轮驱动的产业组合，并最终强力带动旅游产业的发展，这就是达沃斯小镇的“比较优势”产业组合的基本原理。

在中国特色小镇发展的初期，我国对国际上成功特色小镇的打开方式，无疑是庖丁解牛般地进行产业组合原理解读，以及在产业组合原理确定后，进一步读懂其产品组合，以及资源植入、营销、管理实现，这样特色小镇才真的具有了中国基因，并且有了成功乃至飞向世界的翅膀。特色小镇的中国梦不仅是美丽小镇、魅力小镇在中国大地的精彩呈现，更要绽放无数享誉世界的中国特色小镇。

二、特色产业定位的空间原理

特色小镇“比较优势”产业组合原理基于小镇自身产业特点、产业优势初步确定了特色小镇未来可能的特色产业方向，但是这些特色产业能否最终形成，势必会考虑特色小镇的区位，以及和区位价值息息相关的小镇周边城市的产业特点、城市当量、和周边城市的距离、小镇和这些城市之间的交通关系等，因为小镇周边城市的产业特点、城市当量、距离远近及交通条件意味着小镇能否分享周边城市的消费及产业外溢，这正是特色小镇产业定位的空间原理要解决的问题。

关于特色小镇产业定位的空间原理，其实很容易理解。举个简单的例子，北京周边的小镇和西安周边的小镇，显然北京两三千万人口的市场规模，意味着巨大的周边旅游度假休闲消费市场和产业外溢的巨大空间，而西安870万人口的市场规模，虽然比一般的三线四线五线城市大很多，但是和北京相比，无疑是小巫见大巫。鉴于上述原因，北京、西安周边类似“比较优势”产业架构的小镇，考虑北京、西安不同的消费及产业外溢当量，其“比较优势”产业势必根据北京、西安旅游度假休闲消费发展的可能性，以及产业外溢的可行性对“比较优势”产业定位进行修正。

中国城市化发展呈现明显的区域不平衡、区域板块轮动的特点，以一线城市、二线城市为重心的发展和国家级城市圈发展将是中国城市化下半场重要的典型特征，其也会成为中国城市化下半场重要的财富带，毕竟一线、二线城市都具有庞大的消费和产业外溢的潜质。换言之，一线城市及二线城市连接轴、国家级城市群节点上的区域价值巨大，而且市场成熟周期短，风险小，收益高。对于处在上述连接轴上的特色小镇来说，意味着巨大的商机，所以这些连接轴、国家级城市群节点上的特色小镇在进行特色产业定位的时候，必须会对小镇产业空间原理进行深入的研究，这样借船出海肯定是很好的发展策略。

说到特色小镇产业定位的空间原理，不得不借此提出连锁化发展特色小镇的投资企业和开发企业需要关注的特色小镇选址问题。在上述一线城市及二城市连接轴、国家级城市群节点上选址进行特色小镇的投资开发，往往会事半功倍，因为这些特色小镇生来就天生丽质，在规模庞大的城市周边做好旅游服务、做好体验业就很容易赚得盆满钵满，那大家又何乐而不为呢？

关于特色小镇产业定位的空间原理，可以做如下总结：

（1）从周边城市消费和产业外溢角度评估特色小镇“比较优势”产业的可行性；

（2）从周边城市消费和产业外溢角度提出特色小镇产业定位的可能性；

（3）综合上述两个维度，进行特色小镇特色产业再定位。

特色小镇产业定位的空间原理是任何成功特色小镇借势思维的体现。特色小镇产业定位的空间原理对于欧美特色小镇的发展来说，也是一样的道理，欧美特色小镇的投资商、发展商更加关注特色小镇与周边城市之间的优雅互动，并形成生产力。

美国对冲基金小镇——格林威治小镇之所以能在并不算太长的时间里就确立了自己“对冲基金中心”的地位，原因是多方面的：它茂密的森林、旖旎的湖光山色以及种种保护良好的自然生态所构成的“明信片风景”，本身就对高度追求宜居环境的对冲基金大鳄们具有磁石般的吸引力；小镇的地理位置具有无可比拟的优越性。它比邻纽约市，方便经纪人等金融专业人士在两地之间穿梭；它距纽约的超大金融中心近，兑换方便。加上小镇周边都是经济发达地区，投资对冲基金的客户很多。

从对冲基金小镇的案例分析可以看出，格林威治小镇定位对冲基金业和距离纽约近关系巨大，甚至可以断定，格林威治小镇如果不是距离纽约近，就很难成功打造对冲基金行业的小镇化发展。在此，也提醒国内模仿对冲基金小镇在国内进行对冲基金小镇开发建设的小镇，务必关注小镇和金融产业聚集地北京、上海、深圳的位置关系，没有规模化的产业聚集地作为支撑，所谓的对冲基金或其他金融类小镇就不可能成功打造，或者从最开始就是明确无误地借特色小镇之名行房地产开发之实的房地产开发项目而已。

从上述特色小镇产业定位的空间原理看，特色小镇不能是一个人在“战斗”，要懂得借势借力，这样才不是空中楼阁，也不是策划意义上的创意使然，而是产业发展的理性选项，知彼知己不仅仅在于“知彼”的知对手，进行恰当的竞争，对于特色小镇的发展来说，知周边城市“之彼”，是找可以借势发展的可能性和空间——对于特色小镇这样的商战主角来说，绝对不同于战争的对手思维，借势借力的合力思维是商战绝对的精华。

三、特色产业定位的时间原理

前文提到过，特色小镇可以看成是一个小经济体，既然是一个小经济体，那么问题就来了：特色小镇面对的不是静态环境，必须动态发展，不断变革求新，是自我革命的过程，加上移动互联网、人工智能革命性的推动社会发展，以及中国特色的动态思维推进城市化的传统，每个特色小镇势必都需要动态关注国家高铁规划、城市城际铁路规划、各种市政设施的规划、国家产业政策导向等诸多如此类的动态因素，并在特色小镇前期规划阶段、开发阶段、运营阶段做出恰如其分的评估，动态考虑特色小镇产业定位及未来的优化乃至调整问题。这充分说明，特色小镇从项目确定之日起就进入了时空轨道，这正是下面要讲的“特色小镇产业定位的时间原理”。

特色小镇产业定位的时间原理，可以做如下总结：

（1）结合生态产业趋势对特色小镇特色产业定位进行评估；

（2）结合新技术趋势对特色小镇特色产业定位进行评估；

（3）结合产业趋势对特色小镇特色产业定位进行评估

（4）结合城市群发展趋势对特色小镇特色产业定位进行评估；

（5）结合上述四个角度的评估，最终确定特色小镇的特色产业定位。

上述特色小镇产业定位的时间原理主要考虑生态产业趋势、新技术趋势、产业趋势及城市群发展趋势对特色小镇特色产业的影响，属于考虑未来时间性趋势性因素对特色产业是否符合生态产业趋势、新技术趋势的特点，是否符合产业趋势，以及未来城市群发展趋势下，其他类似定位特色小镇在城市群发展过程中的趋势性演变格局了然于胸的过程，经过这样的综合分析，最终形成特色小镇的特色产业组合定位。

关于特色小镇特色产业定位的时间原理，可能不少人认为是不是太复杂了，不就做个特色小镇吗？至于要考虑生态产业趋势、新技术趋势、产业趋势及城市群发展趋势这些战略性问题吗？

答案是确定的，原因很简单：特色小镇可不是简单对房地产的需求，特色小镇持续运营并走向未来，有可能成为世纪经典都是期待的方向！所以，动观未来，给特色小镇安上时间的翅膀，小镇才能飞得更远，取得更大的成功！

下面举例说明特色小镇产业定位的时间原理，希望通过案例能够给大家清晰的理解。

关于特色小镇的产业定位要首先满足生态产业趋势，我想大家都应该有共识，因为特色小镇具有良好的生态环境是特色小镇的必要条件，连环境都不生态，还想特色小镇成功，那是痴人说梦。这一点，我不再赘述。

前文提到新技术趋势的移动互联网、人工智能正在持续推动社会发展，这意味着诸多产业将处在裂变中。过去特别流行的行业、产业，在新技术推动下，可能被淘汰，那么即使某个小镇当前有相应产业规模甚至优势，也不能轻易把这个产业定位成主导发展产业。比如，电子产品日新月异，新技术层出不穷，不少人认为有潜力和前景的行业，几年后就会成了过眼云烟。同样的道理，如果某个小镇不定位相关产业发展，那么几年后就会被淘汰——曾经风靡一时的寻呼机，曾经不可或缺的有线电话，汽车产业的传统配套产业等，都会在新技术趋势下被反复革命。

关于产业趋势对于特色小镇产业定位的影响，当前引以为戒的是内陆城市发展产业的习惯性思想。比如过去广州周边诸多城镇都形成轻工产品加工及贸易集散地，10年前普遍人声鼎沸，车水马龙，可现在在电商冲击下，广州周边众多小镇的批发市场不得不关门歇业，加上产品过剩，不少工厂也关门倒闭，广州市政府正全力引导这些城镇进行产业调整。我们可以说广州周边城镇发展模式是时代的产物，但是理性思考，当前有些不发达的内陆城市的城镇试图把衰落的广州城镇模式复制搬到内陆，显然属于对新技术趋势缺乏理解的产业定位思考。

关于城市群发展趋势对特色小镇产业定位的影响，很容易理解：伴随中国城市化发展，中国国家级城市群将尽展魅力，在此过程中，类似雄安新区横空出世的规划大调整会是重要的中国城市群发展特征——尽管今后发生规划大调整的城市很难是雄安新区那样的规格和级别，但这些规划大调整意味着周边至少几十公里范围内的小镇进行特色小镇的发展都更有成功的可能，毕竟毗邻超越深圳、上海浦东新区的雄安新区，在雄安新区建设完成后，庞大的消费和产业市场外溢都是货真价实的收获。

2012 年，易铺智库团队在雄安新区东南侧进行蠡县裘皮小镇项目的全案策划，产业定位方案是裘皮加工贸易产业 + 旅游休闲产业，当时的思考是蠡县裘皮小镇距离北京、天津、石家庄都是 200 千米左右的距离，在高铁快速发展的大背景下，200 公里距离，不到 1 小时车程，旅游休闲消费有可行性。现在，雄安新区世纪规划落地，蠡县裘皮小镇旅游休闲产业的发展面临更大的机遇。

上述分析从不同角度对特色小镇产业定位的时间原理进行了解读，希望特色小镇的定位关注未来变化因素，用技术趋势、产业趋势、城市群趋势的眼光动观市场，为特色小镇的产业定位谋定未来。

特色小镇是百年大计，特色产业的科学定位从项目之初就决定了项目今后成败的大方向。用本章易铺智库结合长期实践经验总结的“比较优势”产业组合原理、特色产业定位的空间原理、特色产业定位的时间原理进行的特色小镇产业定位显然是基于市场，用科学的方法进行的决策。所以，将为小镇的成功奠定基础，百年大计是起点，千年大计是努力方向。

2.3 特色小镇产业定位的路径及案例分析

经过上一节关于易铺智库总结提出的特色小镇产业定位原理的研究，我们形成特色小镇产业定位的三大模型的思想，那就是“比较优势”产业组合原理、特色产业定位的空间原理、特色产业定位的时间原理。本节将结合案例具体说明特色小镇产业定位的路径，以便于大家建立可执行的特色小镇定位逻辑。

一、特色小镇产业定位的路径

在上节，我们拆分出特色小镇8大产业价值，具体为：农业（包括特色农业）、工业、生态、旅游、文化价值及文化产业、细分行业商务办公、商业及其他服务业（包括农业商贸）、房地产。这8大产业价值在特定的特色小镇项目中最终怎样取舍，基本原则是比较优势原则，具体步骤就是下述内容阐述的"特色小镇产业定位的路径"：

（1）对所属乡镇（或村）的农业、工业、服务业从产品类型进行细分，形成细分产品相关产业3~5年生产总值、增长率排行；

（2）对所属县的农业、工业、服务业从产品类型进行细分，形成细分产品相关产业3~5年生产总值排行；

（3）研究县农业、工业、服务业产品类型细分的生产总值，以及前三位的细分产品相关产业在国内、省内、市内市场份额及占比；

（4）如果乡镇（或村）生产总值排前三的细分产品相关产业和县生产总值排前三的细分产品相关产业相同，说明这三大细分产品相关产业可能是该特色小镇特色产业的备选方向，并具有县域特色产业特征；如果上述三大细分产品相关产业中某个产业，县的相关生产总值在全国相关生产总值中的份额超过10%~20%，说明该细分产品相关产业不仅是这个特色小镇的特色产业选项，而且是这个县的特色产业选项；如果县的相关生产总值在全国相关生产总值中的份额低于10%，说明该细分产品相关产业面临较强的市场竞争，需要考虑竞争市场因素以及项目竞争力，并最终确定特色产业选项；

（5）考虑这个小镇和周边城市之间的空间关系，增加城市消费和产业外溢可能形成的其他产业方向选项，并评估上述三大细分产品相关产业选项及增加的其他产业方向选项，在考虑城市外溢消费市场和产业影响的背景下产业的可行性；

（6）考虑上述三大细分产品相关产业选项及增加的其他产业方向选项在生态趋势、新技术趋势、产业趋势、城市群趋势下的可行性；

（7）经过比较优势原则评估，考虑竞争力需要，最终确定特色小镇特色产业（可能是 1 个或多个细分产品相关产业选项的组合）。

上述 7 个步骤，是易铺智库团队在特色小镇项目实战中摸索形成的经验。虽然生涩但科学严谨。易铺智库团队希望通过实践积累的经验成果，能够为中国特色小镇的发展做出相应的贡献。

二、特色小镇产业定位路径的案例分析

易铺智库特色小镇产业定位路径可以通过下述案例为大家提供有益的参考和借鉴：

结合易铺智库团队服务的河北蠡县裘皮小镇的产业定位工作给大家分享特色小镇产业定位的过程，这样更容易理解。

项目位于河北保定蠡县，属于河北从北到南形成的一条皮毛产业带重要节点，这条产业带上包括“碎皮制造”的张家口阳原、原皮交易的肃宁尚村、裘皮产业发源地之一的蠡县留史、皮革皮具的石家庄辛集、深加工制造的衡水大营、产业园规划的故城、羊毛羊绒的邢台清河等各具特色的皮毛市场。

（1）经过对所属乡镇农业、工业、服务业从产品类型进行细分，细分产品相关产业 3 年生产总值排行显示该镇曾经是我国最大的原料皮市场，亚洲最大的原料皮集散地，有进口狐皮专业村及国产狐皮专业村，还有进口貂皮专业加工村和国产貂皮专业村等，狐狸、貂等的养殖以及初加工，深加工和商贸市场均成为生产总值前列的细分行业。

（2）河北蠡县排名前列的细分行业产品有毛纺织业、特色农业、养殖业、皮毛皮革业等，和项目所在镇的产业结构有很大的相似性。

（3）蠡县上述产业在国内相应产业领域的市场份额：

养殖业：蠡县养殖业发展迅猛，形成了以友福、伟亿为龙头，鲍墟、留史为中心的珍稀皮毛动物养殖产业，养殖种类主要有貂、貉、狐、獭兔四大类。目前种貂、种貉、种狐等均有数万的存栏量，主要涉及 4 个乡镇（留史、鲍墟、百尺、辛兴）13 个村，1000 只以上规模养殖厂十几个。獭兔养殖量最大，存栏数量逾万只，涉及全县 13 个乡镇，多为小规模、散户养殖。

皮毛皮革业：全县有皮毛皮革企业 1080 家，年产裘革皮 1.2 亿平方尺，年产各类皮制品 25 万件。

（4）客观评估：蠡县原本因为发端于貂、貉、狐、獭兔的养殖而占有重要的市场地位，但后来因为当地产业政策不积极支持的原因，当地大量商户流失，以至于周边肃宁的尚村后来居上。考虑养殖和原皮交易依然具有良好的市场规模，所以貂、貉、狐、獭兔的养殖和原皮交易肯定可以作为该小镇的特色产业继续发展，后端产品深加工以及成品的交易能否成功取决于项目综合竞争力。

（5）考虑该小镇和周边城市北京、天津、石家庄之间的空间关系，再加上雄安新区近在咫尺，周边城市外溢的旅游消费和产业外溢可能形成旅游消费市场以及高附加值产业的落地，经过评估，养殖、原皮交易、成品交易和品质化、品牌化的旅游商业以及强力拉升人气的主题乐园成为项目基本的产业组合方向。

（6）上述定位考虑生态趋势、新技术趋势、产业趋势、城市群趋势下的可行性后发现，当前原皮初加工对环境的污染成为制约小镇成功的基本因素，解决得好无疑成为很好的竞争力，毕竟周边竞争对手虽然前几年产业后来居上，但是环境污染的问题已经深入骨髓，很难彻底整治，这自然为该小镇厚积薄发式的超越提供了机会。基于生态趋势条件的考量，加上雄安新区建设的因素，生态环境至尚的养殖、原皮交易、成品交易和品质化、品牌化的旅游商业以及强力拉升人气的主题乐园成为这个小镇的产业定位内容。

图2.10 蠡县裘皮小镇鸟瞰图

图2.11 蠡县裘皮小镇交易中心效果图

生态环境至尚的养殖、原皮交易、成品交易和品质化、品牌化的旅游商业以及强力拉升人气的主题乐园的产业组合定位，按照比较优势原则评估，考虑竞争力需要，最终确定该特色小镇特色产业为皮毛产业（种植、加工、贸易）+旅游产业+配套设施，鉴于项目规模庞大，房地产必然是开发组合内容，也自然是项目中不可或缺的内容。

以上为易铺智库特色小镇产业定位路径的案例解析，希望通过上述案例大家能够理解科学化进行特色小镇产业定位的步骤，并且在特色小镇实践中从产业定位阶段就能做到市场导向下的理性思考、专业研究，最大限度确保特色小镇的产业定位就是精品创造的过程。

第三章　特色小镇的市场定位

在完成特色小镇产业定位后，马上需要回答的问题就是特色小镇的市场定位，即：特色小镇主要服务的客户是哪里的企业、消费者？什么特征的企业、用户？市场区域是多大，是在本区、本县、本市、本省、本国还是在全世界建立自己的市场范围？这直接决定了特色小镇产业组合中各产业规模、当量、品牌、营销策略、运营策略等的制定。

上述概念，简单来说就是：如果你想打造一个世界级的特色小镇，那么这个小镇所具有的“第一”“唯一”至少是中国的“第一”“唯一”，甚至是世界的“第一”“唯一”，要想包揽世界市场于麾下，没有世界级的金刚钻怎能创造世界美誉的特色小镇？如果你想打造一个全国知名的特色小镇，那么这个小镇所具有的“第一”“唯一”至少是某省的“第一”“唯一”，甚至是全国的“第一”“唯一”，国家级的撒手锏当然是需要的；至于省、市、县级别定位的特色小镇也是一样的道理。

总之，梦想有多大，市场有多大，当然，关键是水平得有多高！这就是特色小镇市场定位要解决的问题！

特色小镇市场定位主要从目标市场的地域定位、目标市场的消费特征定位两个角度着手，本章希望从这两个维度透视特色小镇市场定位玄机。

3.1 特色小镇目标市场定位

特色小镇的产业定位确定后，特色小镇的基本市场方向就可以确定，但是还需要结合特色小镇自身的优势（strengths）、劣势（weaknesses）、机会（opportunities）、威胁（threats）分析进一步对目标市场进行界定。

一、目标市场定位的基本内容

1. 目标市场

任何领域的产品都需要进行目标市场的确定。也就是说，为项目或产品创造 80% 销售额的用户就是目标市场，其余 20% 销售额的用户属于随机性的，其消费特征不是目标市场研究关注的方向或者重点关注的方向，80%：20% 也符合 8：2 原则。

对于特色小镇来说，目标市场的准确定义是：为特色小镇创造 80% 销售额的企业或个人就是特色小镇的目标市场。因为特色小镇可能存在 80% 的销售额是多产业、多项目实现的情况，也就是这个特色小镇存在多产业、多项目组合定位的问题，这样就会出现不同产业、不同项目需要分别进行目标市场研究的情况。

2. 目标市场定位

对于特色小镇来说，创造 80% 销售额的产业、项目，其目标市场结构如何是定位、运营阶段都需要不断思考的问题，并且需要根据市场的变化、竞争环境在运营过程中做出恰如其分的调整。

目标市场定位需要解决以下几个问题：

(1) 目标市场消费特征，是个人消费还是企业消费或者二者的结合——在结合的情况下，比例如何；

（2）目标市场的消费 / 采购水平界定；

（3）目标市场的消费 / 采购结构；

（4）目标市场在特色小镇分类项目上的消费特征和消费水平或采购特征和采购水平；

（5）目标市场变化趋势的判断。

上述就是特色小镇目标市场定位的内容以及过程。

二、特色小镇目标市场定位的案例分析①

上述特色小镇目标市场定位的内容是任何市场领域产品市场定位共性的研究方法，从专业角度过多解读没有太多价值，关键是结合行业案例给大家更加完整的分析，以便于借鉴。

下面以京郊古北水镇为例，我们看看古北水镇产业定位、项目定位和目标市场定位的实践。

图3.1　古北水镇温婉的夜色

1. 古北水镇的确是文旅小镇的“爆款”

2016 年，开业仅 3 年的文旅小镇，古水北镇游客量突破了 245 万，旅游收入达到 7.35 亿元，同比增长分别为 67% 和 59%。从 2014 年开业至

① 案例参考：大地风景《案例研究：三年内收入 7 个亿，古北水镇如何做到的？》

今，古水北镇的经营业绩“一路狂飙”，令人咋舌。2014年，古水北镇的游客接待量为98万，实现旅游收入1.97亿元。2016年，游客接待量达到245万，实现旅游收入7.35亿元。而其师出同门的乌镇景区，从2007年营业开始，直到2013年，其营业收入才突破7亿元。

2. 古北水镇三大收入目标及目标市场定位

古水北镇在规划时，对景区业态进行了“三三制”划分，三分之一的门票收入，三分之一的酒店收入，三分之一的景区综合收入。门票只是进入古水北镇的门槛，游客在景区里的二次消费才是经营者更为看重的收入来源。景区还包括索道、温泉、餐饮、住宿、娱乐、演艺及展览等项目，收入渠道多样，同时各项目间能彼此促进，在充分满足游客多种旅游消费需求的同时，极大地降低了门票在整个经营收入中的比例，取得了破解“门票经济”的巨大成功，提升整体收入规模。2017年3月1日古北水镇取消原有的夜游门票，从2017年3月25日开始，景区全天门票价格统一为150元/人，大量客流使景区运营突破了昼与夜的限制，实现了真正意义上的旅游度假区。

显然，经过3年运营，占近80%收入的项目无疑是酒店收入和景区综合收入，其目标市场定位如下：

（1）目标市场消费特征：中产及以上家庭旅游休闲消费；

（2）目标市场的消费水平：中产及以上家庭旅游消费；

（3）目标市场的消费结构：品质、特色酒店消费及特色文化项目消费；

（4）目标市场在酒店项目上的消费特征和消费水平：

表3.1 古北水镇酒店类设施详情

酒店类型	名称	房间数量（间）	核心特点
主题度假酒店	水镇大酒店	409	世界首家长城烽火台主题酒店
	十三妹女子温泉酒店	13	每间客房配有温泉池及干蒸室
	古北之光温泉酒店	319	宴会、会议、温泉SPA、儿童游乐复合功能

续表

酒店类型	名称	房间数量（间）	核心特点
精品酒店	乌镇会精品酒店	39	山上和山下两家不同风格酒店组成
	御舍温泉精品酒店	32	每间房独立汤池、日式餐饮
	威廉埃德加精品酒店	50	德式酒吧、户外泳池
	望京楼精品酒店	33	仿欧式建筑，与司马台长城为伴
特色民宿	卧龙堡客栈	11	推窗可见小桥流水
	雁行客栈	7	日式格调、暖色、质朴素雅
	梨园客栈	15	以京剧故事为背景装饰
	丝路客栈	18	青砖黛瓦、悠闲舒适的庭院
	得月楼客栈	7	古老装饰家具
	兵营客栈	30	“林暗草惊风，将军夜引弓”的紧张军旅生活
	洗尘客栈	17	客房布置简单又不失温馨
	川桥客栈	8	波西米亚风格，充满色彩与想象力
	枕水客栈	7	清新自然的田园风格
	码头客栈	/	小镇的“水上威尼斯”
	君约客栈	12	意大利托斯卡纳风格
	望塔客栈	12	木屋风情
	倾城客栈	8	波西米亚风格，浪漫华美
	杨家客栈	7	河南美食，正宗私房菜
	水顺客栈	14	观景台可赏星空、闻花香
	英华客栈	22	古色古香的客房装饰
	雁门客栈	14	坐在院子中抬头可见司马台长城
	八旗客栈	15	四合院型民俗，古北唯一一家带独院温泉
	青叶客栈	9	临水而建，依山傍水
	古寨客栈	6	宁静祥和，木质装修
	艺城客栈	9	托斯卡纳风格
	邻家客栈	8	别致庭院，东北美食
	镖局客栈	/	与瞭望台仰望相对，低头俯视流水淙淙
	水镇之家	39	出门可游览民国街区

（5）目标市场变化趋势的判断；文化消费具有市场吸引力。

古北水镇在长城文化主题的营造上动了不少脑筋，对于旅游消费来说具有很强的吸引力，尤其夜间长城游已经成了古北水镇特色项目，这无疑是文化消费的典范。

3. 古北水镇“用户至上”，服务并引领目标市场消费

考虑文化消费的市场潜力，古北水镇基于对景区普遍存在淡旺季问题的考虑，推出了夜游长城索道、夜游船、温泉、灯光水舞秀、传统戏剧、杂技等常规类项目；以“圣诞小镇”“古北年夜饭”“长城庙会”为冬季主题品牌活动，开发出雪地长城观赏、庙会、冰雕节、美食节、温泉等一系列冬季旅游产品，强化冬季氛围，提升景区人气。通过统筹景区内各类资源，有效实施收益管理，以调节北方景区存在较为普遍的淡、旺季客流不均衡现象，实现了“淡季不淡、旺季更旺”的经营目标。

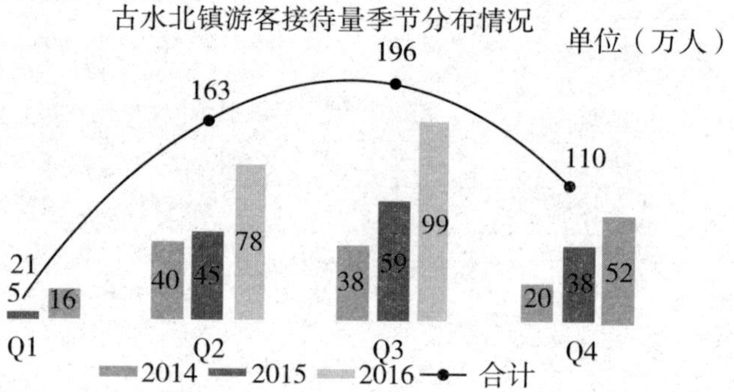

图3.2 古北水镇近三年游客季度接待量

旅游业是一个季节性非常突出的行业，大多数景区的接待高峰一般集中在五一至十一期间，十一之后客流就会呈现断崖式的下跌。但从古北水镇季度经营业绩情况可以看出，每年的第二至第四季度的游客能达到相对的平稳；过往三年的第一季度客流虽较为惨淡，但在刚刚过去的2017年第一季度，古北水镇内的各大住宿设施都呈现出满房的态势，说明经过针对性的策划与提升，古北水镇未来一年四季客流皆满的“盛况”应该很快就能够实现。

不得不说，在这竞争激烈的旅游业中，培育出了一批又一批越来越挑剔的游客，现在的景区不怕游客不来，就怕游客不再来。因此，如何提高游客的重游率成为景区十分头疼的难题。古水北镇通过生活场景再造的方式，大大提高了游客的旅游体验，从而提高游客重游率。

目前，古水北镇通过多个主力店营造出的文化韵味与体验感，辐射游

客消费的多重场景，景区内的 4 家五星级酒店、2 个高档会所、4 家精品酒店、30 多个特色民宿、200 多家商铺、10 余个民俗展示体验区、全长 1256 米的长城索道以及国内首屈一指的温泉资源都成为游客重要场景体验场所，其中让人印象最为深刻的是十余处特色民俗展示体验区，我们现在听到了太多景区都在民俗体验上大做文章，但真正玩得精致且纯粹的却极少数，而古水北镇游客可以全程参与从选料、生产、加工到出成品的民俗体验，并可以将自己制作的产品带回家。

此外，各有特色的住宿空间也成为景区的一大亮点，在旺季，酒店住宿率在 95% 以上，住宿需提前半个月甚至一个月预定，五星级酒店市场价格定位在每晚 1500 元以上，民宿是每晚 500 ~ 3000 元不等的价格。

古水北镇每一处都是一个景点、一个场景，游客很难一次就能体验到这里的全部活动，丰富的体验场景成为游客重复消费的重要拉力。

借鉴乌镇西栅景区成熟的运作模式，古北水镇在开发时就构架了对景区的统一运营管理模式。迁出原景区居民，以颠覆式的社区重构来实现拥有景区全部商铺和住宅的产权。原景区居民变成景区的员工，在统一的规范要求下开展经营，为游客提供服务，保证了服务质量和品质，为游客带来极佳的旅游感受。

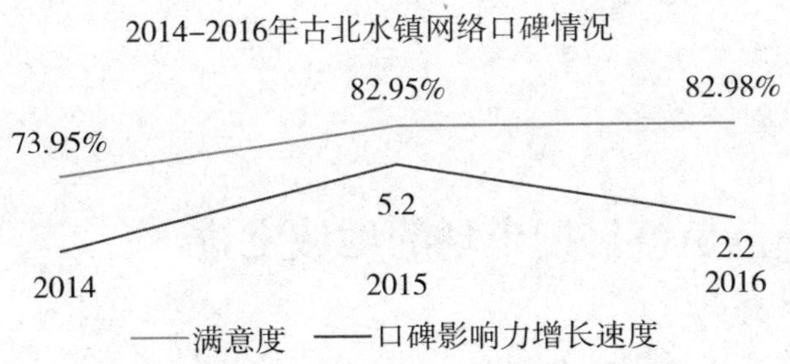

图3.3 古北水镇网络口碑情况

根据 Tripadvisor 统计数据显示，OTA 上游客点评的差评率每降低 0.1 分，酒店预定订单会提高 3%。古北水镇通过不断提高网络游客满意度和口碑影响力来提高整个品牌的知名度。通过对携程、途牛、驴妈妈、美团等 10 多个渠道的游客点评分析数据可知，古北水镇开业第一年，网络口碑影响力很弱，在各大渠道上的口碑总量只有 403 条，游客满意度也不理想；而到了第二年，网络口碑影响力迅速扩大，口碑影响力提高了 6.2 倍，游客满意度也提高了近 10 个百分点；第三年，在保持游客满意度稳定提高的同时，快速扩大口碑的影响力，2016 年网络口碑影响力是 2015 年的 3.1 倍。此外，古水北镇的微信公众号阅读量也从 2014 年的平均每篇 200 左右的点击量上升到 2016 年平均 3000 的点击量，点击率上升了 15 倍。可见，古北水镇通过网络传播的方式形成了较好的游客口碑传播，对于营收增长起到了较强的正面促进作用。

古北水镇坚持核心服务理念，提升游客满意度，始终践行“将最大的善意释放给每一位游客”的核心服务理念，一方面坚持每周的宾客意见收集制度，每周公司管理人员及高层领导批复整改；另一方面景区在对游客服务上，充分考虑游客在景区内的参与度、感受度、体验度，以此不断提升游客满意度和口碑。

从古北水镇案例分析看，产业定位“文旅小镇”的古北水镇目标市场定位清晰、准确，并结合主导收入项目进行深入的市场需求分解，在运营中按照目标市场的需求进行产品配置，强化文化植入及主题运营，也是古北水镇成功的重要因素。

3.2 特色小镇目标市场的地域定位

纵览国内外成功的特色小镇，目标市场的区域定位无不理性、清楚，这为项目的发展、招商、运营确定了理性的市场边界、市场空间。目标市场的区域定位明确了，也才能准确进行用户画像，也才能指导特色小镇产品、服务进行用户体验的完美打造。

特色小镇目标市场的区域定位从世界、全国、全省、全市、全县都是可能的选项，当然，最终选择取决于客观考虑小镇优势，理性判断产业定位及竞争力，在可行性前提下的区域定位。最不可取的肯定是好大喜功、梦游般的区域定位，甚至是吹牛属性的区域定位。

本节结合国内外成功特色小镇不同的区域定位策略做深入解读，希望能够对特色小镇的地域定位有参考和借鉴。相信大家可以明白特色小镇要想成就世界梦想，必须世界级的“第一”和“唯一”，否则很难；大家也会明白，务实的城市定位也可以打造成功的特色小镇，尤其在一线城市、二线乃至部分三线城市周围，这样的成功的特色小镇其实不少，存在的问题主要是生态环境被破坏了，而未来需要生态环境复原，产业需要提升。

一、世界级特色小镇

我们可以把目标市场的区域定位为全世界的特色小镇，也可称之为世界级特色小镇。而法国梵高小镇就是这样世界梦想的特色小镇。

梵高小镇阿尔勒位于法国南部的普罗旺斯大区，也是罗曼时期的古城，其有七座古迹被联合国教科文组织列为世界人类遗产，成为“艺术历史古镇”。然而，在法国，由于历史原因，古罗马的遗迹有很多，若不是梵高，阿尔勒恐怕现在只是一个默默无闻的历史小镇。

图3.4 梵高小镇阿尔勒

许多人知道阿尔勒这个名字，都是通过梵高数百幅作品，梵高将这座小镇永远定格在艺术的光辉中。

阿尔勒坐落在罗纳河两侧，左侧是市中心，右侧是老城区。老城区是个迷你小镇，只需要步行 1 小时就能丈量完这块梵高生活过的土地，城市中处处都留有梵高的印记。阿尔勒的游客中心会提供详细的梵高主题徒步路线图。每年七月，阿尔勒都举办国际摄影节。值得一提的是，摄影节期间，连民宅饭店地窖等地都有小型的摄影展；国际摄影节的举办也促成了阿尔勒古城设立国家摄影学院。

阿尔勒小镇的“唯一”肯定就是梵高 IP，世界唯一的梵高和梵高小镇令梵高游览线路、艺术博物馆和美术馆成为世界范围的旅游目的地，辅以历史悠久的古罗马遗迹和丰富的节事活动，形成独特的文旅小镇。

二、国家级特色小镇

我们可以把目标市场的区域定位为国家范围的特色小镇，也可称之为国家级特色小镇。日本奈良的吉野小镇就是这样的国家级特色小镇。

吉野小镇和日本的樱花密不可分。提到樱花，就不能不提到自古以来便享有日本第一赏樱名所美誉的吉野山。每年四月初到五月上旬，动辄吸引数十万的赏花旅客。其实，吉野不仅有春天的绝景千本樱，还有夏天苍翠的绿，秋天枫叶的红，冬天的银雪世界，吉野小镇是个一年四季都看不完的地方。

图3.5 日本第一赏樱名镇——吉野镇

吉野小镇成为日本国家级特色小镇，在于吉野小镇的“第一”：

（1）吉野山是日本赏樱花第一名所；

（2）吉野有春天的绝景千本樱；

（3）樱花生态文化。

虽然日本吉野小镇没有“唯一”的内容，但是靠上面的三个“第一”就成功打造日本国内闻名遐迩的国家级特色小镇。

三、城市级特色小镇

和前面“世界级特色小镇”“国家级特色小镇”的定义类似，我们可以把目标市场的区域定位为某个城市的城市级特色小镇。北京怀柔的雁栖镇刚刚入选“第二批全国特色小镇”公示名单，雁栖镇就是这样的城市级特色小镇。

雁栖镇是一座集科工贸为一体的新兴城镇，集工业、居住区、公共建筑为一体发展的组团式小城镇，城镇建设初具规模，已建成住宅楼4万平方米。目前该镇已形成旅游立镇、工业强镇、农业绿镇、生态续镇的发展格局。

雁栖镇因为环境优美，风景宜人，旅游资源丰富，成为北京城区居民周边游的重要目的地。其中，明代古长城在境内蜿蜒盘伏40公里，自然景观、人文景观各具特色，目前已形成自然景区、虹鳟鱼垂钓、民俗旅游、果品采摘四种风格不同的特色旅游。虹鳟鱼一条沟和市级新农村建设示范村官地村享誉京城。雁栖镇西临慕田峪长城和千年古刹红螺寺，目前已开发了神堂峪自然风景区、濂泉响谷、乡间情趣园等多处旅游景区，是集吃、住、行、游、购、娱为一体的旅游度假胜地。

2014年，APEC会议在怀柔雁栖生态发展示范区召开，“国际会都”的新定位意味着这里不但将建成国际一流的生态发展示范区，还是首都国际交往职能的重要窗口，并努力成为世界级城市旅游目的地和生态文化休闲胜地。

图3.6 2014年APEC会议在雁栖镇举办

雁栖镇成为北京市级别的特色小镇，在于雁栖镇的“第一”：

(1) 京郊距离北京最近的生态旅游镇；

(2) 第一个举办 APEC 会议的特色小镇；

(3) 虹鳟鱼第一沟，虹鳟鱼美食第一镇。

雁栖镇的“唯一”：

中国唯一举办过 APEC 会议的特色小镇——未来怎样进行类似达沃斯小镇一样的会议运营，无疑是雁栖镇从城市级特色小镇走向国家级特色小镇，乃至世界级特色小镇重要的突破点。

上述三个案例展示了不同目标市场区域定位的特色小镇的特点，基本规律是特色小镇创造的世界、国家或城市范围内的“第一”和“唯一”越多，越容易成功；伴随运营，创造的“第一”和“唯一”如果能从城市范围提升到国家范围，那么这个特色小镇就极有可能从城市级跃升到国家级；创造的“第一”和“唯一”如果能从国家范围提升到世界范围，那么这个特色小镇就极有可能从国家级跃升到世界级。这种跃升意味着特色小镇商圈扩大，价值提升，小镇的未来会更加美好。相信这已经成为国内外特色小镇的运营目标。

第四章　特色小镇的产品定位

在特色小镇产业定位及市场定位完成后，我们很清楚哪些产业将成为特色小镇发展的特色产业，哪些产业会成为补充性产业内容，也清楚特色小镇的市场定位，未来为什么样的目标市场提供服务，以及特色小镇目标市场的区域定位，这样科学的、理性的思考形成的特色小镇的产业定位、市场定位，无疑为特色小镇进一步的产品定位奠定成功的基础。

4.1 特色小镇产品定位的概念

在进行特色小镇产品定位研究之前，首先需要对特色小镇的产品定位概念进行确定，便于大家明确特色小镇产品定位的各个环节。

特色小镇的产品定位，指根据产业定位、市场定位，结合小镇用地指标对各产业用地进行功能性定位划分，并对各产业发展规模进行专业判断，进一步形成小镇不同产业用地、不同开发规模、不同建设强度、不同产品形态，考虑成本因素、开发运营周期及收益预期，经过动态财务评估形成的具有落地可行性、收益最佳的项目方案。

当前不少特色小镇项目定位往往是纯策划思维的“创意”，缺乏深入的专业思维，无论是产业定位，还是各产业发展规模，乃至不同产业用地、不同开发规模、不同建设强度、不同产品形态都是创意的结晶，而不是专业化的量化分析的结果。特色小镇和住宅地产属性的房地产开发根本性的区别在于：必须考虑市场需求、竞争因素、市场趋势、符合持续运营需要的理性决策思维，而住宅房地产因为中国城市化处在中前期阶段、销售为主回收模式的原因，上述因素几乎不是决策重点，但是特色小镇需要持续经营，最终的产品定位必须考虑运营过程中可能面临的各种动态因素，进行财务模型的设定，前期算好账，才能“谋定而后动”，这种科学理性的决策思维无疑百益而无一害的。

4.2 特色小镇产品定位的边界条件

特色小镇的开发和传统意义的房地产完全不同，即使耳熟能详的城市综合体在特色小镇面前也是简单产品——城市综合体甚至只是特色小镇中商业服务业中的一个组合内容。

特色小镇多产业组合的特点，决定了其产品定位需要多产业知识结构和市场视野，并高度谋划小镇未来；对于某个产业是主导特色产业的特色小镇，也必须考虑其他补充性产业的合理组合。

鉴于上述因素，我们需要对特色小镇的复杂性有充分认识。如多产业组合意味着特色小镇项目产品定位必须考虑不同产业的需求，而不同产业往往对规划的边界条件有不同的需要，这就是本部分内容要谈的特色小镇项目产品定位的边界条件。

一、土地指标边界

（一）特色小镇土地性质说明

特色小镇土地性质往往包括农业用地、农村集体建设用地、国有土地等。

1. 农业用地（包括农村集体农用耕地土地、林地、荒地等）

农村集体农用耕地土地，包括水田和坡地，是可以种植作物的土地。主要分机动地和承包地两种。机动地由村每年发包村民，年年发包，年年收钱，维持村经济运转；承包地是由国家按人口及村标准分配给农民个人经营 30 年地，承包地包括口粮田和园田地，全是国家分给个人的，农民一般说的地，就是指承包地。

林地是指种植树木或其他经济作物的坡地，一般是没有水可以灌溉的土地，靠天生长。

荒地是指不能种植农作物，也不能种植经济作物或者种什么也不长的土地。

2. 农村集体建设用地（包括宅基地使用权和集体工商业建设用地使用权等）

宅基地是指不占用耕地和林地，规划分配给村民建造民宅的土地。可以在原民宅群周围扩大，不另规划，除非整村迁移。

集体工商业建设用地指不占用耕地和林地，规划进行农村各类配套设施建设的土地。

农村集体建设用地肯定是特色小镇开发中，可以进行房地产属性产品建设的土地的重要选项。当然，在农村集体建设用地上进行开发建设，没有国有土地指标的话，是无法进行商品住宅、商铺、写字楼、公寓的开发销售的，当然出租经营没有问题。对于特色小镇开发来说，工业、旅游业、商业配套、公寓等都可以选择在农村集体建设用地上进行建设，只是没有“大产权”，也就是所谓的“小产权”，出租没有问题，但是产权销售显然是违法的，目前政策并不保护“小产权”的销售。但是从既往事实看，“小产权”销售已经成为不少地方既定事实，在很多城镇的发展中还发挥了很重要的作用，尤其在缺乏匹配资金进行农村集体建设用地开发的阶段，不少村镇都采取了“小产权”销售的方式盘活资产并进行新农村发展。

特色小镇中工业、旅游、商业配套、公寓用农村集体建设用地建设，财务上是理想的选择：土地采取租赁方式，租赁成本通常不高，不存在过高的土地购买成本，建成的工业、旅游设施、商业配套、公寓等按照市场行情租赁，其租金回报率其实不低，对于一线、二线城市更有诱惑力——商品房最大的成本恰恰是土地购买成本，农村集体建设用地租赁方式意味着建设的综合成本通常每平方米最高两三千块，其中土地成本凤毛麟角，一线城市、二线城市租金高，即使按照每平方米 1 天计算，年租金回报率都往往在 10% 以上，从这个角度看，特色小镇开发中农村集体建设用地上进行恰当的租赁物业的建设，回报率往往高于国有土地上开发的租赁物业，这是特色小镇开发中极具诱惑力的地方。

3. 国有土地

国有土地对于特色小镇开发来说至关重要，因为只有国有土地上的房地产才是真正意义上的商品房，无论住宅，还是商铺、写字楼、公寓都是如此，这些产品都可以进行规范的房地产销售，买房不仅可以获得银行按揭贷款，因为有产权，买房者的权益也可以得到充分保障，很容易实现房产的金融功能，房产增值也容易变现。

那么国有土地指标怎么实现呢？距离城市比较近的特色小镇，政府指标相对较多，往往容易解决；对于距离城市比较远的特色小镇，土地指标少是一个方面，此外还要考虑指标“漂移”“流动”等，才能获得珍贵的国有土地指标。

在特色小镇立项之初，就需要和当地政府就土地指标进行沟通确认，对于有些地方政府无法做基础设施投资的特色小镇来说，因为极有可能是企业垫资做基础设施的发展，政府后续拿土地作为补偿，这样，一旦资金回收缓慢，国有土地指标就极为关键，因为国有土地上的开发明显比农村集体土地上的开发更好交易，更容易实现现金流乃至利润。

以上土地类型是特色小镇开发中通常面临的土地性质，因为未来收益模式、收益速度、收益空间都不一样，所以务必在前期充分考虑。

（二）产业定位和土地指标的匹配

特色小镇的开发者理清产业定位以及土地指标后，马上需要形成多种可能的产业定位和土地指标的匹配方案，这也是本部分内容首先将土地指标列为特色小镇产品定位首要边界条件的原因。

土地指标无论对于城市内部进行房地产开发，还是对于城市外围进行特色小镇开发都是重要的项目可行性条件之一。对于特色小镇开发，这个问题更加复杂：什么样的土地适合进行农业产业发展？什么样的土地适合做工业发展不会影响生态？什么样的位置适合进行旅游设施的建设，能够很好地和自然景观优雅互动？什么样的位置需要规划配套商业？另外，商务办公如果有发展空间，会和旅游设施等有着怎样的位置关系？诸如此类的问题，要想回答清楚，首先就需要对特色小镇的土地指标烂熟于心。然后站在产业和土地匹配的角度进行特色小镇产品定位，这样才具有落地的可能性，否则就是空中楼阁。

二、外部交通条件边界

对于特色小镇来说，占地规模甚至大到几平方公里，这显然不是常规房地产项目角度的规划。这就必须考虑外部交通条件因素：现状外部路网、未来外部路网、周边高速公路现状及规划、周边城际轻轨现状及规划等，这些交通条件对于特色小镇来说，无疑是天堑变通途的捷径，知天时地利人和才能为特色小镇谋划壮美诗篇，否则，闭门造车，必断送美好未来。

此外，高速公路、城市环城路、城际轻轨出口或站点都是便利到达、便利出行、可视性强的区域，对于旅游设施、商业设施都是摇钱树。所以，准确把握特色小镇外部交通条件边界，才能清楚旅游设施、商业设施等应该在哪些区域规划布局，这些设施一旦确定，其他产业的规划布局会很容易落位。

在此简单归纳一下，特色产业 8 大产业价值对便利性交通的依赖程度：农业产业、工业产业、生态价值对于便利性交通的依赖程度很低，所以这些内容完全可以规划在距离外部交通设施略远的地块，但是旅游、文化价值及文化产业、细分行业商务办公、商业服务业（包括农业商贸）、房地产这 5 类需要良好的外部交通条件，否则糊里糊涂放着现成的或者规划的交通设施不用，那就大错特错了。

三、近距离竞争对手边界条件

在特色小镇产品定位前，还有一个边界条件，那就是近距离竞争对手的规划布局。这个问题很容易理解：近距离竞争对手，甚至是已经成熟运营的特色产业一样或者类似的特色小镇项目，对于新的特色小镇项目产品定位以及规划布局的影响是直接的，这个边界条件需要从产品形态、互动关系等角度去思考。

2012 年，操盘的河北蠡县裘皮小镇项目就碰到这样的问题：蠡县裘皮小镇位于大广高速西侧，距离大广高速最近距离仅几百米；位于蠡县裘皮小镇东南侧的肃宁裘皮小镇与蠡县裘皮小镇最近距离只有 2.5 公里，已经发展很成熟，并且依然在持续进行后期发展以及改造。这两个小镇都依赖大广高速同一个高速出口，一东一西。对于蠡县裘皮小镇来说，肃宁裘皮小镇近距离竞争，无疑会加大项目成功的难度。也因此，蠡县裘皮小镇从产业定位到产品定位及规划都把肃宁裘皮小镇作为竞争对手边界条件。

易铺智库团队考虑蠡县裘皮小镇和肃宁裘皮小镇的竞争格局，充分挖掘强化旅游产业的发展空间，并在本小镇距离大广高速出口最近地块进行主题乐园的规划，既发挥本项目旅游产业优势，形成项目带动力，又弥补肃宁裘皮小镇的短板，这样对消费客户进行强力吸引，形成了两个小镇竞争和合作的新型发展关系。

在蠡县裘皮小镇的产品定位阶段，把肃宁裘皮小镇作为近距离竞争对手边界条件考虑，显然有利于客观考虑市场格局以及形成理性产品策略。蠡县裘皮小镇的情况在中国很多地方小镇发展中都存在，毗邻小镇因为多数特色产业方向雷同，所以怎样在特色产业相同的情况下，以竞争、合作、补充的方式形成小镇的差异化和竞争力就是关键。

4.3 特色小镇8大产业的产品形态分析

一、农业产业的典型细分产品

农业产业具体的产品形态选项有：农业种植、农业养殖、特色采摘园、生态农庄、亲子农业等。

1.农业种植

特色小镇发展中，农业种植的选项主要是蔬菜瓜果、果树、鲜花类等，消费者或者出于采摘或者出于美的欣赏乃至其他原因而光顾，葡萄园、牡丹花、玫瑰、郁金香、油菜花等诸如此类，可以令消费者产生深度体验感的农业种植，都可以在特色小镇中发挥生态价值，给消费者美好感受的同时，形成体验性消费。

红酒小镇波玛是法国博纳产区著名的红葡萄酒生产小镇，坐落在博纳产区的正南端。小镇被葡萄园、酒庄围绕，每年数以万计的游客到此参观酿酒工艺、了解红酒文化、品尝美酒。其中尤以波玛酒庄而闻名。如今，波玛葡萄酒已成为法国总统府（香榭丽舍宫）的宴会专用酒，唯一可以购买到波玛酒的办法就是到酒庄。

图4.1 法国波玛——葡萄产业特色小镇

韩国济州岛油菜花田属于油菜种植为农业种植基础，发挥生态价值形成的农业特色小镇。

需要指出的是，国内外知名农业种植小镇的吸引力还在于大规模种植形成的生态视觉震撼，这和张艺谋拍摄古装片，讲求排山倒海、漫山遍野、气势磅礴的恢弘气势如出一辙，这正是大尺度张力对人们审美冲击的重要艺术形式，在张艺谋的电影里面如此，在特色小镇农业种植领域也是如此。

图4.2 韩国济州岛油菜花田

当然，农业种植的规模化也同时和商贸价值、工业价值的潜力相关，这需要对特色小镇的发展进行恰当的产业决策。

2. 农业养殖

农业养殖从体验的角度看，可以延展的主要是家禽、家畜、鱼的养殖，通常放在“开心农场”或者垂钓项目中。对于长期生活在城市里的小朋友来说，可以与小动物近距离接触的场景无疑是一场快乐的体验。

对于成人休闲有吸引力，又能够形成较大利润的养殖项目肯定会把垂钓算进来，这样的项目对于喜欢钓鱼的，喜欢把垂钓作为公关活动的人都有吸引力，既可以体验钓鱼的乐趣，又可以自己食用，也可送亲朋好友。当这些需求被满足的时候，农家乐垂钓园成为时尚和流行就再正常不过了。

还有些农家乐把垂钓和餐厅完美结合，垂钓只是个形式，更重要的是餐厅消费。以北京怀柔为例，经过长期发展，怀柔已经成为北京城里时尚大众吃虹鳟鱼的首选之地，有些朋友甚至开车几十公里，就为了到农家乐吃虹鳟鱼，这其实是最简单的乡村主题餐饮消费，放眼全国，这已经成为全国城市周边乡村旅游重要的盈利模式，做好菜品，做好主题，基本上都会大有收获。

3. 特色采摘园

特色采摘园已经成为城市周边农业种植的标准项目，不用特别复杂的操作就可以实施，蔬菜瓜果都是朋友们喜欢采摘的类型。当然，把特色采摘园做得有影响力还是需要动点儿脑筋，无论是种植原生态，还是标准化品质服务，乃至不要杀鸡取卵的高价格都对特色采摘园的持续经营产生影响。另外，把家禽、家畜等的养殖合理组合进来也是亮点。

4. 生态农庄

生态农庄往往关注绿色、生态、环保，充分利用有效资源，通过科技创新，市场化运作，集农业生产深加工与观光旅游为一体，从而形成规模集约化的农业。"农庄主—经营管理者—直接劳动者"的三级经营管理格局解决了家庭分散经营因土地规模过小而效益不高的问题，过去这么多年得到了较快发展，未来发展空间依然巨大。

5. 亲子农业

伴随国民经济水平的提升，国家对休闲旅游发展利好政策的引导，越来越多的父母开始重视对孩子旅游教育的投入，据公开数据显示，中国亲子游市场交易规模在 2018 年将达到近 500 亿元。

亲子农业在农业生产的基础上进行延伸开发，具有引导城市家庭体验乡村氛围和田园生活的功能，并且更加亲近自然，所以备受城市居民的青睐。

木头做的跷跷板、木马、滑梯、马车；藤条编成的秋千座椅；树丛里的山羊、鸡鸭、猫狗；童话故事里的乐园……亲子农场的魅力就是让孩子们在现实生活中感受自然和谐，释放童真天性。教室由传统的室内变成郁郁葱葱的森林，通过各种亲子活动和互动模式观察动植物、做游戏、爬树、画画、为小动物安家，想休憩的时候就可以直接躺到童话树屋里……

这绝对是一次不一样的感官感受。

以下是欧美亲子农业发展的几种典型模式，值得借鉴。

（1）家庭小菜园——亲子开心农场。亲子农业伴随着休闲农业而产生，在经历了观光采摘、操作体验、休闲度假三个阶段之后，目前在欧美和我国发达城市休闲农业已经进入发展的最高阶段——租赁阶段，其以亲子开心农场为代表的市民农园模式是农业租赁经济最具代表性的产物。

通过这种租赁模式，城市儿童可以和父母一起体验农业生产、经营以及收获的过程，享受农耕生活的乐趣。在德国，拥有或租赁一小块自由的土地，已成为继汽车、住房之后一种新的财富象征。

（2）森林幼儿园模式——自然教育法。在德国，盛行面对 3 ~ 6 岁的幼儿园小孩完全户外的“自然教育法”，被称为“森林幼儿园”。传统的教室被葱郁的森林取代，孩子们整日在户外活动。目前德国已有超过 1500 个森林幼儿园，并逐步向英美、日本等发达国家扩展。

（3）融合发展模式——“绿色假期”。现代农业与教育、旅游、生态等融合发展模式。意大利农业旅游是旅游业中一支新兴的生力军，称作“绿色假期”，与现代化的农业和优美的自然环境、多姿多彩的民风民俗、新型生态环境及其他社会文化现象融合在一起，成为一个综合性项目，使得整个农村成为一个“寓教于农”的“生态教育农业园”。

（4）乡村博物馆模式——历史大课堂。乡村博物馆是城市人缅怀乡村生活、农村当地人追忆往昔生活的场所，往往以一个特色突出的村寨为载体，通过静态的设施展示和动态的生活展示满足参观者猎奇的心理。

它们全部模仿百年前的方式建造，陈列各种老式农宅建筑、农耕作业方式及农家生活景象，让游客体验农业生产与农家生活的变迁过程。馆园内农业生产不使用现代设施，以畜力或人力耕种，用农场的树木制作木炭。对于儿童来说，乡村博物馆是了解乡村生活变迁、区域历史沿革的体验基地；对于父母来说，可以在这里追忆历史，给孩子讲授历史知识。

对于国内乡村博物馆来说，因为中国社会近百年发展波澜起伏，可以形成文化沉淀的内容很多，除了上述农村、农业主题的博物馆元素外，当地在抗日战争、解放战争、改革开放等阶段的人物、历史沉淀也可以作为博物馆的内容，这些内容特别有中国文化、历史特征。从这个角度看，中国的乡村博物馆内容会很丰富，也会很有吸引力。

（5）乡村休闲娱乐模式。欧美亲子农业中，通过乡土化的休闲体验和趣味性的乡村娱乐活动，为消费者提供简单、有趣的乡村生活体验。在环境营造上，追求原汁原味，注重对自然、人文景观的保护，尽一切可能将旅游对自然景观的影响降至最低。在交通工具上，以步行为主，拖拉机、观光马车、小火车、自行车等是最常见的交通工具。在产品设计上，以简单化、原生态和趣味性为主，玉米迷宫、稻草堆、小猪赛跑、牧羊犬赶羊等都是受人青睐的亲子产品。

（6）农业创意节庆模式。在美国农业节庆中，有南瓜节、草莓节、樱桃节等创意节庆活动。在美国很多地区都有草莓节，北卡罗来纳州草莓节、田纳西州草莓节、加州草莓节、佛罗里达草莓节等农业节庆历史悠久、形式多样，包括草莓采摘品尝、副产品加工制作、草莓女士选举等，还专门针对儿童和残疾人设计了众多娱乐项目。

图4.3 农业创意节庆

近年来，中国农业特色小镇对农业节庆也普遍进行了深度挖掘，这种节庆对于小镇的营销传播有特别的影响力。当然，这些节庆本身也是极具竞争力的运营产品——不仅通过节庆创收，还可以对小镇进行传播营销。

以上只是部分农业产业的典型细分产品，伴随经济发展及商业创新，还会有更多的农业细分产品出现在特色小镇中。而鼓励团队进行深入挖掘，也将会是行业性趋势。

二、工业产业的典型细分产品

工业产业具体的产品形态选项无是非工业厂房、仓库、前店后厂、下店上厂的联排或独栋建筑等，这些细分产品本身没有什么特殊的地方，关键是要根据不同工业产业的特点，进行恰当的设计和建设，未来的变化还将有人工智能对于工厂生态的改变，加上物联网发展，智慧工厂将是重要的变革方向。

标准工业厂房、仓库对于长期从事工业厂房、仓储设计的设计院来说没有什么问题，长期发展已经积累了丰富的经验，在此不作赘述。

关于前店后厂、下店上厂，在此特别补充说明：对于小企业为主、生活消费类商品的工业生产来说，比较好的选项无疑是前店后厂、下店上厂这类生产场所，既有利于管理，又有利于生产和销售的一体化，也更容易和用户、消费者亲切互动。比如小的珠宝加工零售商，各地特色农产品加工零售商、服装定制等，都适合这样的建筑形态。

三、生态产业的典型细分产品

前面农业产业的典型细分产品中包括葡萄园、郁金香种植、牡丹花种植等农业种植，在这需要再补充一下，那就是当农业种植采取生态方式进行较大规模的种植后。就形成了生态产业价值，我们可以称之为生态产业的细分产品。

当然，以下细分产品更是货真价实的生态产业典型细分产品。

1. 自然保护区

自然保护区是指对有代表性的自然生态系统、珍稀濒危野生动植物的天然集中分布、有特殊意义的自然遗迹等保护对象所在的陆地、陆地水域或海域，依法划出一定面积予以特殊保护和管理的区域。

自然保护区是一个泛称，实际上，由于建立的目的、要求和本身所具备的条件不同，而有多种类型。按照保护的主要对象来划分，自然保护区可以分为生态系统类型保护区、生物物种保护区和自然遗迹保护区三类；按照保护区的性质来划分，自然保护区可以分为科研保护区、国家公园（即风景名胜区）、管理区和资源管理保护区四类。不管保护区的类型如何，其总体要求是以保护为主，在不影响保护的前提下，把科学研究、教育、生产和旅游等活动有机地结合起来，使它的生态、社会和经济效益都能得到充分展示。

总之，自然保护区是大自然给予这片土地最珍贵的礼物，对于拥有自然保护区资源的特色小镇来说，这就是天然的宝藏和财富。

2. 森林公园

以大面积人工林或天然林为主体而建设的公园。森林公园除保护森林景色自然特征外，并根据公园建造要求适当加以整顿布置。公园内的森林，普通只采用抚育采伐和林分改造等措施，不进行主伐。

具有一定规模和质量的森林风景资源与环境条件是森林公园的基本特征。可以开展森林旅游与喜悦休闲，并按法定程序申报批准的森林地域，森林公园是经过修整可供短期自由休假的森林，或是经过逐渐改造使它形成一定的景观系统的森林。森林公园是一个综合体，它具有建筑、疗养、林木经营等多种功能，同时，也是一种以保护为前提利用森林的多种功能为人们提供各种形式的旅游服务的经营管理区域。在森林公园里可以自由休息，也可以进行森林浴等。

森林公园的生态价值毋庸置疑，既是人与自然最和谐的温情之地，也是城镇旅游价值的源泉。

3. 湿地公园

湿地公园是指以水为主题的公园。以湿地良好生态环境和多样化湿地景观资源为基础，以湿地的科普宣教、湿地功能利用、弘扬湿地文化等为主题，并建有一定规模的旅游休闲设施，可供人们旅游观光、休闲娱乐的生态型主题公园。湿地公园是具有湿地保护与利用、科普教育、湿地研究、生态观光、休闲娱乐等多种功能的社会公益性生态公园。自然湿地生态系统对人类具有重要的意义；城市湿地公园建设，强调的是湿地生态系统特性和基本功能的保护和展示，突出湿地特有的科普教育功能和自然文化属性。

相信了解湿地公园的朋友一定有去游览体验的冲动，这就是生态价值的魅力和吸引力。

除了上述人间天然盛景外，利用农村优美的自然景观、奇异的山水、绿色森林、静荡的湖水，发展观山、赏景、登山、森林浴、滑雪、漂流等旅游活动，让游客感悟大自然、亲近大自然、回归大自然，都属于生态产业细分产品的范畴。

四、旅游产业的典型细分产品

旅游产业的产品形态极为丰富，大到世界级主题公园、主题乐园、度假村、星级酒店、精品酒店，小到农家乐、垂钓园等，以及农业特色旅游等。对于中国市场来说，旅游行业整体处在发展阶段，和欧美娱乐工业引领的旅游业相比，中国旅游行业发展的空间巨大。

旅游产业的产品总体可以分成三大类：游乐设施类；酒店休闲娱乐餐饮业类；旅游产品类。

1. 游乐设施类

(1) 主题公园。主题公园是根据某个特定的主题，采用现代科学技术和多层次活动方式，集诸多娱乐活动、休闲要素和服务接待设施于一体的现代旅游目的地。大家耳熟能详的主题公园有美国迪士尼乐园、环球影城、乐高主题公园，以及中国华侨城、欢乐谷、方特乐园等，这些主题公园利用高科技、影视 IP、产品 IP、文化 IP 等为旅游市场提供了极致体验，也赢得了巨大的市场人气和效益。

关于主题公园需要特别指出的是，珠海近年已经崛起成为中国主题公园聚集地，其中珠海长隆海洋主题公园更是成为业界赞赏、市场热捧的目的地。中国主题公园产业虽然起步大大晚于欧美，但是在一些杰出的主题公园运营商的努力下，中国主题公园将获得卓越发展。当然，要想超越迪士尼，还有很长的路要走。

（2）水上乐园。水上乐园属于中大型旅游场地，大型的可以算作主题公园的一种，其他中小型的恰当定义就是与水有关的娱乐设施，属于娱乐性的人工旅游景点。有游泳池、人工冲浪、水上橡皮筏等。不少水资源比较丰富的特色旅游景区，通常都有水上乐园。

越是大城市的周边，这种水上乐园越有人气。水上乐园一度成为二线、三线城市争相投资建设的热点，尤其在夏季气温逐年升高的背景下。

（3）海洋馆。海洋馆，又称海洋世界，神秘奇特的海洋世界大多数包含诸如白鲸馆、鲨鱼馆、珊瑚礁鱼类馆、海底观光隧道等许多景观。目前中国较大的海洋馆有：长兴海洋城 - 海洋世界，新昌海洋城 - 海洋世界，大连海洋世界，北京海洋世界和上海海洋世界。

海洋馆对于青少年的吸引力是有目共睹的，孩子们从小都有海洋世界的梦想，对海底世界充满好奇，对海洋生物充满期待，尤其内陆的孩子们，海洋世界的概念基本上都建立在书中、电视上、电影里。

经过 20 多年的发展，一线城市及个别二线城市都有了海洋馆，海洋馆的发展也经历了磨砺和发展的阵痛，规模 1 万平方米上下的海洋馆似乎是更容易赚钱的发展规模。

（4）野生动物园。野生动物园指在自然状态下，非人工驯养各种哺乳动物、鸟类、爬行动物、两栖动物、鱼类、软体动物、昆虫及其他动物的场所。北京一南一北有两个野生动物园。总体看，人气长期不错。野生动物园首先是吸引孩子们的人气王，成为旅游目的地很正常。

（5）儿童乐园。近年来，儿童乐园的发展呈现爆发式增长的趋势，除了常规儿童乐园外，不同主题的儿童乐园都蓬勃发展，森林主题、海洋主题、城堡主题、科技主题、职业体验主题应有尽有，这些创新对于特色小镇的发展肯定是重要的爆点。

游乐设施除上述主题公园、水上乐园、海洋馆、野生动物园、儿童乐园外，还有很多新奇特的创新，这个领域将是特色小镇重要的娱乐 IP 爆发地。

2. 酒店休闲娱乐餐饮业类

酒店休闲娱乐餐饮业是特色小镇旅游产业不可分割的内容。根据档次、规模、经营方式可以做深入的分类。

农民利用自家庭院、自己生产的农产品及周围的田园风光、自然景点，以低廉的价格吸引游客前来吃、住、玩、游、娱、购等旅游活动。主要类型有：

(1) 农业观光农家乐。利用田园农业生产及农家生活等，吸引游客前来观光、休闲和体验。

(2) 民俗文化农家乐。利用当地民俗文化，吸引游客前来观赏、娱乐、休闲。

(3) 民居型农家乐。利用当地古村落和民居住宅，吸引游客前来观光旅游。如广西阳朔特色民居农家乐。

(4) 休闲娱乐农家乐。以优美的环境、齐全的设施，舒适的服务，为游客提供吃、住、玩等旅游活动。如四川成都碑县农科村农家乐。

(5) 食宿接待农家乐。以舒适、卫生、安全的居住环境和可口的特色食品，吸引游客前来休闲旅游。如江西景德镇的农家旅馆、四川成都乡林酒店。

(6) 农事参与农家乐。以农业生产活动和农业工艺技术，吸引游客前来休闲旅游。

此外，还可以依托自然优美的乡野风景、舒适怡人的清新气候、独特的地热温泉、环保生态的绿色空间，结合周围的田园景观和民俗文化，兴建一些休闲、娱乐设施，为游客提供休憩、度假、娱乐、餐饮、健身等服务。主要类型有：

(1) 休闲度假村。以山水、森林、温泉为依托，以高档、齐全的设施和优质的服务，为游客提供休闲、度假旅游。

（2）休闲农庄。以优雅的自然环境、独特的田园景观、丰富的农业产品、优惠的餐饮和住宿，为游客提供休闲、观光旅游。如湖北武汉谦森岛庄园。

（3）乡村酒店。以餐饮、住宿为主，配合周围自然景观和人文景观，为游客提供休闲旅游。

（4）露宿营地。考虑国内自驾度假旅游发展趋势，国务院曾经发文支持露宿营地等的发展，未来会更加标准、规范，满足日益扩大的市场需求。

（5）精品酒店。近年来，精品酒店发展迅速，尤其在一线、二线城市以及热点旅游线路周边，精品酒店市场需求持续提升，这也是特色小镇酒店的重要选项。

（6）星级酒店。北京、上海、深圳、广州、杭州、南京、武汉这些国内一线和二线城市周边有影响力的特色小镇，星级酒店已经成为标准配置，除了满足家庭旅游消费外，商务会议消费也成为这些特色小镇的重要支撑，这些都意味着四星级甚至五星级酒店在有市场条件的特色小镇有市场基础。

3. 旅游产品类

以农村田园景观、农业生产活动和特色农产品为旅游吸引物，可以开发农业游、林果游、花卉游、渔业游、牧业游等不同特色的主题旅游活动，满足游客体验农业、回归自然的心理需求，主要类型有：

（1）田园农业游。以大田农业为重点，开发欣赏田园风光、观看农业生产活动、品尝和购置绿色食品、学习农业技术知识等旅游活动，以达到了解和体验农业的目的。如上海孙桥现代农业观光园，北京顺义“三高”农业观光园等。

（2）园林观光游。以果林和园林为重点，开发采摘、观景、赏花、踏青、购置果品等旅游活动，让游客观看绿色景观，亲近美好自然。如四川泸州张坝桂园林。

（3）农业科技游。以现代农业科技园区为重点，开发观看园区高新农业技术和品种、温室大棚内设施农业和生态农业，使游客增长现代农业知识。

（4）务农体验游。通过参加农业生产活动，与农民同吃、同住、同劳动，让游客接触实际的农业生产、农耕文化和特殊的乡土气息。

此外，还可以以古村镇宅院建筑和新农村格局为旅游吸引物，开发观光旅游。主要类型有：

（1）古民居和古宅院游。大多数是利用明、清两代村镇建筑来发展观光旅游。如山西王家大院和乔家大院、福建闽南土楼。

（2）民族村寨游。利用民族特色的村寨发展观光旅游，如云南瑞丽傣族自然村、红河哈尼族民俗村。

（3）古镇建筑游。利用古镇房屋建筑、民居、街道、店铺、古寺庙、园林来发展观光旅游，如山西平遥、云南丽江、浙江南浔、安徽徽州镇。

图4.4 云南丽江

（4）新村风貌游。利用现代农村建筑、民居庭院、街道格局、村庄绿化、工农企业来发展观光旅游。如北京韩村河、江苏华西村、河南南街。

五、文化产业的典型细分产品

文化产业具体的产品形态选项有博物馆、艺术村、历史建筑、文化活动、体育运动、会展经济、教育产业、各类赛事等，主题最好是小镇自身的，也可以是舶来品——当然前提是具有打造落地的可行性和竞争力。具体可以分为以下三个类型：

1. 小镇自身文化元素挖掘

以农村风土人情、民俗文化为旅游吸引物，充分突出农耕文化、乡土文化和民俗文化特色，进行农耕展示、民间技艺、时令民俗、节庆活动、民间歌舞等文化元素的打造。主要类型有：

（1）农耕文化打造。利用农耕技艺、农耕用具、农耕节气、农产品加工活动等，开展农耕文化打造。如新疆吐鲁番坎儿井民俗园。

图4.5 新疆吐鲁番坎儿井民俗园

（2）民俗文化打造。利用居住民俗、服饰民俗、饮食民俗、礼仪民俗、节令民俗、游艺民俗等，进行民俗文化打造。如山东日照任家台民俗村。

（3）乡土文化打造。利用民俗歌舞、民间技艺、民间戏剧、民间表演等，进行乡土文化打造。如湖南怀化荆坪古文化村。

图4.6 湖南怀化荆坪古文化村

(4) 民族文化打造。利用民族风俗、民族习惯、民族村落、民族歌舞、民族节日、民族宗教等，进行民族文化打造。如西芷拉萨娘热民俗风情园。

2. 农业文化挖掘

特色小镇农业文化挖掘也是一个可行的方向。利用农业观光园、农业科技生态园、农业产品展览馆、农业博览园或博物馆，为游客提供了解农业历史、学习农业技术、增长农业知识的旅游活动。主要类型有：

(1) 农业科技教育基地。在农业科研基地的基础上，利用科研设施作景点，以高新农业技术为教材，向农业工作者和中、小学生讲农业技术教育，形成集农业生产、科技示范、科研教育为一体的新型科教农业园。如北京昌平区小汤山现代农业科技园、陕西杨凌全国农业科技农业观光园等。

(2) 观光休闲教育农业园。利用当地农业园区的资源环境，现代农业设施、农业经营活动、农业生产过程、优质农产品等，开展农业观光、参与体验，DIY 教育活动。如广东高明蔼雯教育农庄等。

（3）少儿教育农业基地。利用当地农业种植、畜牧、饲养、农耕文化、农业技术等，让中、小学生参与休闲农业活动，接受农业技术知识的教育。

（4）农业博览园。利用当地农业技术、农业生产过程、农业产品、农业文化进行展示，让游客参观。如沈阳市农业博览园、山东寿光生态农业博览园。

图4.7 山东寿光生态农业博览园

3. 外部文化内容植入

关于特色小镇新文化内容植入，主要指除小镇文化、农业文化以外，考虑小镇基础条件、市场可行性、发展可行性后，确定其他文化内容的博物馆、艺术村、建筑文化、文化活动、体育文化、会展经济、教育产业、各类赛事的植入。这对于绝大多数自身文化特征不明显，但是市场潜力巨大的特色小镇来说，这种外部文化内容的植入是比较普遍的发展理念，也造就了不少成功的特色小镇。

下面结合不同案例，解释一下外部文化内容植入是如何令小镇魅力尽显的。

（1）博物馆文化植入。在四川，有这样一座古镇，世界旅游组织曾评价："安仁古镇是旅游者了解近代中国人怎样生活的最佳去处。"2009 年，安仁古镇被授予唯一的"中国博物馆小镇"称号。

安仁古镇，一个城区面积不到 4 平方公里的小镇，何以得此美名？

原来，这里集中了 27 座保存完好、体量、风格各不相同的民国公馆建筑群，全国绝无仅有。这里有曾经红极一时的"地主庄园陈列馆"，而今更名为"刘氏庄园博物馆"。这里有中国规模最大的民营博物馆——建川博物馆聚落，目前也是国内民间资本投入最多、建设规模和展览面积最大，收藏内容最丰富的民间博物馆。这里汇集了崔永元电影传奇馆、曹贵民的电影博物馆、魏明伦的文学馆，钱币博物馆……

图4.8 建川博物馆聚落

这里有 36 座现代博物馆，800 余万件藏品，179（件）套国家一级文物，在全国同类小镇中首屈一指。"百年安仁，馆藏中国"，这应该是安仁被授予唯一的"中国博物馆小镇"之根源。

博物馆作为历史积淀最深厚的空间，给世人留下了最深的记忆。当众多文化主题的博物馆作为文化植入的内容第一次惊人呈现的时候，也会散发出不亚于原本文化的爆发力，从而成就了小镇深厚文化功力的魅力。

（2）剧院、影院等文化设施植入。对于特色小镇来说，剧院、影院等文化设施的植入也是推动小镇文化精神到至高境界的方式。大家熟知的张艺谋先生导演的“印象系列”，以及浙江宋城的“宋城千古情”都是中华文化瑰宝和旅游产业结合的典范，已经成为推动旅游文化登峰造极的重要内容。对于特色小镇来说，尤其是文化旅游小镇，这样的历史文化元素融入骨髓的表现形式，是可以关注的选项。

图4.9 宋城千古情

（3）艺术村文化植入。说到艺术村文化植入，特别容易理解：无论是美国西岸的卡梅尔艺术小镇，还是北京通州宋庄画家村，在建立之初，这些小镇都没有什么艺术基因，但是经过艺术村的文化植入，现在的艺术氛围已经形成，产业也已经呈现，这对于市场的吸引力也已经被充分证明。

图4.10 北京通州宋庄画家村

（4）建筑文化植入。建筑文化植入当中，历史文化植入的小镇在全世界范围内肯定以中国为最多，中国的文化旅游小镇不少都是历史建筑文化植入，成功的不少，失败的也很多。成功的原因肯定不是因为单纯的历史建筑文化的植入，失败的原因肯定是单纯认为历史建筑文化植入就一定赢！就是这样的思维逻辑，决定了建筑文化植入的特色小镇的成功和失败。

当然，建筑文化不只是历史建筑文化，还有更多精彩的内容。

意大利天堂小镇阿尔贝罗贝洛（Alberobello）是一个建筑文化特别的小镇：人称天堂小镇的阿尔贝罗贝洛位于意大利南部的地中海和亚得里亚海之滨的普利亚大区(Puglia)，由于小镇上保存有一千多栋美丽又奇特的石顶屋，所以被评为世界文化遗产，是“今生不能错过的八个白色艳遇”之一。

图4.11 意大利天堂小镇阿尔贝罗贝洛

意大利特色小镇在建筑文化植入的手法是大尺度进行某种元素的极致表现，富有大尺度的张力和表现力，从审美上容易产生震撼的冲击力，从特色小镇“唯一”和“第一”的角度评价。

这样简单的手法就可以把意大利天堂小镇阿尔贝罗贝洛打造成世界上“唯一”，当然更是“第一”！其实，打造“唯一”，创造“第一”就是特色小镇成功的秘诀。

（5）文化活动植入。文化活动植入特色小镇在国际上屡见不鲜，并且不少人见证过这些小镇的精彩绝伦。其中，布雷根茨艺术节和布雷根茨小镇就是这样的典范。

一年一度的布雷根茨艺术节是奥地利最负盛名的艺术节之一，也是世界上最重要的歌剧节。2012 年，艺术节的主演场地依然是位于城边的水上舞台。这座舞台坐落在奥地利与德国、瑞士交界的博登湖上，距奥地利一侧岸边约 25 米，是目前欧洲最大的露天水上舞台，最多可容纳 6800 名观众。水上舞台歌剧一直是布雷根茨艺术节的最大看点。

图4.12 布雷根茨艺术节上超级震撼的水上歌剧舞台

奥地利的布雷根茨艺术节始于 1946 年，现已成长为欧洲最著名的艺术品牌之一，并以其巨大而华丽的舞台设计和高水平的歌剧演出闻名于世。因此，每年为期一个月的布雷根茨艺术节都会为当地迎来一个旅游高峰期，从而令布雷根茨小镇闻名世界。

文化活动对于特色小镇来说，不只是营销传播的工具，也是成为特色小镇自身重要的组成部分，既进行了小镇传播，又强力吸金。

(6) 体育文化植入。体育本就是舶来概念，中国自古以来就是重文轻体的文化。虽然喜欢体育运动的人不少，但一直缺少有浓厚体育文化的聚集地。体育小镇目前在国内还在起步阶段，谈得上成功的案例基本为零。体育特色小镇究竟怎么做？该是什么样子？咱们可以先从国外知名的案例中寻找一些规律和值得借鉴的养分。

a. 法国霞慕尼小镇（Chamonix）

提起登山，可能第一个想到的就是法国的霞慕尼，其作为现代登山运动发源地和 1924 年第一届冬奥会举办地而享誉世界。霞慕尼沐浴在阿尔卑斯山之最高峰——勃朗峰的恩泽下，海拔 1035 米，是法国高度最高的镇之一，毗邻意大利和瑞士。

图4.13 法国霞慕尼小镇

在这样蓝的天，白的雪，花红草绿的大自然里，滑雪、登山、跳伞、攀岩、跑步等每一项运动都足够让人向往之至。同时，霞慕尼的体育旅游服务与设施也非常完善，包括登山缆车、山地救援、登山向导等。

霞慕尼镇附近的大型滑雪场有 13 家，上百条雪道，雪道总长 100 多公里。从初级的绿道、中级的红道到超难度的黑道，各种水平的爱好者都能在这里找到适合自己的雪道；其拥有欧洲最高的缆车，能从山脚直达高度 3842 米的南针峰（Aiguille du Midi）。1955 年，霞慕尼的缆车道正式启用，它将海拔 1035 米的霞慕尼和海拔 3842 米的南针峰连接起来；霞慕尼目前有超过 150 名的高山向导，每年服务超过数以万计的各地游客；霞慕尼设有高山救援队，负责该区域山区救援和全天候值班巡逻。

此外，小镇的登山相关培训也非常发达，这里是世界性的滑雪教练训练中心，有世界上第一所登山向导学校——法国国家滑雪登山学校（ENSA），还设有国家滑雪和高山警察培训中心、高山军校、高山医学研究所等相关的高山机构。

b. 新西兰皇后镇（Queenstown）

皇后镇是新西兰的“探险之都”，世界知名的“户外运动天堂”，国际公认的世界顶级度假胜地。它位于新西兰东南部，瓦卡蒂普湖北岸，被南阿尔卑斯山包围，地理景观多变，地势险峻美丽。这座依山傍水的美丽小镇还因为霍比特人而闻名，《指环王》三部曲中大部分场景都取自该地区。

图4.14 新西兰皇后镇

皇后镇聚集了大量高端户外运动，既有世界一流的冬季滑雪体验，还可尝试蹦极、跳伞、骑行、登山、峡谷秋千、漂流、喷射艇、骑马远足、垂钓、高尔夫等，四季游玩皆宜，每一项运动体验都做得非常极致。例如自行车骑游，有平坦的观光车道、偏远的荒野小径，也有公路骑行、直升机登山，以及南半球唯一的缆车山地自行车下坡。

这座 18000 人的小镇每年会接待 200 多万来自世界各地的游客。这里是冒险运动与奢华享受完美结合，拥有全国最豪华的酒店设施、世界级的高尔夫球场以及久负盛名的葡萄酒产区。

无论法国的霞慕尼还是新西兰皇后镇，都是体育运动文化植入、成功打造体育小镇的典范。对于越来越关注运动健康的中国大众来说，对于体育小镇的关注和需求也将是市场的趋势。

（7）会展经济植入。会展经济可以归类为文化的范畴，无论是政治、经济还是文化乃至细分行业的会议展览，其形态和出发点都落脚在思想、趋势、方法、交易等交流上，我们可以把这些形形色色的交流定义为文化的范畴。从这个角度研究会展经济，以及怎样和小镇发展进行融合会更加清晰准确。

在国际上，会展经济植入最成功的特色小镇无疑是瑞士达沃斯小镇。

达沃斯小镇久负盛名的是新鲜空气和在医学界固若金汤的地位，但是世界经济论坛会议让这里深入人心。

当前，会展经济植入已经成为国内不少小镇的发展策略：在国内闻名遐迩的亚布力小镇因为亚布力论坛在国内享有盛誉，乌镇也在进行会展经济植入的全新转型发展。这些都说明会展经济植入的市场魅力。

（8）教育产业植入。国外成功案例不胜枚举，其中英国牛津小镇因为牛津大学而闻名，也因为其与魔幻小说和童话故事有着千丝万缕的关系，使得小镇弥漫着学院气息的同时也独具神秘感。

现在国内不少地方也在进行教育小镇的发展，希望教育产业的植入能在中国打造出更多魅力四射的教育小镇。

（9）赛事植入。也有不少小镇将各类赛事植入，也是很有竞争力的文化植入方式，尤其对于特色小镇的营销有巨大的带动。赛事可以是电影评选、艺术评奖、汽车赛事、运动赛事等，如果赛事本身有 IP 价值，对特色小镇将意味着核爆级别的市场传播。

图4.15 英国牛津小镇

上面部分就文化产业典型细分产品进行了分门别类的阐述，建议特色小镇从小镇自身文化元素挖掘、农业文化、新文化植入三个角度思考文化产业怎样定位及落地细分，其中新文化植入建议从博物馆、艺术村、建筑文化、文化活动、体育文化、会展经济、教育产业、各类赛事等方面考虑，通过这样的思维路径打造的小镇文化将很容易创造“唯一”，于是特色小镇即将精彩呈现。

六、细分行业商务办公的典型细分产品

细分行业商务办公产品形态选项有写字楼、总部基地、企业独栋办公、创业孵化器等，从建筑形态看来很容易理解，但细分行业商务办公发展的重点在于产业选项问题，其主要是高端服务业、高科技以及各行业的管理、研发、服务板块的聚集整合形成。而这种聚集性的商务办公，并非所有行业都适合。

高端服务业容易形成商务办公聚集是因为高端服务业本身就有聚合其他关联行业的特点；高科技容易形成商务办公聚集是因为技术革新是所有

行业共同的需求；各行业的管理、研发、服务板块的聚集整合更多出现在一线、二线城市，原因是这些城市市场集中、人才集中、资本集中，管理、研发、服务板块是冲着市场、人才和资本过来的。上述分析从侧面说明商务办公产品是有适应性问题的，并非任何行业都可以这样发展的。

下面几个案例就属于细分行业商务办公小镇的选项及产品。

1. 碧桂园的科技小镇——以房企建设驱动

碧桂园集团计划五年投资了不少于1000亿元建设特色小镇，其巨额资本为产业创新生态圈发展和房企转型新途径的探索提供了坚实的基础。

以碧桂园惠州的潼湖科技小镇为例，该小镇是针对深圳、广州两大核心城市的交通和空间拥挤、房价高企、产业运营成本攀升和人口导入能力减弱等问题而打造。目前，科技小镇软硬件建设能力方面已经颇有成果，最大的特色是生态、智慧、创新，在原有造城能力不断提升的基础上，对招商引资、运营管理、金融用力、合作机制等方面均有不同程度的创新。

碧桂园科技小镇的建设运营特点，主要表现为以下几点：

（1）位置布局于核心一、二线城市之间，不论从现状还是未来，都将受益于前述城市资源外溢效应；

（2）以产业生态圈为核心，要求不断完善产业生态链搭建和运营工作，以产业发展为主要脉络，企业有望通过持有型物业、产业基金、股权投资等模式获益；

（3）完善的产业配套才能真正促进“生产、生态、生活”结合，教育、医疗、公共服务、住宅等全配套体系将是小镇宜居的必要因素，只有配套完善才有望实现产业人口的持续导入。

碧桂园的科技小镇作为转型创新的探索，在获得阶段性成果的同时，也面临着巨大的挑战。特色小镇是新型的地产开发业态，不同于以往的快周转模式和持有运营模式，小镇需要房企能够真正提供各业态力量均衡的综合性服务；政策支持多集中于融资方面，对于特色小镇规划设计、建设施工、土地获取等很多方面，仍然需要进一步明确；特异性产业资源的导入，碧桂园建设特色小镇的优势在于建设和运营，虽然在自身的经营发展中也获得了大量优质产业资源，但是如何招商引资、深度融合，仍然还有很长的路要走。

2. 杭州云栖小镇案例分析——以产业企业驱动

西湖云栖小镇其实是以云计算大数据为核心进行拓展开发的。小镇以云计算产业园、阿里云创业创新基地、大数据中心、云栖小镇超级孵化中心、浙江信维北斗产业园、云栖小镇国际会展中心等项目构成。目前小镇成果卓著，打造了以云计算为代表的信息经济产业生态圈，发展智能硬件产业，同时形成了全球规模最大的云计算及DT时代技术分享的云栖大会，在整个行业享有盛誉。

图4.16 云栖小镇规划图

（1）从产业选择来看，云栖小镇位于杭州市。众所周知，阿里巴巴集团是推动杭州互联网生态蓬勃发展的支柱性力量，所以其实质是因为阿里巴巴的存在，从而具备了先天性的优势。基于云计算大数据为核心技术的小镇需要有大量的互联网公司作为支撑，而作为行业龙头企业之一的阿里巴巴集团周边凝聚了大量相关企业，将成为这个小镇可利用的核心资源。在2016年，云栖小镇入驻企业超过400家，涉云企业300家，产值超过100亿元。

（2）从小镇的区位选择来看，坐落于杭州之江国家旅游度假区，东至杭新高景高速公路，南至袁浦路，西至八角南路，北至 320 国道；小镇四面环山，环境怡人，具有得天独厚的生态优势。也正是基于这些特点，小镇规划中还提出了接待每年 30 万人次的旅游目标。

（3）从其运作模式来看，小镇采用了政府主导、民企引领、创业者为主体的模式，充分尊重了市场力量的作用。浙江省整体对于民营企业有合理的认识，并且对市场力量充分尊重，与部分区域政府“大包大揽”的整体思路不同，浙江省政府更倾向于以 FOF 模式撬动社会资本、发挥社会资本主观能动性的工作思路，而这也成为了特色小镇能否成功的关键。

上述案例都属于国内典型的细分行业商务办公产业形态，碧桂园科技小镇定位高科技行业以及杭州云栖小镇定位云计算大数据，都属于前文提到的高端服务业和高科技行业。这两个小镇的建筑无非是写字楼、总部基地、企业独栋办公、创业孵化器等，这对于地产开发来说是小儿科，但是关键还在于内容的建设。

七、商业及其他服务业的典型细分产品

商业及其他服务业产品形态选项有购物中心、奥特莱斯、商业街、商贸城、配套商业、康养、婚庆服务等，其载体就是大家耳熟能详的商业地产，也是被地产界称之为大学生才能做的地产类型，当然在 8 大产业内容融合的特色小镇面前，商业地产的复杂性显然又不足为奇了，毕竟商业地产只是特色小镇中的一个部分，甚至只是一个小配角而已。

当然，特色小镇中的商业地产开发从定位阶段就极为关键：商业地产开发类型定位、开发规模定位、集中商业和街区商业的规模组合定位，其开发节奏都是决定特色小镇中商业地产成败的重要环节，并且特色小镇中商业地产的成败往往成为特色小镇经营繁荣与否的晴雨表，从侧面可以折射出特色小镇的运营状态。这些问题本书中不做深入解读，大家可以通过我 2014 年出版的《商业地产开发典型失误》查阅。

关于商业及其他服务的典型细分产品说明如下：

1. 购物中心

购物中心经过十几年的发展，在国内取得了巨大的成果，从规模2万多平方米的社区购物中心到几十万平方米的大型SHOPPING MALL，从服务社区、服务区域、服务商务人群到服务全客层，有不少品牌都赢得了市场的认可，尤其在电商发展、市场需求转轨的激烈市场竞争阶段，能够依然保持良好经营状态的购物中心无疑是少数。

图4.17 天津永旺购物中心

对于特色小镇来说，因为特色小镇位置往往距离城市较远，所以适合发展的选项可能是娱乐体验业态大行其道的大型SHOPPING MALL，也可能是服务小镇的小型社区购物中心，其他都肯定不会是选项。经过多年的发展，在中国郊区开发运营购物中心成绩斐然的首推日本永旺购物中心，国内郊区购物中心做得好的项目的确不多。

2. 奥特莱斯

“奥特莱斯”是英文OUTLETS的中文直译。英文原意是“出口、出路、排出口”的意思，在零售商业中专指由销售名牌过季、下架、断码商品的商店组成的购物中心，因此也被称为“品牌直销购物中心”。

奥特莱斯（Outlets）最早诞生于美国，迄今已有近一百年的历史。Outlets最早就是“工厂直销店”专门处理工厂尾货。后来逐渐汇集，慢慢形成类似 Shopping Mall 的大型 Outlets 购物中心，并逐渐发展成为一个独立的零售业态。虽然 Factory Outlet 这种业态在美国已有 100 年的历史，但真正有规模的发展是从 1970 年左右开始的。

国内奥特莱斯行业从北京燕莎奥特莱斯 2003 年年底首开奥特莱斯行业先河后，经过 10 多年迅速发展，展现出不亚于购物中心的竞争力。尤其需要强调的是奥特莱斯是汽车工业的产物，很适合在城市郊区发展，这为特色小镇的奥特莱斯选项提供了可行性。

天津佛洛伦萨小镇就是典型的奥特莱斯带动的小镇发展案例，对于国内商业主导的特色小镇具有很好的借鉴价值。

图4.18 天津武清佛洛伦萨小镇

3. 商业街

商业街在商业地产中属于普遍的选项，这既昭示了商业地产发展的历史规律，又提醒我们时刻警惕商业街几十年发展所面临的经营困局和难题。在电商快速发展的大趋势下，商业街面临的经营问题还会更加严峻。

商业街这些年在每个城市都在繁殖：从过去城市老商圈的传统步行街，到不少开发商开发建设的社区、区域消费商业街，再到现在的古文化街，都成了城市的脸面，但是很遗憾，不少商业街令城市颜面尽失，这就是本部分谈商业街必须提醒大家的内容。

对于特色小镇来说，不少小镇会用“高大上”的思路选择古文化街，也有些小镇会务实选择特色餐饮街。从当前市场运营状况看，古文化街的运营千篇一律，出现问题的是大多数，相反特色餐饮街往往运营良好。

重庆南山泉水鸡一条街就是这样的典范：泉水鸡一条街位于风景秀丽的南山黄桷垭，这里的饭店大都以农家乐形式经营，家家都以烹煮泉水鸡为主，一般一鸡三吃：泉水鸡、鸡血旺、炒鸡杂；每年这里都会举办盛大的“南山泉水鸡文化节”，品泉水鸡，闻桂花香，喝桂花酒，尝南山野菜。

对于特色小镇来说，重庆泉水鸡一条街值得关注，最需要关注的其实是重庆泉水鸡一条街的定位思路：选择细分定位，做出“鸡宴”的世界“第一”，甚至是“唯一”，完全符合特色小镇极致打造的定位思路。大家可以恰当借鉴。

4. 商贸城

商贸城对于农业种植、养殖以及工业加工的特色小镇来说，重要的是销售平台和销售渠道，更是特色小镇重要的组成部分。

需要关注的是商贸城的规模、建筑形态以及集中商业和街区的组合定位问题，这是所有商业地产产品共性的决策问题。尤其在电商发展的大背景下，上述决策的可行性就更加重要，毕竟不少的销售额会通过网上完成，而客观考虑，适度压缩规模才是理性的选择。

另外，农业种植、农业养殖产品、矿石石材原料交易场所的特点往往是空场上、大棚里的集市交易，这是农业、原料市场的特色；工业产品交易场所的特点有些是前店后厂、下店上厂的街区商铺，有些是集中市场，这些都需要根据产品的特点进行选择。

易铺智库团队操盘的河北保定蠡县裘皮小镇牵涉到大棚、空场上的原皮交易，以及裘皮制品在裘皮奥特莱斯、裘皮市场里的工业加工产品的交易，这些商贸内容需要在项目中合理规划；易铺智库团队操盘的山东潍坊立伟国际珠宝广场作为昌乐蓝宝石城的一部分，对蓝宝石以及其他珠宝交易，以及原石交易也在项目中进行了恰当的功能布局和规划，且为项目成功奠定了基础。

5. 配套商业

无论特色小镇怎样进行产业定位，都需要进行配套商业的规划，为居民提供最便利的服务。从规划形态看，主要是商业街、底商，主要的问题是控制好规模以及合理规划布局。

图4.19 潍坊立伟国际珠宝广场

图4.20 乌镇配套商业

特色小镇商业及其他服务业产品形态的选择首先是定位问题，然后才是购物中心、奥特莱斯、商业街、商贸城、配套商业等选择问题，当中牵涉的规模、集中商业和街区的组合等问题都需要精细把控，这样才能确保项目商业开发的成功。

八、房地产业的典型细分产品

对于特色小镇的开发来说，房地产往往是比较敏感的话题，原因大家都很清楚，房地产在特色小镇的发展中可能是解决项目投资回收的重要渠道，甚至可能是重要的利润源。而对于政府缺乏配套政策和资金解决市政设施建设资金来源、小镇投资商需垫付资金、后期政府用土地冲抵垫付资金的情况，房地产会成为这类特色小镇开发成功的唯一一条资金通路。这是中国房地产开发背景下中国特色小镇发展的重要大环境。

从特色小镇和谐发展的角度看，生态是基本条件，产业是基础，在小镇上班、住在小镇里的居民就是这个小镇有机的组成，他们将让小镇有生机、有活力，形成良好的人与自然、人与社会、人的职业发展和谐交融的生态模式。从这个角度讲，必须进行恰当的房地产开发建设，为小镇的居民、工作人群提供舒适的，可以匹配的居住空间，这也是特色小镇和谐发展的需要。

特色小镇房地产业产品形态选项有住宅、公寓、别墅、商铺、写字楼等，都是大家耳熟能详的内容，不做过多阐述。

上述 8 大产业选择产品形态对于特色小镇的成功至关重要，基本原则还是市场导向、营销思维：必须按照市场需求进行相应产品的选择，忽视市场需求，好高骛远、曲高和寡都是容易犯的错误类型；营销思维强调产品的规划要考虑未来项目出租、出售的恰当门槛问题，所以单个物业的面积该大就大，该小就小，不能千篇一律——太大会导致出租、出售价格上不去，甚至租不出去、卖不出去；太小会导致使用功能无法满足经营需要。

从特色小镇收益实现的角度看，这部分工作属于练“刀功”：特色小镇土地规模和建设规模确定后，小镇的成本就基本确定了。这个时候，能否像“庖丁解牛”一样把特色小镇各产业相关功能进行符合市场需要和营销需要的切分就极为关键了。过去碰到不少特色小镇功能规划虽然没有问题，但是产品细化切分却因为简单粗暴，单元切分面积太大，导致后期租售不畅、投资回收举步维艰的情况。对于特色小镇这样重运营的长期项目来说，精工细作一定是成功的法宝。

4.4 特色小镇产品定位的内容

特色小镇产品定位的内容其实就是产业定位内容结合项目的土地指标，考虑外部交通条件以及近距离竞争小镇因素进行的产品细化工作。当然，在这个阶段形成的可能不是一个方案，绝大多数情况下是几个方案的组合，至于最后选择的方案，肯定是深入考虑运营可行性和财务评估可行的优选方案。

特色小镇产品定位的内容，包括以下 7 个方面的内容：

（1）各产业组合的用地规划；

（2）各产业发展规模及建设强度定位；

（3）各产业组合的产品深化和规模拆分；

（4）产品定位方案的动态财务评估；

（5）可行产品定位方案执行评估；

（6）文化主题策划和融合；

（7）形成特色小镇项目方案。

下面内容将逐个进行深入分析和解读，希望为特色小镇从业者建立特色小镇产品定位体系化的思维模式。

一、各产业组合的用地规划

特色小镇8大产业组合，农业产业、工业产业、生态、旅游、文化价值及文化产业、细分行业商务办公、商业服务业（包括农业商贸）、房地产，绝大多数距离核心城市比较近的特色小镇，经过系统化的产业定位，最终产业组合可能就1～2种，至于一线、二线城市周边近距离特色小镇，最终产业组合可能是2～3种的组合。现在的问题是，产业确定了，用地指标是确定的，那么把产业组合和用地指标形成可行的规划方案并不难。比如2平方公里的农业生态旅游特色小镇，占地3000亩，其中农业用地1500亩，其中集体建设用地300亩，国有土地200亩；农业生态占地1500亩，其中旅游及服务设施用地300亩，度假地产用地200亩。这就形成了产业功能的用地规划方案。

二、各产业发展规模及建设强度定位

农业产业、工业产业、生态、旅游、文化价值及文化产业、细分行业商务办公、商业及其他服务业（包括农业商贸）、房地产，这8大产业内容，对于具体的特色小镇来说，在产业定位和用地方案确定后，需要确定的主要是农业产业的内容和种植/养殖规模、工业发展规模、生态规模、旅游设施额内容及规模、文化产业的规模、细分行业商务办公规模、商业服务业的建筑规模和房地产的建筑规模等。

上述规模的依据在于三个条件：

（1）基于市场需求、竞争需要确定的规模和建设强度：强调市场化因素，这样更贴近市场需求，避免盲目发展；强调市场竞争因素，这样更加符合商业竞争背景下的可行性需求，否则不知天高地厚，最后都不知道什么是江湖险恶，投资打水漂也是常有的事情。

各产业中，基于市场需求、竞争需求进行的规模和建设强度的定位，除商业服务业、房地产业的决策模型相对标准外，农业产业、工业产业、生态产业、旅游产业、文化产业和细分行业商务办公的规模、建设强度定位都具有明显的行业和产业特征，其基本逻辑类似，都是从市场份额、竞争力、产业化可能性、产业化空间的角度进行量化评估，但是行业、产业不同，动态因素也会不同，这就意味着特色小镇项目在进行这个环节工作的时候，更加需要深入产业研究，进行专业决策。

（2）基于行业竞争力标准确定的规模和建设强度：因为特色小镇牵涉不同产业品牌的引入问题，而品牌往往基于市场需求形成了模式化发展的规范，包括规模、定位、档次、形象等因素，因此，特色小镇必须要关注这些不同产业品牌基于行业竞争力标准对规模的需求，这在特色小镇运营中至关重要。

（3）政府对土地控制性规划的指标：这个条件其实属于过虑性标准，那就是特色小镇的开发建设从规模和强度上必须符合政府确定的土地控制性规划指标，否则一切都是浮云。

三、各产业组合的产品深化和规模拆分

特色小镇在确定了各产业组合、用地规划以及各产业发展规模及建设强度后，项目的功能布局就是下一步的工作。功能布局因为牵涉到各产业具体的产品形态，所以这个部分的工作其实是各产业产品的细化和深化工作。

精彩的特色小镇产品一定离不开各个产业精彩的创意和细分产品，上节已经分门别类就国内外各个产业精彩的创意和产品形态举例进行解读，希望有利于大家开拓思路。

四、产品定位方案的动态财务评估

经过前面的工作，往往会形成几种特色小镇产品方案，即使是同样的特色产业定位也会如此，毕竟相同产业，不同的组合，项目未来的投资收益以及现金流都会有根本性的差异。几种产品方案，到底哪个方案是最佳方案？怎样才能科学决策呢？

易铺智库团队对每个特色小镇项目都会进行动态财务评估，考虑项目成本因素、开发周期、销售收益、租赁收益、运营收益等，利用动态财务模型对不同产品方案进行测算，看哪个方案财务可行，方案财务可行的前提下，再看哪个方案回报率高、哪个方案现金流好，最终根据项目的具体情况，选择可行的、最优的方案。这种量化决策对于特色小镇的成功至关重要，避免了特色小镇凭感觉、拍脑袋的武断决策，最大限度对项目进行科学决策。

特色小镇因为牵涉到大量长期经营性项目，所以动态财务评估的时候也需要考虑市场变化因素、成本变化因素、收益变化因素，以及资金成本等，这样的系统性决策最大限度将未来风险因素考虑进来，并在财务评估中进行考虑，确保动态财务评估和市场实际情况更加接近。

目前，国内不少特色小镇的方案都缺少这样的决策环节，通常一个概念，听起来心花怒放，精彩绝伦，就草率上马，这是最大的误区。特色小镇前面都是花钱的事情，不客气地说，“傻子都会花钱”，关键是钱花了以后，钱怎么挣回来，也就是特色小镇未来怎样产业运营、项目运营、营销推广、运营管理，又是在怎样的成本和收益下，项目投资可行甚至有超级收益，这些问题在方案策划阶段就能够量化预算，做到心中有数，这才是理性的投资决策，否则特色小镇热潮会出现比商业地产更大的浪费和危机。

五、可行产品定位方案执行评估

经过以上四个步骤，我们会对几种备选方案的投资回报率、现金流有清晰的了解，各方案投资回报率、现金流方案孰优孰劣，一目了然。有了这些决策依据，还需要再针对财务可行的几个方案进行落地可行性评估，尤其文化旅游特色小镇，如果牵涉到国际或国内知名 IP 招商，就需要考虑招商可行性，因为这类大 IP 的招商可行性可能直接决定项目成败。

经过落地可行性评估，招商、运营可行性均最佳的产品方案无疑就是该特色小镇理想的产品方案。

六、文化主题策划

经过上述产品研究，我们对特色小镇产业定位、各产业用地规划、各产业发展规模及建设强度、各产业规划布局有了明确的方案，并形成多套组合方案，再对多套组合方案进行动态财务评估和落地可行性评估，从而确定最优产品方案。这样的产品定位过程是市场化导向的专业决策过程。

在基于市场化、专业化产品决策后，特色小镇的产品定位进入最出彩的文化主题策划环节。我们在前文提到过，对于特色小镇来说，创造“第一”“唯一”是特色小镇重要的竞争力，世界级的“第一”、世界级的“唯一”往往意味着小镇扩展商圈的能量会超乎寻常。最令人振奋的是，特色小镇自身文化主题的挖掘又是最容易创造“唯一”的路径。

特色小镇文化主题挖掘的着眼点首先是小镇自身的属地历史文化、自然文化、艺术文化、建筑文化、产业文化等，因为是自身文化，所以往往具有不可复制的特点。外部文化移植对于有些特色小镇来说具有可行性，但是对于这些特色小镇提出更高水平的策划创意和落地运营要求。

对于特色小镇来说，建筑文化无疑是小镇文化重要的表达选项，无论国外各种不同建筑风格的特色小镇，还是中国极为流行的古镇风貌都属于这个范畴，从国内外特色小镇建筑风格表达文化特色的案例看，有的特色小镇靠特色建筑文化主题就可以赢得市场赞誉，形成特有 IP 传播。

（一）特色小镇属地历史文化、自然文化、艺术文化、建筑文化、产业文化的主题策划

特色小镇自身历史文化、自然文化、艺术文化、建筑文化、产业文化经过精心策划，无论通过建筑还是博物馆、纪念馆乃至其他元素都可以进行最个性化的表达，也往往令小镇魅力勃发，在彰显文化自信的同时，还可能打造全国乃至世界的“唯一”，这就是文化的力量，且是文化赋予特

色小镇的绝对竞争力。

比如英国小镇拜伯里，艺术家威廉·莫里斯称其为“英格兰最美丽的村庄”，这里依旧保留着600年前建造的石头小屋，阿灵顿路的老排房是著名的电影拍摄地。显然，拜伯里的历史文化和石头小屋建筑文化就是重要的小镇文化主题。随着越来越多的电影来此拍摄，电影艺术文化的标签也自然贴到拜伯里身上，从而形成小镇新的文化竞争力。

图4.21 英国拜伯里

捷克克鲁姆洛夫小镇，被称为“波西米亚森林的明珠”，中世纪老城依旧保存完好，站在城堡的塔尖俯瞰城中，伏尔塔瓦河的回形湾和两岸的红屋顶，美轮美奂，被列为世界文化遗产之一。显然，中世纪的历史赋予小镇底蕴，红屋顶作为建筑文化元素令小镇魅力倍增。

图4.22 捷克克鲁姆洛夫小镇

国外特色小镇在属地文化的挖掘上具有广泛性，国内不少特色小镇也创造了不少属地文化打造的经典。比如湖南凤凰古城。

凤凰古城位于湖南省湘西土家族苗族自治州西南部，是中国历史文化名城，国家4A级景区，曾被新西兰著名作家路易·艾黎称赞为“中国最美丽的小城”，与云南丽江古城、山西平遥古城媲美，享有“北平遥，南凤凰”之美誉。

作为一座国家历史文化名城，其建于清康熙四十三年（1704年），2001年被授予“国家历史文化名城”称号，历经300多年的风雨，古貌犹存。凤凰古城将自然的、人文的特质有机融合，历史人文、民俗风情、自然风光在此交汇，把湘西边地文化、民俗风情展现得淋漓尽致，也许这正是吸引八方游人的魅力之精髓。

图4.23 凤凰古城

（二）特色小镇从外部移植艺术文化、建筑文化、产业文化的主题策划

特色小镇从外部移植的历史文化、艺术文化、建筑文化、产业文化，如果创意超群、精工细作、用心雕琢，也可能会让这个小镇弥漫艺术的芬芳，成为经典，但是成功的概率明显低于属地文化挖掘的小镇。如果想外部移植文化并取得成功，植入文化的策划创意、落地运营显然有更高要求。

美国“赌城”拉斯维加斯是文化外部移植的成功典范：其新区每个酒店都有不同的文化主题和表现，其或美国，或欧洲，或非洲，或阿拉伯，或现代的文化个性，在拉斯维加斯政府的精心运作下创造了世界旅游城市成功的典范。当然，拉斯维加斯世界级旅游城市的成功除了文化移植外，博彩业的吸引力以及城市现代科技主题的融合也功不可没，加上会展经济的蓬勃发展，最终造就了拉斯维加斯绝大的成功。

看看下面两家拉斯维加斯不同文化主题酒店的照片，就可以感受到其文化虽然是移植的但有着熠熠生辉的精彩。

图4.24 意大利文化主题——威尼斯大酒店

在进行特色小镇文化主题策划的时候，还需要关注文化主题元素的互动性、娱乐性等。从国际文化产业发展的趋势看，互动性、娱乐性往往决定特色小镇对于终端消费者的持续吸引力，换言之，这些互动性、娱乐性内容会增加消费者重复到访的次数。关于文化的互动性、娱乐性，功夫最深的莫过于迪士尼乐园和“赌城”拉斯维加斯，这也是它们成为世界级旅游度假目的地的原因。

图4.25 现代音乐喷泉主题——百乐宫大酒店

七、形成特色小镇项目方案

在前面各项工作都系统完成后，特色小镇项目方案就可以准备让设计师精彩呈现了。这个阶段，易铺智库团队通常会和特色小镇发展团队进行深入的定位方案汇报和深度沟通。双方达成共识后，根据达成共识方案的内容制定设计任务书，并提交甲方团队。这样，甲方团队给设计单位的就不是宽泛的设计要求，而是经过策划团队依托特色小镇发展的深刻理论和经验，考虑市场因素和营销运营因素，并经过财务评估论证切实可行的项目方案，避免了不少特色小镇因为缺乏定位环节，设计工作总是陷于无休止的返工，而总是不得要领的情况发生。

特色小镇的产品定位工作，属于典型的“谋定而后动”的“谋”的工作，无“谋”是不可能获得特色小镇财富机遇的。在中国特色小镇大发展的今天，希望中国越来越多的特色小镇是深谋远虑下的杰作，而不是照搬照抄的次品。

第五章　特色小镇的规划设计

前面几章讲述了特色小镇的产业定位、市场定位、产品定位，在本章，将依据产业定位与产品定位，来系统介绍特色小镇的规划设计。特色小镇的规划设计重点在于突出“特色”二字。因此，在进行规划设计的过程中，要重点关注特色小镇的乡村田园环境、工业产业布局、整体格局、镇容镇貌及传统文化保护与传承等诸多方面的设计需求。为了将特色小镇建设得极具特色，就要兼顾思维、理念、方法和内容上的规划创新。为了使特色小镇极具吸引力，拥有美丽形象，美学设计于特色小镇也必不可少。而作为旅游类特色小镇来讲，要想彰显其魅力，文化设计必然是重中之重。因此，在进行特色小镇的规划设计时，文化、美学、创新是凸显其特色的必不可少的组成元素。

5.1 特色小镇规划设计的九大要点

前面内容系统地介绍了特色小镇的产业定位、市场定位以及产品定位。以产业定位和产品定位为基础，依据特色小镇规划设计任务书进行规划设计，对于绝大多数设计院来讲，流程和基本内容上没有特别之处，只是特色小镇的“特色性”决定了特色小镇的规划设计。

此外，还需要特别对以下内容进行关注——对特色小镇规划设计的九大要点进行分析说明：

一、乡村田园环境

1.保护山水田园，修复生态环境

前文专门论述过，特色小镇的基本条件首先是生态环境优美，基础设施完善，所以在特色小镇规划设计中必须要保护山水格局，确保小镇建设与环境统一，预留视线通廊，做到显山露水，山水相宜。对于大多数城市级产业较清晰的小镇来说，做到这一点就意味着初步的成功。

2.全域协调统筹，建设美丽乡村

从文化主题竞争力的角度，考虑强化小镇乡村建筑风格、色彩与形式的管控要求，保护乡村传统格局与历史空间，促进镇域整体风貌的协调统一，是最简单也是最有效的“特色”选项。

通过对乡村的农房、公共空间进行改造治理，改善农村人居环境，既可以打造山水秀美、设施完善、生活便捷的美丽乡村，又可以集约化进行农村集体建设用地资源的整合。

二、工业产业布局

1. 统筹安排用地指标和空间布局

虽然工业企业在特色小镇整体定位方面有产业主导性，但是因为牵涉到土地指标和土地效率问题，所以通常来讲，需要从县域层面统筹安排产业用地指标和空间布局，引导关联产业适度集聚，并且为有条件发展产业的镇预留发展空间和用地指标，以避免因为指标问题而制约未来的发展。

2. 提高工业用地建设强度

以工业产业为特色产业的特色小镇不宜将工业园区作为小镇现代化标志进行打造，原因很简单，传统工业园区在生态环境保护，以及产业协同发展方面存在明显的缺陷；工业用地建筑密度和容积率要设定下限，绿地率不宜超过10%，产业集中地区内部道路红线宽度不宜超过15米；在特色小镇发展过程中，需要提高土地利用效率，并从空间上压缩工业用地，通过整理闲置企业用地，适度引导企业集中，这才是有效的解决方案。

三、整体格局

1. 顺应山水，契合地貌

（1）水网地区小镇。水网地区的小镇，应顺应原有水系形态进行布局，营造多样滨水公共活动空间，避免小镇建设强行对河流水系截弯取直、填河围湖。沿水系进行的农家乐、度假村的规划要适度，避免对生态环境造成影响。

（2）山地、丘陵地区小镇。山地、丘陵地区的小镇，应顺应山势，建筑随地形条件布置，避免小镇建设削山平地、破坏地形地貌。

（3）平原地区小镇。宜采取相对集中布局方式，避免侵占耕地；保留小镇内部林地、池塘等自然资源，可建设为公共开敞空间。通过防护林带或生态廊道的建设，将外围农田等自然要素引入小镇内部，构筑平原地区小镇特色的风貌。过去的水库、沟渠、河道恰当进行再定位，融合到小镇整体项目中进行设计，极有可能形成体验新亮点。

2. 用地混合、新旧区协调

生产、生活、生态用地适度进行融合，既有相对独立性，又有互动性，推进产镇融合发展。避免采取绝对功能分区的方式割裂小镇生产、生活空间。

小镇规划建设应延续原有的格局和肌理，协调好新老镇区的布局关系和风貌特征，避免新老区各自为政。

3. 路网格局合理

（1）顺应地形，延续肌理：滨水地区的路网要顺应河流走向，随水岸线布局；山地、丘陵地区路网要顺应等高线布局，人行步道可采取垂直等高线布局方式。

（2）提高路网密度，增加支路和巷路。小镇居民绿色出行特征明显，日常出行以步行、自行车、电动自行车、摩托车为主，步行出行比例达50%，对支路和巷路需求高，需增加路网密度，小镇的道路网密度不宜低于 $12km/km^2$（不含巷路），道路间距以 100～150 米为宜。

四、建设强度与街坊形态

1. 控制建设高度与强度

按照前期策划工作确定的设计任务书编制科学的详细规划，重视规划管理，在严格按照设计任务书控制建设强度的时候，适当关注高度控制，这有利于小镇的城市设计。

2. 推行开放式街坊住区

（1）住区不宜设置封闭围墙，而应该实现破墙透绿、设施共享，增强小镇的活力和亲切感；

（2）街坊内部以巷路相连，注重公共交往空间的打造，增加居民的交流交往。

3. 建设小尺度街坊住区

小镇应以小尺度的街坊住区为宜，以 100～150 米的道路网间距划分街坊住区。

五、商业与公共服务设施

1. 商业有序布局

（1）商业布局因类制宜：商业街（包含底商）——以服务小镇生活或旅游功能为主，应结合生活性道路布局；集贸市场——应在小镇边缘单独设立，邻近对外交通和小镇生活性道路；区域商贸中心——应结合对外交通性道路布局，与生活区域保持一定距离。

（2）管控商业店铺，防止无序蔓延：根据小镇区位、性质、规模、空间形态等，统筹布局商业用地，适度控制规模；鼓励有条件的重点镇、特色小镇建设综合服务体。

（3）引导底商业态：保护传统商业业态。除满足居民日常需求外，商业业态还应与娱乐消遣、地域特色体验、旅游等活动相结合，构建独具地域特色的业态形式；在居住区集中的区域，限制底商经营具有噪声污染、空气污染、水污染的商业类别。

2. 公共服务设施充实完善、集约高效

（1）营造 20 分钟生活圈。要充分尊重居民出行习惯，合理布局教育、医疗、文体等设施；

（2）完善公共服务功能配置。以居民需求为导向，提高服务质量和水平，实现公共服务全覆盖；

（3）集中设置行政办公、文化健身等设施，充实公共服务设施服务内容；

（4）鼓励建设一站式服务大厅，多功能混合。

六、道路与交通设施

1. 打通断头路，过境公路宜改线

（1）打通断头路，形成完整的路网，改善居民出行条件；

（2）控制小镇用地沿过境道路布局，有条件的镇应将穿镇公路改线至镇区路网的边缘。

2. 街道尺度适宜

（1）优化道路断面设计，道路宽度要适宜，两侧建筑要合理退线；

（2）生活型道路高宽比以1∶2左右为宜，不宜低于1∶4；传统街区的街巷高宽比则更大。

3. 完善设施建设

（1）实现路面的硬化平整，完善信号灯、路灯等设施，结合街道空间设计停车位；

（2）通过道路绿化、街道小品等进行各类交通行为的分隔，设置小广场、休闲长廊、茶座等供居民使用。

七、绿地和开敞空间

1. 各类绿地灵活布局，方便可达

（1）因地制宜安排不同尺度的公园、广场、街头绿地等；

（2）绿地服务半径宜为150～300米，确保居民步行5分钟能够到达；

（3）结合宅前、道旁、树下、桥边、街头巷尾等空间布局小片绿地。

2. 公园广场尺度适宜，多元利用

（1）提倡建设节约型绿地，规划建设尺度适宜的公园广场，严格控制大草坪、大广场、水景喷泉等形象工程；

（2）鼓励建设满足居民休闲、交流、健身、举办活动、科普等多元需求的复合功能型绿地广场空间，通过布置儿童游乐、健身、座椅看台等设施丰富各类绿地广场功能。

3. 乡土特色，生态建设

（1）本土植被——优选乡土植物或经引种驯化后适应当地气候、长势良好的外来植被，营造有地域特色的植物景观；

（2）就地取材——在景观小品、铺装、设施等设计和建造上尽量就地取材，彰显地域特色；

（3）生态建设——广场及绿地中宜减少硬质铺装面积，选用透水材料，灵活设置集水绿地、蓄水池、生态草沟等低影响开发设施；鼓励采用生态驳岸设计打造河岸系统，避免完全渠化的工程驳岸设计。

八、镇容镇貌

1. 建筑风貌引导

（1）传统建筑的保护与利用：对传统风貌建筑应遵循保护原则，进行风貌整治不得改变原有建筑风貌；通过改水、改电、改厨、改厕等方式，实现对现有传统建筑基础设施的改善提升，提高居住建筑的舒适度，提升公共建筑利用效率；鼓励“以用促保”，采用多种形式利用传统风貌建筑，对传统风貌区加强保护与利用。

（2）新建建筑体现传承与创新的协调统一：鼓励引入高水平建筑设计。传承与创新建筑形式，延续传统风貌，满足现代使用需求；精心设计建筑细部，屋顶、门窗、腰线、地脚线、墙角等细节应体现本土建筑特色与风貌；色彩应提取当地的标志性色彩。建筑材料应就地取材，选用本土材料，适当运用现代建造技艺，建设新建筑。

2. 街道空间整治

（1）沿街立面整治及创新：通过对沿街建筑的高度、面宽、色彩、材料、开窗方式、细节装饰等方面的控制，塑造连续、和谐的街道空间，并考虑根据文化主题融合的需要进行大尺度建筑特色表现；应对第五立面（屋顶）进行管控，达到形式相近，风格统一。

（2）街道环境整治：店铺牌匾应与建筑协调；规范店前空间使用，禁止占用店前空间经营。

九、传统文化保护与传承

1. 传统风貌的保护

（1）建议在传统建筑集中的区域划定传统风貌区，在建筑色彩、体量、材质等方面进行整体建设指引。

（2）对体现城镇文化、展现地域特色、民族特色的传统风貌建筑进行登记挂牌，予以重点保护。

（3）严格划定文保单位保护范围及建设控制地带，建设控制地带内的新建建筑应与文保建筑相协调，其建筑高度不得高于文保建筑。

2. 非物质文化遗产的保护、传承与开发

（1）做好传统手工艺、民俗活动、节庆、礼仪等非物质文化遗产的摸底工作，形成地方非物质文化遗产名录。

（2）通过展览、展示、比赛、交流等形式，营造浓郁的地方传统文化氛围。

（3）推动民间优秀的非物质文化的产业化发展。

3. 文化场所的营造

结合绿地广场建设特色空间，为地方特色文化提供展示与传承的空间场所。依托文物古迹、特色商业、传统民居、古桥庙阁等历史空间，开拓绿地广场空间，打造居民文化生活的核心节点。

5.2 特色小镇的规划创新

面对特色小镇特殊的规划需求，城乡规划需要从思维、理念、方法、内容及工作机制方面进行创新应对。

一、规划思维创新——目标导向下的规划路径选择

城乡规划编制的思维方式一般分为两类：问题导向型思维与目标导向型思维。其区别主要在于规划技术路线设计中对于切入点的把握，前者以核心问题的判断为切入，后者以明确的发展目标为切入，规划的策略与路径是基于现状基础与目标之间的差距而设定。通常在存量规划编制中，由于规划编制的需求主要来自于空间发展的问题与矛盾，规划思维多以问题导向为主、目标导向为辅。而在增量规划编制中，多以目标导向为主。特色小镇虽大多属存量规划，但其性质决定了其具有强烈的目标导向性。

因此，特色小镇规划是典型的目标导向型规划，是不同空间载体在

"特色小镇"目标引领下的规划实施路径探索。

二、规划理念创新——产业引领下的功能空间组织

特色小镇规划区别于传统城镇规划的关键在于强调产业规划的核心地位，而区别于传统产业园区规划的关键在于强调对于环境、文化、资源的友好态度，以及对于社区、旅游功能的兼顾，实现"产、城、人、文"的融合。

因此，特色小镇规划理念的创新主要体现在四个方面：一是强调产业在激发空间活力方面的作用，以产业规划、项目策划引领空间规划，避免"空城"、"死城"的出现；二是强调功能的复合，产业＋社区＋旅游，打造宜居宜业宜游的活力功能体；三是体现人文关怀，通过生态保护、文脉传承及空间尺度的把握，营造出人性化空间；四是体现弹性，特色小镇创建强调市场与企业的主体地位，也因此，规划必须为市场的不确定性留出调整的空间。

三、规划方法创新——多规融合下的技术路线探索

目前，特色小镇规划主要分为两个层面：前期是以培育或创建为目标的概念性规划（创建规划），主要任务是制订创建方案，明确特色小镇的范围。如产业定位、投资主体、投资规模、建设计划等；后期是以验收为目标的实施性规划（建设规划），主要包括规划范围约 3 平方公里的控制性详细规划和核心区约 1 平方公里的城市设计。但在实际操作中，从利于小镇有效实施的角度，并不建议过于强调规划层次界限。就地方实际发展需求而言，特色小镇规划不宜拘泥于创建目标，而应从规划整体性与延续性考虑，将概念性规划与实施性规划纳为一体，编制包括概念策划、空间规划、项目计划和资金筹划"四划叠加"的综合性方案，真正实现"多规融合"，同时也有利于节省规划编制周期与经费。

四、规划内容创新——多元目标下的内容体系构建

相比传统的城镇规划，特色小镇的规划内容要求更多元、更复合、更联动，也更落地。因此，需要通过内容体系的创新来实现规划的多元目标

复合。在内容体系上，一是基于前瞻性要求，强化战略研究，找准功能定位，为小镇选择“特而强”的核心产业提供充足的背景支撑；二是基于产业平台的定位，强化产业研究，以产业（项目）引领小镇的功能组织与空间布局；三是基于3A旅游景区的创建目标，强化旅游规划内容，借此挖掘、整合小镇的特色自然资源与人文资源，并与小镇的生活、生产功能及环境空间有机融合，提升环境品位；四是基于落地性要求，强调以项目为关键内容体系组织，从产业、项目到空间再回到项目，因此在成果表达上，除了传统的一套文本、一套图则之外，应强调实施项目年度计划表的重要性，形成“图、文、表”三位一体。

五、工作机制创新——跨界协同下的专业团队架构

针对特色小镇规划的目标多元性和内容复合性特点，规划编制需要在团队的组织模式上进行创新，采用多专业组合、多团队协作的模式，实现“跨界”合作。这将打破规划设计机构中常规以专业项目组为单元的团队架构。

从政府管理角度来看，特色小镇的规划建设涉及发改、规划、建设、旅游、财政等多个部门，需要跨部门的紧密合作与协同支持。而在规划实施过程中，由于特色小镇创建实行“政府引导、企业主体、市场化运作”的模式，政府、企业、社会的协同也同样不可或缺。

除了思维、理念、方法、内容及工作机制等面临转变之外，特色小镇规划尚需技术手段方面的创新探索。特色小镇规划的综合性与落地性要求，对规划的基础调研与分析的广度与深度提出了更高的要求，其前提是要读懂宏观背景、读懂市场需求、做实基础调研、做透业态分析、做深空间设计，这都需要规划技术手段的同步创新。

5.3 特色小镇的美学设计思考

特色小镇之所以有人气，有吸引力，首先在于小镇之“美”。美学设计无疑是特色小镇的重要组成部分。当然，很多时候容易被忽视，至少重视度不够。不夸张地讲，一个小镇的定位高度，以及小镇的人性化程度，通过美学呈现的设计会毫无保留地将小镇魅力展露出来，但是站在特色小镇发展的初期，美学设计往往面临以下三个问题，每个特色小镇都需要理性思考：

一、“崇古薄今”美学设计的思考

很多地方都把古建重新复原出来，做一条老街道，甚至有些地方根本不是自己本土的古建风格，只是一味地模仿而已。这种行为往往事倍功半——当然除非其模仿的古建极其精细，超越了古时的古建水平，那还有一定的价值，能够成为经典作品，否则粗制滥造的模仿和复原，不夸张地讲就是历史的逆流。

类似崇古薄今的做法很普遍，而且很多项目通过这样的方式只是静态进行了古建筑的打造，因为小镇本身缺乏文化联系，再加上古建筑文化缺乏互动和娱乐性的表现，最终只是个缺乏商业价值的符号而已。过去长期出现的这种现象，需要大家引以为戒。

二、“中外古今乱炖”美学设计的思考

国内这么多年进行城市化建设，很多项目喜欢中外古今乱炖，因为绝大多数项目靠近城市比较近，或者就在城市里，又主要采取房产销售方式，不存在运营需要，所以这种中外古今乱炖的设计方式并没有产生大

的不利影响。但是对于特色小镇运营需求、竞争需求，选择恰当的文化主题，就能成为小镇的竞争力，也因此，这对小镇规划设计有着超越性的新要求。

设计师在进行特色小镇设计的时候，眼前的资源和元素太多，选择起来眼花缭乱，以至于都想拿来用。这种情况会令设计毫无美感，缺乏可以支撑的主题表现。这也说明美学设计的问题还是顶层模式与顶层思维的高度决定的。当然如果中外乱炖到一定程度，超越古今中外水平，也是可以的选项，但能达到如此造诣，有如此运筹能力的设计师极少。

三、“过度形式主义”美学设计的思考

特色小镇的形式美学与功能、文化只有和谐统一了，才能显示出其真正的美。过度的美学形式不仅会让人不舒服，反而有时候会拖累功能，喧宾夺主。所以，对特色小镇的美学设计一定是建立在和谐的人文、运营、功能关系的基础之上的设计，不能独立存在。

总之，美学的呈现是一切形而上思想认识的最终载体，不能简单从形式上来考虑。大设计思维就是要从生命的根源上考虑问题，在恰当的主题引领下形成有机统一体。

5.4 特色小镇的文化主题设计

到了设计环节，相应的文化主题设计必然是设计工作的重点，对于文化旅游类型特色小镇来说，文化主题设计更是重中之重。

一、特色小镇文化主题设计的依据

特色小镇文化主题设计的依据无疑是上面“文化主题策划”的成果：到底这个特色小镇文化主题是小镇自身的属地历史文化、自然文化、艺术

文化、建筑文化、产业文化等，还是外部移植的建筑文化、艺术文化、产业文化，都没有关系，只要前期形成的文化主题策划方案是经过了深思熟虑，有良好的落地可行性，成本恰当，有独特性，并得到多方共识的方案，那么设计师就可以充分发挥创造力进行特色小镇的文化主题设计。

二、特色小镇文化主题设计的原则

非文化旅游类特色小镇文化主题更多是自然主题、产业主题等，更多作为主题线做恰当融合、表达，不牵涉过大范围和尺度的建筑设计表现；文化旅游类特色小镇则不同，从国内外文化旅游特色小镇，以及城市公共建筑文化主题设计的经验看，这些成功的文化主题设计往往贯彻以下原则中的一条或多条：

1. 设计符号的独创原则

设计符号的独创原则指特色小镇文化主题在设计中形成的符号，具有世界、国家或者区域范围内的独创性，因为是独创，所以在相应范围内就会成为“唯一”。这是建筑文化的符号价值，也是成功 IP 通常的属性。

以典型的地中海风情小镇——意大利波西塔诺小镇为例：

波西塔诺小镇位于意大利坎帕尼亚大区阿马尔菲海岸沿岸，是一个坐落在岩石上的色彩斑斓的童话小镇，有着“地中海最美丽的小镇”的美誉。小镇主要部分背山面海，建筑物根据地形呈现阶梯状分布。曾有文人这样描述它：波西塔诺是一个梦乡，你在时，他不很真切，你离开后，他变得栩栩如生。

波西塔诺小镇的设计符号：独特的海景房，彩色的建筑——小镇坐落在山崖上，独特布局使这里每栋房子都拥有观看海景的平台。小屋外面均涂有五彩斑斓的色彩，与热烈的阳光、湛蓝的海水一起向游客展示了一幅无与伦比的绝美画卷。

正因为如此个性十足的建筑特色，加上独具特色、背山面海的自然环境，小镇也成了很多电影的取景地，如《托斯卡纳艳阳下》；著名词曲家肖恩菲利普斯以及滚石乐队也都曾被这里吸引，创作出了自己的经典作品。阳光、海滩、柑橘香构成了令人沉醉的艺术梦境。

意大利波西塔诺小镇的彩色建筑就是设计符号，这个符号无论是设计还是建筑都很简单，但是这个设计符号的创意却是深入思考、创意的结果，我们可以理解成策划的智慧，也可以理解成设计的智慧。而这，正是设计符号的独创性!

关于设计符号的独创原则，如果我们把一个城市看做是旅游市场的主体，那么这个城市的符号建筑无疑担当着这个城市的符号作用，这和特色小镇的设计符号对于特色小镇的价值是一样的。比如，北京的鸟巢、水立方都是北京的符号建筑，都具备世界级的独创性，这样的独创性意味着鸟巢、水立方这样的 IP 对于北京的重要旅游价值。

对于特色小镇的设计师，尤其文化旅游特色小镇的设计师来说，怎样设计出世界、中国独创的设计符号是考验，也是机遇。一旦世界独创的设计符号精彩出现，那么这个特色小镇就具有了走向世界的基因。当然，特色小镇的设计符号必须考虑建设成本具有可行性，毕竟特色小镇不是鸟巢、央视大楼等那样的国家建筑。

图5.1 世界独创的鸟巢

2. 主题尺度的张力原则

对于文化旅游特色小镇来说，主题尺度的张力原则指的是：如果设计符号不具备独创性，但是设计符号在相应空间可以进行大尺度、排山倒海的表达，也可以令小镇主题因为磅礴气势成为区域、全国、世界的“第一”，甚至“唯一”，得到市场的充分认同。

以世界著名的壁画小镇倩美纳斯为例，大家可以感受一下壁画“排山倒海”遍布全镇的震撼和吸引力。

倩美纳斯 (Chemainus) 位于加拿大温哥华岛南端城市维多利亚北约 80 公里，至今约有 150 年的历史，壁画艺术改变了这个曾经一直依赖林木业为血脉存活下去的小镇，为小镇旅游业的发展注入了新的活力。政府在小镇的转型复兴中起了非常重要的作用。

为了推动小镇转型，政府启动了小镇复兴工程，邀请世界各地的著名艺术家倾注全力在小镇的墙壁上绘制了 12 幅壁画 (1982 年 5 幅，1983 年 7 幅)。这些壁画主要描述了这座百年老镇的伐木历史和风土人情，是现代艺术与传统遗产结合的典范，其逐渐吸引了很多的游客来小镇游玩观光，也吸引了其他的艺术家陆续加入了绘制壁画的队伍，到现在为止已有 39 幅大型墙壁画（另外还有小的壁画大概 3000 幅左右），8 件雕塑，而由此形成了壁画节。随之相关的旅游观光业也开始大放异彩，一个默默无名的小镇开始享有户外艺术画廊之美称。

图5.2 世界著名的壁画小镇——倩美纳斯的街头壁画

图5.3 倩美纳斯的街头壁画

从倩美纳斯的经验看，如果只是几幅壁画肯定达不到这样的效果；但是，3000幅壁画则决然不同：肯定是世界上壁画最多的小镇！这样大尺度、排山倒海的壁画自然可以形成世界级的影响力。

其实，法国格拉斯小镇一望无际的花田、荷兰斯哈亨郁金香小镇漫山遍野的郁金香、韩国济州岛芬芳的油菜花田都属于特色小镇文化主题大尺度张力原则的展现，只是文化主题是自然主题。

为什么主题大尺度具有张力？原因很简单：人类在大自然中其实是渺小的，个人的内心世界很容易被大尺度的自然、人文景观、规模化符号所震撼，这种震撼自然转化成消费吸引。这就是很多特色小镇设计符号虽然不能独创，但依然可以创造出巨大吸引力的可行路径。

图5.4 荷兰斯哈亨郁金香小镇的郁金香花田

3. 主题表现的科技原则

随着科学技术的发展，研究特色小镇文化主题设计的原则，我们还必须关注“主题表现的科技原则”。

“主题表现的科技原则”指用新的科学技术进行的视觉、听觉情景设计，通过这些设计可以达到极为震撼的体验，从而形成巨大的消费和旅游吸引。

下面是美国拉斯维加斯老城区的弗里蒙特街的科技主题：

弗里蒙特街（Fremont St）是一个跨越五个街区的购物中心，你能数得出来的所有品牌都包含在内。世界上最大的视频屏幕，成排的纪念品店，街头艺术家和由龙舌兰酒、橙味酒混合而成的玛格丽塔酒都会给人留下深刻的印象。其中，弗雷蒙特街炫目的“电子天幕”无疑是最大的亮点。

这个天幕显示屏投资1650万美元，由1250万个LED灯组成，横跨四个街区。每天夜幕降临后，弗里蒙特街的天幕便开始闪耀，带给游客最惊喜的拉斯维加斯体验。这种视觉和听觉的盛宴是科技文化在城市、小镇里最魅力的出演。

图5.5 拉斯维加斯天幕街

近几年，国内不少城市的城市综合体项目模仿拉斯维加斯天幕街，做了很多尺寸大小各异的天幕，运营情况参差不齐，原因何在？这些项目把天幕当成唯一的吸引力了，认为天幕可以解决一切，其实，这是一个误区。特色的文化主题元素是项目重要的竞争力，但是不等于全部，要知道拉斯维加斯的成功离不开文化主题各异的酒店服务业、震撼的科技主题体验，但博彩、会展经济、其他娱乐服务业才是奠定胜局的产业内容。所以在此提醒特色小镇业者，文化主题在特色小镇运营中是特色，不是全部。

上述三个原则可以算是特色小镇文化主题设计的基本原则，希望特色小镇的主创设计师能深刻领悟，并通过设计符号的独创原则、主题尺度的张力原则、主题表现的科技原则打造出更多魅力十足的特色小镇。

三、特色小镇文化主题的设计路径

特色小镇文化主题经过策划恰当挖掘后，在设计阶段需要和特色小镇的建筑、诸多空间、场所、生活设施完美融合。

特色小镇文化主题设计的主要选项有：

（1）小镇建筑文化、精神地标、社区与公共空间的文化主题设计；

（2）小镇名人故居、庄园农场、博物馆、文化传承设施等的文化主题设计。

对于特色小镇来说，上述设施几乎是所有小镇的选项，但是当特色小镇的特有文化主题与之水乳交融的时候，我们会发现其特有的小镇魅力，这往往意味着“唯一”的精彩实现和消费张力的极限扩张。

关于上述两个方面的文化主题设计，特别做如下解读，并让大家对国内外特色小镇在文化主题方面思考的差别有足够的了解和判断。

1. 小镇建筑文化、精神地标、社区与公共空间的文化主题设计

欧美许多国家的小镇几乎都有一座重要的精神地标：教堂。往往是体现这个小镇信仰和精神高度的地方，也常有传承上百年的历史和特别的故事。教堂的尖楼、钟声、定期的活动、留下的传说、精心的设计与专职的维护，都是对这些地区民众日常教化的重要手段，也是重要文化遗产和精神凝聚点。不少教堂都成为重要景点，而教堂附近的广场、市政厅，也常常是社区最重要的议事场所、交流场所、庆典和仪式场所，例如比利时的根特。

从历史功能上说，不少小镇还拥有精美坚固、历史悠久且充满故事的城堡作为政治和军事生活象征，数百年屹立不倒，成为重要文化遗产，例如法国卢瓦尔河谷的各种城堡小镇等。相比之下，中国古代的城镇、乡村，一般都以庙宇、书院、宗祠作为教化之所，虽然也有众多精美建筑和丰富的文化历史故事，但由于土木建筑易损和美学观念转换的缘故，这些精神、政治地标往往处于破损状态，部分场所甚至常年无人打理。

图5.6 国外特色小镇的精神地标：教堂

关于建筑文化，最需要借鉴和关注的显然是欧洲小镇，因为它们普遍建筑文化底蕴深厚，文化表达精彩有内容。

以法国小镇科尔马为例：

科尔马，属于法国的色彩小镇，却有着德国的血统和浪漫的威尼斯风情。不可复制的混合特质，非但没有让科尔马变得陌生，反而衍生出更多让人想亲近的理由。

科尔马给人的印象，是童年拼搭过的如积木一般的木筋屋，有尖尖的屋顶，有彩虹的缤纷，有鲜花的簇拥，有天马行空的橱窗。淅淅沥沥的阵雨过后，没有正午的艳阳，没有熙攘的人群，没有嘈杂的街巷，漫无目的地晃荡，中世纪的石板路上安静得似乎只听得到自己的脚步声。一个人的童话时光在科尔马如此让人着迷。阳光穿透屋顶的低云，洒向运河温润的水面，偶尔驶过的花船将色彩晕开，一副画板最终将科尔马的童话定格。

但凡过于美丽的地方，它的历史时常习惯性地被忽略。然而科尔马却有不凡的故事和曲折的身世。不知是否由于颜值过高，科尔马奇迹般的几乎没有遭受到战争的侵扰，不过却也因为战争几经易手。从法国到德国再回到法国，科尔马的历史复杂得似乎本不该属于这样一座童话小镇。现在，位于莱茵河上游的科尔马，属于法国阿尔萨斯地区，与德国接壤，距离巴黎大致500公里。是法国著名的浪漫童话小镇，也是重要的阿尔萨斯葡萄酒产区，还是漫画大师宫崎骏笔下《哈尔的移动城堡》的灵感来源之地。

图5.7 科尔马小镇的风格建筑

从上述案例可以看出，在建筑传承、故事传承、空间体验和内容设计上，如何把传统文化遗产转化成真正体现传统文化与当代文化融合创新的地标和空间，是欧美特色小镇很精彩的表达。中国式特色小镇不得不面临的问题是，不能只看到西方城堡和教堂之庄严精美而看不到本土文化空间的高度，那样永远无法让本地文化特色成为文化引领。

2. 小镇名人故居、庄园农场、博物馆、文化传承设施等的文化主题设计

许多欧美小镇以及国内已经成功发展的特色小镇的文化特色来源于历史名人，无论是哲学家、文学家、科学家还是教育家、收藏家、艺术家，他们在小镇里的故居文化往往都保存得较好，历史上许多名人的庄园、农场、博物馆、文化传承空间也完好地保存了下来，形成很好的技能传授、文教体验空间，例如丹麦的安徒生故居、挪威的格里格故居等。

在欧美，“大学城”文化也十分突出，无论是英国的牛津、剑桥还是美国的哈佛、斯坦福，或是意大利的博洛尼亚等，都有独具魅力和象征文化传承高地的校园小镇。在这些小镇上，洋溢着浓浓的书香味，穿梭着奇思妙想、富有活力的学子。传承历史的社区居民与创新思维的外来学生相得益彰，形成了真正互相信任、互相融合的大学城文化，这也是文化主题设计的表现。

而纵观中国，虽然很多小城镇也有故居、学校和原生的文化传习场所，也有一些大中小学和城镇相重叠，但是缺乏文化主题设计，而大部分地方对于名人故居、博物馆、特色庄园农场的本地化教育资源价值认识远远不够，甚至漠视文化遗产，造成特色文化的浪费。

在中国特色小镇的开发建设过程中，除了借鉴欧美小镇的成功经验，更要真正发掘和紧扣自身文化主题，并注重产业文化，设计出更多文化特色鲜明的特色小镇。

5.5 特色小镇的大设计清单

特色小镇的设计，是大设计思维的系统应用。总结一下特色小镇的设计项目，具体如下：

（1）自然环境设计；

（2）交通组织设计；

（3）园林绿化设计；

（4）灯光设计；

（5）景观设计；

（6）规划设计；

（7）建筑设计；

（8）室内空间设计；

（9）影音设计；

（10）交互体验设计；

（11）平面设计；

（12）特色产品设计；

（13）配饰设计；

（14）基础设施设计；

（15）艺术品位设计等。

以上设计，应该在彼此相互统一的同时，融入小镇开发的始终，融入建设、运营和推广之中。只有这样，才能形成一个神行气貌兼备的品牌生命体。

第六章　特色小镇的投资、融资模式

多产业组合，经营属性为主的运营模式意味着特色小镇的投资建设呈现出投入高、周期长的特点，纯市场化运作难度较大。从某种程度上讲，特色小镇的投资开发具有一定的社会性，但是企业主体进行操作，又必须满足经济规律，那么特色小镇的收益模式如何呢？

不少特色小镇本身的基础设施落后，政府短期投资又解决不了，这样就需要打通三方融资渠道：保障政府的政策资金支持，引入社会资本和金融机构资金。三方发挥各自优势，进行利益捆绑，在特色小镇平台上共同运行，最终实现特色小镇的整体推进和运营。那么，如何从系统工程的角度出发解决特色小镇投融资问题，选择适当的特色小镇投融资模式，为特色小镇培育提供有力的资金支持呢？

本章主要解决上述问题。

6.1 特色小镇的发展模式

一、统筹规划：政府推动政策扶持

特色小镇的建设过程中离不开政府的推力。政府因在政治、经济、社会和文化等诸多方面的综合运营能力，在小镇这一复杂运行体中始终能扮演重要角色，毕竟至少市政设施需要政府投资建设。但是如果政府追求自身的利益最大化，小镇的其他主体便有可能被边缘化，这就违背了治理原则，因为在治理框架中政府不再是唯一的权力中心，社会各种正式、非正式组织及个人都将共同参与发展，共同承担发展责任。西方政府在上百年的小镇建设历程中发现，政府仅承担小镇的组织协调、服务传递、参与表达、财务预算、计划推进、理念和技术支持等职责，这种政府有限责任、公民与组织多方参与的建设及运行理念与发展的内核完全契合。

特色小镇的创建流程遵循“政府主导、企业市场化运作”的原则。政府在其中起到引导和服务保障的功能，在规划编制、基础设施配套、资源要素保障、文化内涵挖掘传承、生态环境保护等方面发挥作用；而企业为特色小镇的建设、运营主体，通过市场化运作实现资源的有效配置不仅有利于缓解政府财政压力，提高建设效率，而且可以为民营企业拓宽投资渠道，且能实现令各方共同受益的良性循环。

二、开发运营：产业型企业的舞台

特色小镇的开发主要有三种模式：政府主导、企业主导和政企合营的PPP模式。当前，特色小镇的开发主要以政府为主导，但随着小镇的商业模式不断清晰，民间资本参与开发的意愿越来越强，产业型企业凭借资源整合能力、园区运营经验、产业运营能力等优势，在特色小镇的开发运营中展现超级竞争力。对于政府来讲，选择产业型企业进行特色小镇发展运营，有利于小镇风险控制和成功经营。

三、投融资模式：PPP模式主导

PPP 模式或成为特色小镇的主流经营方式，形成投融资平台以项目为核心、以城市投资及旅游投资为支撑、多种投资平台相互协调、特色小镇投融资平台为互相支撑的投融资框架结构。通过 PPP 模式可以广泛吸收社会资本，既可减轻政府负担，还可以拓宽融资渠道，实现政府和社会资本利益共享和风险共担。目前，PPP 模式在特色小镇建设中尚未得到广泛的应用，但是在浙江特色小镇成功经验的示范效应和政府多重政策刺激下，未来全国特色小镇建设，无论在数量上还是投资额上都将迎来飞跃，而单靠政府财金将难以满足如此大的投资需求。因此，以政企合营的 PPP 模式进行小镇开发的特色小镇会越来越多。

四、运作模式：产业型企业挑大梁

市场在特色小镇的运作中，起到资源配置与筛选的作用。特色小镇的成型取决于自身的产业基础与特色，这是市场而非基于城镇行政级别的选择，政府正在尝试以一种更为顺应市场的方式进行行政资源配置。市场在资源配置的过程中起到决定性的作用，什么样的小镇吸引什么样的资源有其运作的规律。在具体操作层面，企业将从利润最大化的角度寻找市场机会、进行资源配置，从而使得小镇在竞争中脱颖而出。

大型产业型企业在同类型或者相似领域里具备运作经验，可以胜任小镇的运营主体。地产运营商（如华夏幸福、华侨城等）以及景区运营商（如中青旅等）是特色小镇运营的主要力量，产业型企业在传统业务的长期耕耘中积累了丰富的行业资源，如产业上下游资源、政府资源等，同时经过市场竞争的企业运营能力可以得到保证，将成为特色小镇浪潮中受益最大的主体。

五、培育模式：实现产业及消费聚集

以文旅和产业为核心，特色小镇实现资源、人才和消费的聚集。产业经济导向下建构的特色小镇，在为产业配套的同时，会带动小镇的交通、消费、休闲、教育和旅游等，有时还会因各类产业移民的进入而改变这一区域的人口结构，甚至形成新的移民小镇。关键在于以产业兴起而不止步于产业，才能为特色小镇带来全方位的、可持续的发展。

6.2 特色小镇的运作“四步走”

特色小镇的投资开发及运营主要包括土地一级开发、二级房地产开发、项目运营、城市配套服务设施开发运营四个阶段。在实际操作中，特色小镇的开发运营通常是以一揽子服务或按功能、区域划分的分块项目为主。 按照特色小镇的运作规律，需要把控好“四步走”工作，才能完美实现小镇开发目标。

特色小镇的运作“四步走”，分别指的是：

开发：从产业、产品定位，到开发规模、开发节奏控制和招商实现等；

资本：从投融资平台搭建，到融资实现及政府扶持体系建立等；

运营：涵盖特色产业和 / 或旅游运营的专业化导入以及动观市场持续运营；

退出：资金与资本的适时适度退出机制及退出实现。

上述特色小镇运作“四步走”，基本上涵盖了特色小镇从头至尾的运作内容，看起来就八个字，但是因为多产业组合的复杂性，运作内容的复合性，未来市场的变化性，因此真正实现特色小镇开发运营成功绝非一日之功，需要精耕细作每个环节、每个产业，才能走向成功的彼岸。

6.3 特色小镇的融资模式

特色小镇项目融资属于资产负债表外融资，出于风险隔离及可操作性考虑，特色小镇投融资应以项目为主体，以未来收益和项目资产作为偿还贷款的资金来源和安全保障，融资安排和融资成本直接由项目未来现金流和资产价值决定。通过设立 SPV（特殊目的公司），根据双方达成的权利义务关系确定风险分配，进行可行性研究、技术设计等前期工作以及项目在整个生命周期内的建设及运营，相互协调，对项目的整个周期负责。由 SPV 根据特色小镇项目的预期收益、资产以及相应担保扶持来安排融资。融资规模、成本以及融资结构的设计都与特色小镇项目的未来收益和资产价值直接相关。可用的融资方式包括政策性（商业性）银行（银团）贷款、债券计划、信托计划、融资租赁、资产证券化、基金（专项、产业基金等）管理、PPP 融资等。

一、发债

根据现行债券规则，满足发行条件的项目公司可以在银行间交易市场发行永（可）续票据、中期票据、短期融资债券等，可以在交易商协会注册后发行项目收益票据，也可以经国家发改委核准发行企业债和项目收益债，还可以在证券交易所公开或非公开发行公司债。

二、融资租赁

融资租赁（Financial Leasing）又称设备租赁、现代租赁，是指实质上转移与资产所有权有关的全部或绝大部分风险和报酬的租赁。融资租赁集金融、贸易、服务于一体，具有独特的金融功能，是国际上仅次于银行信贷的第二大融资方式。

融资租赁的三种主要方式：直接融资租赁，可以大幅度缓解建设期的资金压力；设备融资租赁，可以解决购置高成本大型设备的融资难题；售后回租，即购买有可预见的稳定收益的设施资产并回租，这样可以盘活存量资产，改善企业财务状况。

三、基金

1.产业投资基金

国务院在《关于清理规范税收等优惠政策的通知》（国发〔2014〕62号）中指出："深化财税体制改革，创新财政支持方式，更多利用股权投资、产业基金等形式，提高财政资金使用绩效。"产业投资基金相比于私募股权投资基金，具有以下特点：

（1）产业投资基金具有产业政策导向性；

（2）产业投资基金更多的是政府财政、金融资本和实业资本参与；

（3）存在资金规模差异。

2.政府引导基金

政府引导基金是指由政府财政部门出资并吸引金融资本、产业资本等社会资本联合出资设立，按照市场化方式运作，带有扶持特定阶段、行业、区域目标的引导性投资基金。政府引导基金具有以下特点：

（1）非营利性。政策性基金在承担有限损失的前提下让利于民。

（2）引导性。充分发挥引导基金放大和导向作用，引导实体投资。

（3）市场化运作。有偿运营，非补贴、贴息等无偿方式，充分发挥管理团队独立决策作用。

（4）一般不直接投资项目企业，作为母基金主要投资于子基金。

3.城市发展基金

城市发展基金是指地方政府牵头发起设立的，募集资金主要用于城市建设的基金。其特点如下：牵头方为地方政府，通常由财政部门负责，并由当地最大的地方政府融资平台公司负责具体执行和提供增信；投资方向为地方基础设施建设项目，通常为公益性项目。例如，市政建设、公共道路、公共卫生、保障性安居工程等；还款来源主要为财政性资金；投资方式主要为固定收益，通常由地方政府融资平台提供回购，同时可能考虑增加其他增信措施。

4.PPP 基金

PPP 基金是指基于稳定现金流的结构化投融资模式。PPP 基金可分为 PPP 引导基金和 PPP 项目基金；其中 PPP 项目基金又分为单一项目基金和产业基金等。

PPP 基金是国家层面的融资支持基金。PPP 基金在股权、债权、夹层融资领域均有广泛应用，包括为政府方配资，为其他社会资本配资，单独作为社会资本方，为项目公司提供债权融资等。

四、资产证券化

资产证券化是指以特定基础资产或资产组合所产生的现金流为偿付支持，通过结构化方式进行信用增级，在此基础上发行资产支持证券（ABS）的业务活动。但基于我国现行法律框架，资产证券化存在资产权属问题，理由包括：

（1）特色小镇建设涉及大量的基础设施、公用事业建设等，基础资产权属不清晰，在资产证券化过程中存在法律障碍。

（2）《物权法》第 52 条第 2 款规定："铁路、公路、电力设施、电信设施和油气管道等基础设施，依照法律规定为国家所有的，属于国家所有。"

（3）特许经营权具有行政权力属性，《行政许可法》规定行政许可不得转让原则。司法实践中，特许经营权的收益权可以质押，并可作为应收账款进行出质登记。

（4）《资产证券化业务管理规定》第 9 条规定原始权益人应当依照法律法规或公司章程的规定移交基础资产。但缺乏真实出售标准，司法也无判例参考。

（5）发起人、专项计划管理人之间无法构成信托关系，不受《信托法》保护。

五、收益信托

收益信托类似于股票的融资模式，由信托公司接受委托人的委托，向社会发行信托计划，募集信托资金，统一投资于特定的项目，以项目的运营收益、政府补贴、收费等形成委托人收益。

六、PPP融资模式

PPP 模式从缓解地方政府债务角度出发，具有强融资属性。在特色小镇的开发过程中，政府与选定的社会资本签署 PPP 合作协议，按出资比例组建 SPV，并制定公司章程，政府指定实施机构授予 SPV 特许经营权，SPV 负责提供特色小镇建设运营一体化服务方案，特色小镇建成后，通过政府购买一体化服务的方式移交政府，社会资本退出。

6.4 特色小镇投融资规划方案步骤

根据特色小镇投融资特点，将其投融资规划分为以下步骤：

系统环境→问题界定→整体解决方案→细部解决方案→建立投融资规划模型→模型修正→部署实施。

（1）系统环境。对特色小镇的软、硬环境及约束条件进行分析。从各地实际出发，挖掘特色优势，确定小镇的特色产业。

（2）问题界定。挖掘、发现特色产业发展与小镇现有资源环境、规划要求、功能条件之间的主要矛盾。

（3）整体解决方案。围绕主要矛盾对原有系统环境进行重新规划设计。包括区域规划、土地利用、产业发展、建设与开发时序、投融资时序、收益还款时序等。

（4）细部解决方案。设计目标体系达成策略，细部解决方案即达成各个子系统目标的措施集合。

（5）建立投融资规划模型。对细部解决方案通过时序安排进行搭接，形成投融资规划模型。

（6）模型修正。进行定量检验，与政府部门、专家学者进行研讨优化。

（7）部署实施。确定开发部署安排，提出建设运营建议。

6.5 详解PPP模式运作特色小镇

一、特色小镇项目PPP融资模式可行性

1.特色小镇项目的运营模式

以企业为主体，政府、负责小镇的定位、规划、基础设施和审批服务，以此引进民营企业建设特色小镇。特色小镇商业模式的核心有五个方面：一级土地开发、房产开发、产业项目开发、产业链整合开发与新城镇建设开发。这五个开发是必须要做的，不能单一开发，要整合开发。

2.特色小镇项目 PPP 融资模式的政策支持优势

特色小镇项目应用 PPP 融资模式，可以减轻政府财政压力，拓宽融资渠道，降低和分散风险，扩大社会资本的投资领域等优势。同时，特色小镇项目还有专项的政策性基金、产业基金和资产证券化的优势。

政府对特色小镇 PPP 项目提供金融支持，出台相应的金融政策，建立符合特色小镇 PPP 项目的金融体系，最直接有效的手段是扩大商业银行的贷款力度（资金约束仍然是特色小镇建设的最大瓶颈，引入 PPP 模式是解决资金问题的最佳选择）。政策可以利用其行政手段和影响力，在各个金融机构大力推荐和扶持特色小镇 PPP 项目。

通过政府财政收入对于社会资本的贷款利息进行补贴，减轻社会资本

的利息负担，吸引民营资本参与。

目前，特色小镇PPP项目不会产生收益，但未来会产生稳定的现金流，可以通过资产证券化来进行特色小镇PPP项目的融资。

二、特色小镇项目PPP融资模式操作重点

1.特色小镇项目PPP融资模式运作流程设计

（1）采用PPP模式的特色小镇项目是一种特许经营项目，特色小镇的财产权归政府所有，政府只是将特色小镇项目的建设、经营和维护交给社会资本；

（2）特色小镇的PPP模式下，政府和社会资本之间属于长期合作关系，其最终的目的在于提高特色小镇的长期效益；

（3）PPP模式的利益共享（政府和社会资本在共享特色小镇的社会成果之外，获得非超额利润的收益）、利益与风险的匹配性——风险共担的机制。

2.特色小镇项目PPP模式各方分工与回报

(1)明确项目合作的四大主体：政府授权的下属机构或下属公司；各类投资主体；金融机构或其他投资人；咨询设计、工程施工、招商运营等产业服务机构。

(2)明确职责分工：政府部门给予整体方向指导、行政便利支持和专项资金补贴等；合作成立的SPV公司作为PPP项目实施主体，负责与政府签订PPP项目合同，进行土地整理、基础设施建设、公共设施建设、物业项目开发等项目开发运营活动。

(3)明确项目相关投资回报：PPP项目属于基础设施与公共事业，需要在社会资本收益和公共利益之间寻求平衡，收益率大概只能达到10%以内(参与特色小镇建设的社会资本方一开始就要降低收益预期)。

(4)明确项目收益及补偿来源：主要包括开发建设成本补偿和特许经营收益。

(5)明确项目周期：一般PPP项目都有长达10~30年的运营期，要靠后期运营的收益来弥补前期投资，因此，需要社会资本方具有强大的运营能力。

三、特色小镇PPP模式的收益来源

1. 捆绑经营项目，增强项目整体收益

这样的模式常见于特色小镇 PPP 项目。如果在打造美丽乡村时就提出“互联网 +”理念，将农贸、旅游、休闲进行整体融合，将有利于解决特色小镇运行、管理和用地的难题。

在 PPP 模式下，政府提供非经营性的纯公共产品时，难以吸引社会资本，但是如果将其与能够获得稳定现金流的产品进行搭配或捆绑，则可以克服收益困难的难题。在特色小镇建设项目中可以进行捆绑的收益项目包括水电设施及配套、停车场、城镇开发（农贸市场）、产业发展（旅游、文化、体育、互联网 +）等。

2. 开发附加特许权，增加收益来源

对于特色小镇项目，PPP 项目公司在提供项目的建设、融资、运营服务的同时，还可以附带提供与项目存在密切依存关系的更具有经营性的副产品，如广告收益权、停车场经营权等，以吸引更多的社会资本入驻。附加特许权的开发与运用，增加特色小镇的收益来源，也能够最大化社会资本的开发优势，尽快推进项目落地。

这种附加特许经营权包括：①广告经营：经相关部门批准的灯箱广告、商业橱窗、小区广告框、道路两旁广告框、十字路口 LED 显示屏等广告位资源；②停车场经营：按规划建设或改造的停车场，可建立使用者付费机制，实行有偿使用；③报刊亭经营：可由投标人按规划统一招商、统一管理，实行有偿使用。

3. 打包运作，形成规模效应

以上的收益模式都是基于收益来源的拓展，若是以成本结构为视角，则可以考虑将特色小镇建设中的一些分布零散且规模小的项目打包进行运作，以形成规模效应，降低项目的单位成本，达到吸引社会资本的目的。这样的模式对于特色小镇建设中的污水处理、绿地项目等，均可适用，通过整体打包的 PPP 模式进行相应运作与实施。

4. 冠名特色小镇，增强社会资本名誉

推广社会资本的品牌知名度，也是社会资本获得收益的一种形式，只是这种模式相对于以上三种是以非货币来呈现的。如衢州·赛石花彩小镇就是以赛石集团来冠名的，赛石旅业是集团旗下旅游综合开发运营平台，该小镇就是其正在运营和前期规划的项目。

赛石集团通过对花彩小镇的建设与运营，以达到在传播花卉文化及实践花卉旅游的同时，宣传自身在这一特定人群中的市场地位。

除此之外，还有杭州良渚赛石花彩小镇、无锡九龙湾花彩小镇、山东沂山花彩小镇、山东昌邑花彩小镇等。

四、特色小镇PPP项目税收、金融政策支持

1. 建立 PPP 项目资源库

（1）明确入库项目范围，重点为城市基础设施及公共服务领域项目；

（2）聘请专业 PPP 项目咨询机构，包装特色小镇 PPP 项目，向上申报；

（3）邀请中介机构基于项目的建设经营方案、盈利补贴方案、经营年限等综合条件，对项目进行初步筛选；

（4）根据申报项目的性质及成熟度，明确项目分类（储备项目库、执行项目库、示范项目库），确定项目开发时序；

（5）对项目实施动态化管理，及时有效掌握每个项目的详细信息，有针对性地提供技术支持与专业指导，同时针对进度慢、效应差的项目建立退出机制，形成良性机制循环。

表6.1 PPP项目入库指南

入库要求	项目范围	重点关注城市基础设施及公共服务领域，项目投资总额原则上不低于1.5亿元。合作期限原则上不低于10年，项目能建立清晰的风险分担机制
	项目分类及入库标准	财政厅PPP中心根据各省直行业主管部门和市县财政部门申报项目的性质及成熟度，分别建立储备项目库（包括：意向项目库、备选项目库、推介项目库）、执行项目库、示范项目库

续表

项目申报	项目筛选及申报	各省直行业主管部门和市县财政部门负责本行业、本地区项目的征集、筛选和申报工作，邀请中介机构进行初步筛选，经财政厅PPP工作机制研究后入库并实时更新，定期发布，择优向财政部推荐
项目库管理	运营管理	根据所征集项目的情况，将项目分别列入储备项目库、执行项目库、示范项目库，建立完善翔实的项目数据库
	数据更新	财政厅PPP中心根据市县和省直部门报送的信息统计数据和财政部综合信息系统数据进行更新，定期审核后，按照项目入库标准对项目所在库的类别进行更新，并实时向社会公布
	信息应用	财政厅PPP中心利用数据库数据指导全省PPP工作
	退出机制	对于各省直行业主管部门和市县财政部门申请或进度较慢的项目，财政厅PPP中心履行相关程序后，从项目库中予以删除

2. 制定PPP项目税收优惠政策

目前，财政部已出台《关于支持政府和社会资本合作PPP模式的税收优惠政策的建议》，主要涉及基础建设领域。因此，针对社会资本参与特色小镇PPP项目，政府也应加快出台针对不同类型的特色小镇PPP项目实施的各个阶段的专项支持扶持优惠政策，以达到降低社会资本的投资成本。

表6.2　关于支持政府和社会资本合作PPP模式的税收优惠政策

阶段	优惠政策	具体内容
PPP项目经营期税收优惠政策	企业所得税优惠政策	减免企业所得税政策：享受三免三减半的企业所得税政策：从事公共污水处理、公共垃圾处理、沼气综合开发利用、节能减排技术改造、海水淡化等符合条件的环境保护、节能节水项目的所得，自项目取得第一笔生产经营收入所属纳税年度起，第一年至第三年免征企业所得税，第四年至第六年减半征收企业所得税
		投资抵免企业所得税：专用设备投资额的10%抵免当年企业所得税应纳税额：环境保护、节能节水、安全生产等专用设备的投资额的10%，可以从企业当年的应纳税额中抵免；当年不足抵免的，可以在以后5个纳税年度结转抵免

续表

阶段	优惠政策	具体内容
		经营期间项目公司股利分配的企业所得税政策：项目公司是境内居民企业间分配股利，免征企业所得税；境内居民企业分配股利给自然人股东，需代扣代缴20%个人所得税，项目公司有境外股东，跨境分配股息给境外非居民企业，一般适用10%的预提所得税
	增值税优惠政策	销售自产的再生水免征增值税
		污水处理劳务免征增值税
		增值税即征即退的政策：销售以垃圾为燃料生产的电力或者热力实行增值税即征即退100%的政策，销售以煤矸石、煤泥、石煤、油母页岩为燃料生产的电力和热力，实行增值税即征即退50%的政策，销售自产的电力或热力实行增值税即征即退100%的政
		垃圾处理、污泥处理处置劳务免征增值税
项目期满移交阶段税务处理	—	其无形资产的计税基础已在特许经营期限内摊销完毕，也不作税收处理

3. 加强PPP项目金融支持体系

目前，国家层面出台的特色小镇金融支持政策仅有中国农业发展银行一家政策性银行，远远不能跟上我国特色小镇建设步伐。建议政府加紧出台更多金融支持政策，建立符合特色小镇PPP项目的金融体系，如：扩大商业银行对特色小镇建设贷款力度、对于进行特色小镇建设的社会资本进行贷款贴息、大力在各个金融机构宣传特色小镇PPP项目、直接发行一些特色小镇PPP项目的项目收益债、资产证券化进行特色小镇PPP项目融资等。

中国农业发展银行将小城镇建设作为信贷支持的重点领域，以贫困地区小城镇建设作为优先支持对象，统筹调配信贷规模，保障融资需求。

表 6.3 政策性金融支持小城镇建设的范围和具体分类

支持范围	具体分类
基础设施和公共服务设施建设	土地及房屋的征收、拆迁和补偿
	安置房建设或货币化安置
	水网、电网、路网、信息网、供气、供热、地下综合管廊等公共基础设施建设
	污水处理、垃圾处理、园林绿化、水体生态系统与水环境治理等环境设施建设
	学校、医院、体育馆等文化教育卫生设施建设
	小型集贸市场、农产品交易市场、生活超市等便民商业设施建设
	其他基础设施和公共服务设施建设
平台支撑的配套设施建设	标准厂房、孵化园、众创空间等生产平台建设
	博物馆、展览馆、科技馆、文化交流中心、民俗传承基地等展示平台建设
	旅游休闲、商贸物流、人才公寓等服务平台建设
	其他促进特色产业发展的配套基础设施建设

五、特色小镇PPP模式案例

本部分以浙江巧克力小镇 PPP 模式为案例进行分析和解读。

巧克力甜蜜小镇位于浙江东北部的嘉善，一座集产业、旅游、文化为一体的巧克力甜蜜小镇，为亚洲目前最大的巧克力特色旅游风景区，全省10 个省级示范特色小镇之一。规划面积 3.87 平方公里，总投资 55 亿元。自 2014 年 10 月开张运营。

在第三届世界浙商大会开幕式上，签约重大项目 60 个，其中有 6 个关于嘉善大云巧克力甜蜜小镇的 PPP 项目，分别为巧克力主题街区项目、甜蜜小镇酒店项目、民宿开发项目、婚庆商业风情街区项目、咖啡豆产业园项目和德国啤酒庄园项目。

表6.4　嘉善大云巧克力甜蜜小镇PPP合作产业项目

投资项目	投资金额	占地面积
巧克力主题街区项目	5.2亿元	130亩
甜蜜小镇酒店项目	3.2亿元	80亩
民宿开发项目	1.2亿元	300亩
婚庆商业风情街区项目	2.4亿元	60亩
咖啡豆产业园项目	1000万美元	20亩
德国啤酒庄园项目	500万美元	11亩

（1）多层金融体系保障。2016 年，农发行对巧克力甜蜜小镇已投放项目贷款 10 亿元用于基础设施建设项目。总投资 15 亿元的小镇基础设施建设项目，已与农发行对接融资 10 亿元。同时，总投资 4.3 亿元的度假区环境综合整治提升项目，融资 3 亿元，目前正在与多家银行政策比选中。

（2）政府政策支持保障。嘉善县出台用地、资金、项目、改革、公共服务等五个方面的政策措施，对小镇建设中新增建设用地，县里优先办理农用地转用及供地手续，优先确保重点项目、基础设施用地指标；部门资源方面，实行凡是符合小镇定位的招商项目优先向小镇集聚，基础设施、公共服务、人文环境等方面的资源优先向小镇倾斜，管理、建设、运营等方面专业人才优先向小镇配备的方针。

考虑到地方政府的财政能力，全国特色小镇创建过程中，未来资金约束仍然是最大瓶颈，而引入 PPP 模式是解决资金问题的最佳选择。通过 PPP 模式可以广泛吸收社会资本，既可减轻政府负担，还可以拓宽融资渠道，实现政府和社会资本实现利益共享和风险共担。目前，PPP 模式在特色小镇建设中尚未得到广泛的应用，要大力发展该类模式在特色小镇中的应用，就需要政府从政策、法律、税收和金融等方面提供更多的支持，才能进一步推动特色小镇的建设。

第七章　特色小镇的招商及IP导入

对于特色小镇来说，没有特色产业注定会失败，没有IP就是空中楼阁。特色小镇IP打造、资源整合无疑需要最走心的智慧、最富“链接意识”的团队、最持之以恒的运营，否则一切皆空。本章特别就特色小镇的招商、IP打造以及旅游IP进行专题论述，希望为特色小镇IP打造、资源整合、招商实现建立系统性的方法论，令行业可以深刻借鉴知名IP、特色小镇在招商和IP打造、导入方面的成功之道。

7.1 特色小镇的招商

特色小镇的招商和传统理解的商业地产招商不同，不仅牵涉到商业设施的招商，还牵涉到投资、管理、专业服务等的引入，所以可以广泛地理解为特色小镇必要资源的导入。各类资源的导入肯定是推动特色小镇开发建设及落地运营的重要环节，也是支撑其健康持续发展的关键因素。

从特色小镇招商的内容看，特色小镇的招商绝对不同于一般行业的招商，因为牵涉到多产业，又是多层次，所以特色小镇的招商需要全要素开展，即要进行全要素招商，实现“四招商”“五引入”。

“四招商”：招投资商、招开发商、招运营商、招服务商；“五引入”：引入资金资本、智库平台、品牌企业、人才团队、IP 项目。

一、关于“四招商”

1. 招投资商

偌大的特色小镇，需要多层次、多领域、多渠道资金的推动，所以特色小镇的发展方需要在解决一定自有资金的前提下，为项目持续开发运营引入投资商，确保足够的资金支持。

2. 招开发商

项目中牵涉到各种产业、产品、地产类型的开发，发展方自身组建开发团队或者招商方式引入开发商都是可能的选项。

3. 招运营商

特色小镇中的所有板块都需要后续运营，除了住宅地产对于运营的要求比较简单外，特色小镇里面的农业、工业、生态、文化、旅游、商务、商业板块都需要不同行业的运营商去运营发展，没有足够的专业功力，想取得运营成功绝无可能。对于住宅地产出身、转型特色小镇发展的企业来说，运营竞争力一定是最困难也是最重要的转型课。

4. 招服务商

特色小镇从产业定位、产品定位、规划设计、施工、融资、推广到运营等都需要引入专业服务商为小镇提供专业服务，这样的第三方服务对于产业结构复杂的特色小镇来说是必由之路。专业的事情让专业的团队去做，是最科学、有效的选择。

二、关于“五引入”

1. 资金资本

特色小镇没有适量的资本做支撑，那就是白搭！当前，一定会有一些机会主义的企业乘特色小镇热潮想分一杯羹。我的建议是，没有足够撬动特色小镇的初始资本，建议不要按照过去房地产的思路先把土地资源拿下来，再去折腾，尤其距离城市有较大距离的小镇，极有可能无法用项目中的房地产部分变现，解决项目持续发展所需要的资金，加上运营项目对资金的持续要求，初始资本不足的特色小镇很容易资金链断裂，胎死腹中。

2. 智库平台

特色小镇的发展牵涉到多产业、多层次的专业需求，这对于任何特色小镇的发展方来说，想建立全产业竞争力的团队纯粹是痴人说梦。一个成功的特色小镇，农业、工业、生态、旅游、文化、商务、商业、房地产分别如何成功发展，需要在多产业建立了竞争力的智库平台为小镇智慧服务，而且每个产业还需要在相应产业领域有竞争力的专业运营商提供深度服务，这就是特色小镇生态的复杂性决定的对于智库的需求。我们说特色小镇比大家认为的高深莫测的商业地产还复杂 N 倍的原因就在这里。

易铺智库长期致力于城市、特色小镇、旅游地产的战略咨询、咨询策划、规划设计、招商运营和投资管理，依托深刻的理论和实践经验，将为中国城市、特色小镇、旅游地产的卓越发展贡献自己的专业力量。

3. 品牌企业

品牌就是 IP，品牌企业就是 IP 价值高于市场水平的企业。对于特色小镇来说，品牌价值高的投资商、开发商、运营商、商家、服务机构等，对于特色小镇来说往往是服务保障的基础，也是品牌匹配，其甚至可以起到品牌拉升的效果。显然，品牌越有影响力的企业，尤其有巨大 IP 价值的运营商、商家甚至成为特色小镇成败的关键。

4. 人才团队

当特色小镇的产业及产品定位确定后，发展方人力需求就很清晰了，组合未来小镇运营需要的有竞争力的专业人才团队基本上是贯穿特色小镇全运营周期的工作。未来特色小镇人才市场将是新的人才蓝海，期待中国特色小镇的发展能够有优秀的特色小镇人才市场的卓越发展相伴，这将奏出中国特色小镇最美的发展篇章。

5.IP 项目

在上述“品牌企业”的内容中，已经提到品牌企业的品牌 IP，这里需要特别强调的是 IP 项目。对于特色小镇来说，IP 项目更加具体，小到农业休闲，大到主题公园，都属于 IP 项目的范畴，这些 IP 项目最好的选项是：项目本身具有很好的市场感染力和爆发力，同时其品牌已经有了广泛的市场穿透力，这样的 IP 项目通常会给特色小镇插上腾飞的翅膀，让特色小镇从诞生之日起就已经具备了卓越的基因。

设想一下，迪士尼乐园进驻的旅游文化小镇，大家还担心小镇的人气和未来吗？完全不用担心！因为迪士尼誉满世界的知名度和在青少年心目中的美誉度，就已经决定了小镇天生丽质的未来。

三、招商工作的内容

全要素一体化招商，通过投资、开发、运营、服务全产业链的招商模式，才能保证特色小镇建设的切实落地。

招商工作主要包括：

（1）招商信息的搜集；

（2）按照引擎项目、重点项目、带动项目、支撑项目等层级确定项目分类及包装方法；

(3) 确定招商政策并制定《招商项目手册》；

(4) 进行招商项目宣传；

(5) 举办全要素招商大会等。

在国内市场经济长期发展的大背景下，相信大家对特色小镇的招商很容易理解，关键是特色小镇各类招商的操作问题。

7.2 特色小镇IP的概念、分类

IP 的导入对于特色小镇的开发来说，是推动其落地建设的重要环节，是支撑其健康发展的关键内容，是盘活其现有存量资产的重要手段。IP 的导入不同于招商引资，贯穿在特色小镇开发的全过程中。成功的特色小镇一定在 IP 打造、IP 引入、IP 推广等方面都做得很成功，否则不可能走到成功的彼岸。

一、IP的概念及标准界定

IP（Intellectual Property rights），传统意义上是指“知识产权 / 知识财产”，是一种无形的智力成果权。我们所说的 IP 已不仅仅是“知识产权”四个字就可以概括的了，其含义可以理解为“具有竞争力的产品 + 高市场价值的运营体”。“具有竞争力的产品”是 IP 的主体内容和品牌形成的基础，“高市场价值的运营体”则是后续开发运营的持续市场状态。

易铺智库认为，IP 必须拥有从概念、产品、卖点到盈利模式的完整体系：第一，具有独特的核心吸引力及主题，对市场能够形成有效吸引力；第二，知识产权独立，不涉及产权纠纷问题；第三，有一定的品牌知名度，及客户黏性和客户基础；第四，拥有较为成熟的产品支撑；第五，有清晰的商业模式；第六，IP 方拥有一定的咨询、运营及投资能力；第七，具有一定的可复制性及消费迁移能力。

二、特色小镇中可导入的IP类型

根据 IP 在特色小镇开发中所起的作用，可分为项目 IP、运营 IP 及服务 IP 三种类型。具体分类如下：

表7.1　特色小镇IP分类表

IP类型			细分领域
项目IP	产业项目	农业产业	农业种植园、农业养殖园、特色采摘园、生态农庄、亲子农业、农产品等
		工业产业	产业园区、工厂、工业产品等
		生态产业	自然保护区、森林公园、湿地公园等
		旅游产业	旅游综合开发项目、主题公园、海洋馆、儿童乐园、野生动物园、水上乐园等旅游设施；酒店、度假村、精品酒店、农家乐、乡村酒店等酒店配套设施；夜间旅游、禅修、亲子游乐、节庆活动、旅游商品设计/生产、旅游咨询等
		文化产业	当地文化主题项目；农业文化主题项目；外部文化元素融入项目：博物馆、文化演艺、文化剧场、文化创意、艺术、特色展览、文创产业基地、赛事、活动、体育场馆、学校、培训机构、亲子教育、老年教育、特殊教育、智慧教育、会展经济等
		细分行业商务办公	写字楼、企业独栋、众创空间、联合办公、大师工作室、产业科研基地、产业孵化基地、产业双创基地等
		商业及其他服务业	购物中心、奥特莱斯、商贸城、配套商业、特别人群定位的服务业（如养老产业：康复疗养医院、护理中心、健康产业人才培养机构、美容养生中心等；如婚庆产业：婚庆广场、婚庆服务、婚庆主题酒店等）
	地产项目	房地产（居住地产）	智慧社区、特色公寓、养老住区、洋房、住宅、别墅等

续表

IP类型	细分领域
运营IP	园区运营、景区运营、商业运营、房产运营、会议运营、产业运营、营销创新等
服务IP	智库、社区教育、亲子、社区商业、装修服务、创意家居、社区金融、母婴服务、绿色食品、物业管理及其他社区生活类服务等

项目 IP 主要指特色小镇最终定位产业、产品中的符合 IP 特质的项目，这形成特色小镇产品竞争力，如果某个项目 IP 具有世界级的影响力或者多个产业项目 IP 形成强力组合，小镇会更加有竞争力，甚至可以秒杀对手，这就是项目 IP 的价值。

运营 IP 主要指特色小镇各产业、各项目运营企业的 IP，运营 IP 是为小镇成功保驾护航的带刀护卫，越有品牌度、市场影响力，越有利于成功经营。

服务 IP 主要指特色小镇产业链符合 IP 特征的服务企业，既包括为特色小镇智慧服务的智库，也包括教育、社区、金融、物业等服务领域的 IP，这些 IP 将形成小镇人性化、智慧化的生态。

7.3 特色小镇IP的打造或选择

一、特色小镇IP打造或选择的原则

特色小镇牵涉的 IP 种类庞杂，行业门类不一而足，所以在特色小镇发展过程中需要有清晰的思路进行 IP 打造或者选择。特色小镇 IP 打造或选择思路如下：

1. 精准定位并打造或引入龙头 IP

在完成了特色小镇的产业和产品定位后，首先要清楚撬动小镇融资、招商、价值、经营、收益实现的是龙头 IP 的精准定位，这往往是小镇的独特识别物：优质的旅游 IP 往往有一流的产品标准和完美的市场形象，比如迪士尼就是这样的 IP“大腕”，迪士尼可以有效地利用自己的 IP 资产，将 IP 引入到商品、游乐设施和其他周边及衍生产品，最终实现丰厚的盈利；美国对冲基金龙头，索罗斯的量子基金，在对冲基金行业绝对领先，他们进驻美国对冲基金小镇就是绝佳的 IP，一定带动其他对冲基金鱼贯而入。

特色小镇必须打造或引入生命力长，足以引领小镇成功的龙头 IP，这样就能起到事半功倍的效果。鉴于这类龙头 IP，因为其对小镇发展具有赋能的价值，所以打造需要精耕细作，引入需要和这些 IP 建立双赢的机制，并确保双方合作目标一致。

2. 精心打造或引入“爆点”IP

打造或寻找“爆点”IP 就是打造或寻找能够引爆小镇市场的鲜明特色的 IP，找准爆点有利于快速形成市场热度，达到高效营销运营的效果。海南亚龙湾的热带天堂公园因为引入葛优、舒淇主演的《非诚勿扰 2》，所以热带天堂公园那个吊桥就成了人气热点，游客乐意看一看他们所拍摄的那个鸟巢酒店的房间，这样的小景点居然变成了这个景区的香饽饽，这就是“爆点”IP 的威力。

“爆点”IP 通常具备极大差异化，甚至在某段时间内成为国内乃至世界的“唯一”“第一”，这种源自产品绝对差异化的力量，再加上绝对市场影响力就是完美的“爆点”IP。

3. 选择粉丝爆棚的网红 IP

有些 IP 虽然历史不长，积淀不深，但是其互联网思维、运营策略和营销功力超群，粉丝爆棚——我们可以称之为网红 IP，这类 IP 也是特色小镇重要的选项，原因很简单，他们懂得市场、懂得趋势，粉丝爆棚说明了 IP 的竞争力。

4. 关注擅长用户思维、互动思维的新理念 IP

如果特色小镇以文化、旅游或商业作为特色产业，那么在选择 IP 的时候，要关注擅长用户思维、互动思维的新理念 IP，这样的 IP 往往能够在小镇为大家提供极致的体验，大家都能身临其境参与融入进来，实现参与度最大化的颠覆！这其实也是消费市场趋势所在。

5. 品牌度或品牌思维是选择 IP 的基本标准

特色小镇 IP 的打造和选择对于小镇的成功至关重要，除了上述龙头 IP、“爆点” IP、网红 IP、新理念 IP 外，把偌大的小镇完整、完美地呈现还需要更多 IP 的打造和引入，这些 IP 的选择标准更多着眼于品牌度或品牌思维，这是比较稳健的选择策略，毕竟小镇未来需要持续的运营推动，IP 的品牌度或品牌思维往往是耐力的象征。

上述五个原则可以作为特色小镇 IP 打造和选择的“五项基本原则”，希望能为特色小镇的发展保驾护航。

二、IP选择的两个命门

特色小镇在进行 IP 选择的时候需要关注以下两个内容，也可以称之为 IP 选择的命门。

1. 独立的知识产权

通过商业化的购买或商业合作实现 IP 的植入，例如史努比开心农场、香港 Hello Kitty 主题农庄、瑞安小王子主题农庄等。特色小镇的经营主体也可以去创造属于自己的 IP，用自己的资源，转化成自己的内容，这就需要经营管理团队用心并且足够智慧。

对于特色小镇来说，无论商业化的购买或商业合作，乃至自主创造 IP，其核心都在于独立的知识产权，没有独立的知识产权就没有 IP 最基础的竞争力，甚至沦为工业化的照搬照抄，毫无特色或差异化，这正是国内 IP 发展最大的瓶颈。中国经济发展前三十年的农业现代化、工业现代化，最典型的社会经济思维就是“复制”，不少企业养成了照搬照抄的习惯，以至于特色小镇时代依然如故。农业、工业经济，照搬照抄的问题主要是知识产权问题，在知识产权保护不足的市场环境下，照搬照抄者节省了成本，低成本或者无成本非法享受了别人的成果，赚取了财富；但是，与特色小镇发展密不可分的各种服务业的市场规则却是强调个性化、差异化的体验经济时代，农业、工业经济思维的照搬照抄往往意味着特色小镇穷途末路，风险巨大。特色小镇的发展，谁照搬照抄，谁就会完蛋；谁打造了独立知识产权的强力IP，谁就更有可能取得成功！

对于特色小镇的发展来说，市场规则发生了根本性的变化，成功的特色小镇需要IP竞争力，需要有独立知识产权的IP。

2. 独立的自我认知体系

特色小镇的IP一定要是自主个性的、当地的，有活性的，进行过本地化开发的，这样的独立的自我认知体系是IP产生的重要要素。

著名特色小镇样板云栖小镇就具备这些独立的自我认知体系：

（1）小镇独有的灵魂人物。王坚博士，阿里巴巴的首席技术官、阿里云的创始人、中国云计算领域的领军人物，也是云栖小镇主要创建者，他的价值定位极其清晰，那就是中国未来创新的第一镇。

（2）小镇特有的高端新兴产业。云栖小镇的产业方向即打造云生态，大力发展智能硬件产业，集聚国内大批云计算、大数据、游戏和智能硬件领域的企业和团队。

（3）创新活力的运作模式。云栖小镇采用了“政府主导、民企引领、创业者为主体”的运作方式。以创业者的需求和发展为主体，构建产业生态圈。这是云栖小镇最有创新活力的部分。

（4）全新的产业生态。云栖小镇构建了“创新牧场——产业黑土——科技蓝天”的创新生态圈。“创新牧场”是凭借阿里巴巴的云服务能力，淘宝天猫的互联网营销资源和富士康的工业4.0制造能力，以及像Intel、中航工业、洛可可等大企业的核心能力，打造全国独一无二的创新服务基础设施。“产业黑土”是指运用大数据，以“互联网+”助推传统企业的互联网转型。“科技蓝天”是指创建一所国际一流民办研究型大学，也就是西湖大学。

（5）世界级的云栖大会（智库平台）。云栖小镇创建了真正服务于草根创新创业的云栖大会，目前是全球规模最大的云计算以及 DT 时代技术分享盛会。“2015 年杭州云栖大会”吸引了来自全球 2 万多名开发者以及 20 多个国家、3000 多家企业参与。

图7.1 云栖大会

特色小镇 IP 自我认知体系的建立也可以理解为 IP 的市场化、地域化、个性化、实战化和平台化的过程，这样建立的 IP 从基因上就建立了截然不同的特质，别人无法模仿，更不可复制。

三、特色小镇IP路径

（一）还原 IP 本源

虽然不少人自认为清楚 IP，但是其实绝大多数人并不懂，或者只懂得皮毛，所以往往空谈，也落不了地。客观地讲，在中国 IP 超越了“知识产权”的本义后，几乎成为借来一用的概念了。

一个故事、一个形象、一个商业入口、一个标志性的产业、一种特色的文化形态等，都可以衍变成独有的 IP。比如说：《西游记》作为中国四大名著，其市场影响力超乎寻常，唐僧、孙悟空就是 IP ；《灰太狼和喜羊羊》成为小朋友喜爱的国内动画经典，灰太狼、喜羊羊就是IP；万科成为中国住宅地产领袖企业，这也是IP！

换言之，“IP”已经成为独特识别物、特有的形象认知、特有的表达了，当然，能够成为IP，同时也必须意味着已经形成可观数据、垂直社群、自流量、可繁衍性等，这样IP的价值就不是简单的概念了。

（二）特色小镇，“特色”本身就可能成为IP

看看世界上成功的特色小镇，我们发现不论是生态资源型的特色小镇、历史文化型的特色小镇，或是特色产业型的特色小镇，都必须有自己独特识别物和独有的形象认知，最终都是以“IP”来彰显个性的，特色小镇，核心在“特”，而“特色”本身就可能成为IP。不论是著名的瑞士达沃斯小镇、普罗旺斯的薰衣草小镇，还是美国格林威治对冲基金小镇等，都有其独特的“IP”。

为什么“IP”是特色小镇的命门呢？从以下案例中可以一目了然。

1.IP化：盘活存量资源的重要路径

故事发生在台湾新北市，这个故事很好地展示了IP成长的路径以及盘活存量资源的IP价值，且生动演绎了特色存量资源在“IP”导入后创造的生机。

在侯硐车站旁有一个猴硐村，本来只是一条山村民宅古街，早期便有许多猫咪栖息，加上猫群繁殖力极强，又没有天敌，于是，村落周围变成了猫群肆虐之地。自2009年10月之后，这个猫咪王国开始变脸了，随着爱猫人士的“有猫相随，侯硐最美”活动，并通过“猫风趣”“猫村·蔚蓝洁计划”等一系列活动，打开了“猴硐猫村”的国际知名度。由此，猴硐村逐渐成为了以“猫观光”为主题的旅游目的地。

从2013年开始，以猫村特色结合当地煤矿、猫、隧道等打造猫主题的特色旅游小镇，原本仅供居民进出火车站之用的狭窄陆桥，也变身成了造型独特、人猫共用的“猫桥”。猫咪这个“IP”导入，使原本已经猫群成灾的猴硐村成了网红，当地百姓也由此找到了新的出路和营生，并且逐渐形成了以猫为主题的产业链条，如猫村咖啡等。

图7.2 “猴硐猫村”

如今，猴硐猫村已成为全球六大赏猫目的地之一。

2.IP 是开发增量资源的不竭源泉

对面颊两坨绯红、样子蠢萌的熊本熊，不少人都耳熟能详，但很多人不知道背后还有一个通过创建自有 IP 而推动增量资源开发的典型案例。

相比京都、奈良等文化重镇，熊本这个农业县在日本并没有什么知名度，旅游资源更是缺乏。2011 年，新干线将贯通整个九州，于是熊本县政府便看准了这个千载难逢的机会。

为了吸引更多的人在熊本下车旅行，熊本县在 2010 年创作了酷萌的熊本熊作为本地区的标志。如 2010 年“熊本熊失踪事件”；2013 年“熊本熊丢了红脸蛋”；2014 年“熊本熊亮相红白歌会”，以及在脸书和推特上与关注它的人积极互动等一系列营销推广活动。由此，熊本熊成了熊本县的代言。

为了更好地推广和宣传熊本县的形象，熊本县政府从熊本熊创立之初便实施“免收版权费”，只需向熊本县政府提出使用申请，得到批准后即可免费使用熊本熊形象。第一年，熊本吸引了超过 3600 家企业申请合作；

第二年，又增加了5400家，产品涉及衣食住行游购娱等整个产业链。仅在2013年，就有1.6393万件商品使用了它的形象。

图7.3 日本熊本县的吉祥物“熊本熊”

这种免收版权费，看似赔本的经营方式，极为高明：所有授权都在倍增衍生能量，巨大的衍生能量反过来推高了IP本体，让熊本县整体的IP价值放大了无数倍。

就是在熊本熊这个超级“IP”横空出世的5年内，熊本县旅游发展的经络就被打通了，旅游人数增长了近20%，并且势头持续向好。

（三）特色小镇IP的外部移植

在特色小镇机遇面前，那些暂时没有特色产业但距离大型城市距离比较近的小镇能否进行特色小镇的发展呢?

答案是肯定的，原因在于以下3个方面：

1. 大型城市周边小镇可能分享大型城市产业外移、消费外溢

这种情况对于中国一线、二线城市周边小镇普遍存在，这些城市外移的产业和外溢的消费对于周边小镇来说，一定是发展特色小镇的机会。如美国格林威治对冲基金小镇就属于纽约金融行业产业外移的成果；北京会议经济外移将支撑北京雁栖小镇的发展；杭州云栖小镇无疑是杭州新经济延伸高地；北京周边鳞次栉比的旅游小镇和北京旅游消费外溢密不可分。

上述案例说明在大型城市周边，没有特色产业基础的小镇可以通过大型城市产业外移、消费外溢的思路进行特色小镇的发展，打造外部移植特点的 IP，且城市越大成功率越高。

2. 新兴产业的发展，为无产业特色小镇的产业发展创造了可能

众所周知，伴随移动互联网、人工智能等新经济的发展，新兴产业呈现出快速发展的特点，这些新兴产业因为是“新兴”，所以往往具有“特色”，往往还没有哪个小镇已经形成产业优势，换言之，对于周围具有一定产业基础的小镇来说，恰当定位新兴产业小镇完全可能创造成功的 IP。比如，华夏幸福基业在廊坊香河打造的机器人小镇就属于这样的类型，在人工智能时代即将到来的今天，机器人产业处在发展的初期。对于香河机器人小镇来说，关注新兴产业进行的小镇定位有其合理性。

另外，虽然中国经济快速发展 30 多年，但是不少行业、领域依然处在发展的中前期，这些行业、领域不少处在发展阶段，也依然存在产业整合、打造小镇的机会。比如，精品酒店就处在发展的中前期，依托秀美风光打造第一个精品酒店小镇就具有市场可能性；比如，婚庆服务市场虽然长期存在，但是产业化进行婚庆主题小镇的发展在国内依然处在发展阶段。上述诸如此类服务细分领域，因为国内发展水平不高，普遍存在升级版的产业小镇的可能性。

3. 文化创新方兴未艾

特色小镇在国内的发展阶段显然属于前期，文化产业的发展也是这样的阶段，那么文化创新的特色小镇在文化创新领域还很初级，这无疑为特色小镇文化创新，打造 IP 提供了绝好的市场机会。

国内不少小镇简单效仿古建筑文化风格，其实，效仿本身就意味着个性的丧失，倒不如进行特色文化主题的新创意，如果能够结合知名的文化 IP，尤其是影视 IP、游戏 IP，那么小镇外部移植的 IP 依托既有的市场影响力也可以尽显魅力。国内不少成功的文化 IP，从西游记、孙悟空到灰太狼、喜羊羊、熊大、熊二等或许都可以成为重要的植入 IP 的选项，这些有市场穿透力的 IP 和特色小镇的结合今天依然是空白。如果恰当创意，不仅

可以打造差异化的文化元素，甚至可以因此助推小镇的成功。印象中，曾经在网络游戏领域引领国内市场的盛大游戏一度考虑进行游戏主题公园的开发运营，虽然后来并没有成功实施，但是个人极为赞同拥有强大市场影响力的游戏 IP 落地发展，这值得有远见卓识的特色小镇深入思考和借鉴。

特色小镇的 IP 代表着个性和稀缺，是特色小镇独特属性的标签，是简单鲜明有特色的元素和符号。无论是内生还是外部移植，一个成功的 IP，必然具有独特的核心吸引力及主题，与其他同类 IP 能形成鲜明的区隔，如果能够与自身产业特色完美契合，就会对市场形成良好的激活效用，并有利于塑造品牌知名度，提升产业竞争力和粉丝级黏性。

7.4 旅游IP专题研究

旅游 IP，是指拥有知识产权、高附加值，且受到旅游者广泛好评的旅游产品或服务。美国的迪士尼乐园、英国的杜莎夫人蜡像馆、日本的熊本熊，国内的长隆旅游度假区、常州恐龙园、帐篷客野奢度假酒店等，都是旅游 IP 的典型代表。旅游 IP，是旅游行业从产品时代进入品牌时代的必然产物。

一、旅游超级IP的特点

旅游超级 IP，在旅游市场持续发展的背景下，其价值是超越性的，既可以解决旅游行业浅表性问题，也可以将旅游放大到更高层面，从而扩大视野，提升竞争力。下面，特别对旅游超级 IP 的特点进行梳理。

1. 主题性

旅游超级 IP 的典型特征首先是主题性：一旦说到某个旅游项目，马上会浮现出其最典型的元素，然后用最简单、直接、感性的方式向人介绍。很显然，最想说的几个字诠释的内容，往往就是其主题。

图7.4 欢乐谷

比如常州恐龙园，主题就是恐龙；东部华侨城，山地就是主题；欢乐谷，欢乐就是主题，杭州宋城的主题就是“宋朝文化”。能够成为被传播的凝练的主题的，通常是经过经营、上升或是转化的。

比如迪士尼，主题本来是动漫王国，但被迪士尼这三个字品牌化后成了代名词。一旦做到了代名词这样的高度，就可以达到极限扩张的境界，再加上强大 IP 的创造性以及现代商业的推演，主题会更加深入人心。

2. 形象性

人的感官世界最有效的介质就是形象。旅游目的地形象一旦打造成功，那就事半功倍，形象代言，直接跟游客的情感世界相通。如果我们说一个景区，脑子里马上就会出现一个形象，这说明旅游 IP 已经形成。

迪士尼的形象不但有米老鼠、唐老鸭、白雪公主，还有城堡——城堡在此也已被童话化了，构成了其附属形象；日本熊本县的熊本熊，整个县就靠这个创意形象，先是带动了整个县的旅游，然后这个形象本身也已产生了 100 多亿日元的经济价值。这就是形象的巨大价值。

常州恐龙园的形象是恐龙，他们的文创体系依然有发展空间。当然，他们的恐龙还停留在主题阶段，没有具象到形象层面。要到达这个层面，就需要借鉴迪士尼的衍生体系——它是一个超级的文化和商业帝国，缺了任何一环都不可能。我们称迪士尼是一个文化产业王国，恐龙园只是一个旅游项目！从国内外成功经验看，旅游发展需要系统化、产业化思维的思考和谋划。在策划时，就能将一个超级 IP 进行系统性创意，然后借助旅游平台广泛传播，充分实现商业价值。

图7.5 常州恐龙园

3. 独特性

一个旅游超级 IP，既为超级，也意味着一个独一无二的商业帝国、文化独立王国的未来，它的独特性可以创造巨大商业价值。在旅游落地初期可能有发展瓶颈，但伴随市场和品牌传播，后期经过线上转化、虚拟世界、品牌售卖，可以无任何禁区，从而达到核爆市场的效果。

众所周知，迪士尼是从动漫开始，出版、电影、主题公园、衍生产品一条龙发展下来，这形成了迪士尼全方位覆盖市场的系统独特性，也形成了迪士尼超强的竞争力。

图7.6 迪士尼超级IP——米老鼠

4. 故事性

讲故事，是人类文化传承的重要方式。听故事，是人类最共通的天性。IP 的故事性为 IP 提供了内涵和内容。

迪士尼讲了一个故事，从老鼠开始的故事——先是卡通形象，然后是动画电影，然后是主题乐园。到了主题乐园这里，米老鼠就完成了源源不断的产生形象经济的生产链了；环球影城，更是震撼的、大片的，身体和灵魂交织的故事——可以说，他们占有的故事源，就是他们的核心竞争力，因为这些故事早已形成了强大的 IP，且只是将它们由电影场景移植到现场就可以了。

5. 引爆性

在基本的旅游功能都已具备的前提下，最需要某种力量来引爆项目。这种引爆力量可能是主题，可能是故事，可能是形象，也可能是它们的复合功效。

但当这一切都失效的时候，就需要从更多的方面来考虑问题——考虑破题的方式必须是创造性的，一锤定音，一步到位。

图7.7 丽江风情IP

从多年的丽江“柔软时光”，突然进化到“艳遇之都”，这就是引爆——它是旅游营销的策略，也是IP的进一步“到位”。

更疯狂的引爆，则是来自取之不尽用之不竭的属地、本土资源，比如山海经、西游记。这些文化沉淀千年的IP可以一代一代地重述、转化，只要能找到一种新的表现方式，就是引爆。

引爆性，其实就是埋设属地、本土资源，这也是旅游超级IP的常规策划手法。

6. 吸引性

一个旅游超级IP的吸引性是不言而喻的。

一个恋爱博物馆、一个伊甸园、一个古根海姆博物馆，乃至假想中的达芬奇乐园、达利的神奇世界、阿里巴巴幻想家、超级熊猫乐园，这些旅游IP显然都已构成了初步意象的吸引力。因为它的名称，它可能的故事，就是初步的种子。然后，加入创造性的劳动，就能得到更大的吸引力。

图7.8 英国伊甸园

伊甸园，是英国在废弃矿山上所建造的全球最大的生态温室——几乎汇聚了全球所有的植物。这些温室的外形——由 8 个充满了未来主义色彩的巨大蜂巢式穹顶建筑构成，在一定的光照之下，它们又极像放大了无数倍的水泡、一堆巨型的青蛙卵或者巨大的昆虫幼虫。显然，外观也可以成为最好的吸引物。这样的吸引力，鸟巢又何尝不是这样呢！

一个旅游的超级 IP，在它实施的每一个阶段每一个环节，乃至在它和社会的千丝万缕的、别出心裁的联结中，都可能产生出强大的吸引力。

7. 互动性

旅游超级 IP，是一个开放的、活性的，不断长成、不断叠加乃至补充修正的系统，它的每一个环节，都可以产生彼此联结和互动。

它从 IP 确立之初就可以和潜在的消费产生互动；它可以在项目推进的过程中和任何有趣、有价值的意见留下交换的接口；它可以为特别的圈层、特别的消费群体形成定制式的服务内容互动；它也可以和能连接到的任一衍生价值方随时互动！

有些带有表演性质的项目，现场邀请游客的参与，是一种互动；有些带有手工 DIY 的旅游项目，现场指导，并让游客带走自己的产品也是一种互动；有些带有深层体验的项目，就是希望能在更内在的情感变化中产生超级互动；有些将整个项目包装成一个剧场或戏台，就是让人能临时以虚拟的身份投入其中；有些利用传感交互装置，让自己的身体语言投射出各种匪夷所思的时空世界……

互动，就是看你的项目活的、能动的、能增值出的部分有多少。这是旅游项目，旅游超级 IP 设计之初就要深刻思考的内容。

8. 反馈性

旅游本身就是一个系统，不论是作为一个理念，一种感受，一个主角，一个故事。总之，旅游超级 IP 的出发点一旦启动，就需要蔓延贯穿到后续的所有环节，这些环节之间既要形成一个闭环，又要各自生长。但它们都是在一个强大的 IP 系统下形成体系的。

当控制系统把信息输送出去，自然就有作用结果返送回来，返回来的数据、效果再对信息的再输出发生影响。这样，原因产生结果，结果又构成新的原因、新的结果……反馈就在这二者之间架起了桥梁。

9. 符号性

旅游就是做符号，旅游超级 IP 本身就是个符号。从细部来说，旅游吸引物、旅游地表征、旅游所售卖的“时间”、旅游营销文本、旅游体验、旅游想象、旅游形象、旅游宣传口号、旅游衍生品、旅游标识，都是符号，都处在旅游超级 IP 这个符号系统之内。

符号化其实是个很好用的工具，从把握“人就是符号的动物”这句话入手，一切都以符号作为媒介，直接去中介化——那么旅游超级 IP 系统中的信息基本就不会流失。

10. 创新性

创新是一种常态。在这个越来越去中心化的时代，旅游比很多行业有更多的创新空间和机会。因为旅游最关注的是人，是对人、人性的情感、体验的关注。比如，人与人，人与自我，人与他人，人与自然，人与神，都可以在旅游中优雅互动。而这五大关系就是人与这个世界关系的基本重构——在每一个环节，都可以有创造性地参与并创新。

图7.9 旅游创新无处不在

超级 IP 的开放性也决定了它从主题、故事、形象、吸引物、活动、衍生体系、跨界，都具有先天的创新性。围绕它而展开的大数据、智慧旅游、各种线上服务，新技术革命，也一样会带来创新。

11. 系统性

旅游超级 IP 就是一个系统。常规的旅游系统有四个方面：旅游客源市场子系统、旅游目的地吸引力子系统、旅游企业子系统、旅游支撑与保障子系统。

如果用欢乐谷来举例，那么在欢乐谷这个系统中，我们认为最开始建构欢乐这个 IP 时，其主题形象必须要有个系统——类似于从米老鼠的卡通到出版到电影这个过程。这不是个简单的过程，在迪士尼，是先有这个吉祥物，它成了代言，它的性格、长相、故事，都已经进入了人们的心里，而迪士尼乐园只是个水到渠成的事。

然后是后边的衍生系统，米老鼠可以和任何商品贴牌，源源不断地产生新的价值。当然，米老鼠毕竟是有定位的，有性格的，它的贴牌一定有范围、密度、种类的思考——这仍然是一个系统。

12. 延展性

旅游超级 IP 有两个端点：一个是核心智慧；一个是旅游。前一个是种子，后一个是发射平台。这两者跨界融合，就形成创意产业，成为现代文化产业的框架。

二、旅游IP怎样炼成

对于旅游产业特色小镇来说，能否成功打造旅游 IP，往往意味着成败。对于正在发展的中国旅游产业特色小镇来说，向国际上成功的旅游 IP 借鉴成功经验、取经，肯定有利于中国旅游 IP 的发展。

旅游 IP 的打造，迪士尼的创始人沃尔特·迪士尼无疑是先行者。早在 20 世纪 50 年代，沃尔特·迪士尼创立了私人控股的 WED 公司，汇聚了一批艺术指导、布景师、雕塑师、特效高手、作家、美工设计师、模型制作师等能工巧匠，组建了迪士尼幻想工程师团队，目的是阐释沃尔特·迪士尼的家庭娱乐新理念，协助沃尔特·迪士尼创建迪士尼乐园。

迪士尼幻想工程创意总监、迪士尼神奇世界背后的缔造者、被授予“迪士尼传奇”称号的马蒂·斯克拉记录了幻想工程的成长，“幻想工程师”由“幻想”和“工程师”两个词组合而成，全球 6 座迪士尼乐园 (加州迪士尼乐园、奥兰多迪士尼乐园、东京迪士尼乐园、巴黎迪士尼乐园、香港迪士尼乐园和上海迪士尼乐园) 的陆续开业和巨大成功，是迪士尼幻想工程师自主研发和创造 IP 的见证。

图7.10 美国奥兰多迪士尼

虽然拥有众多 IP，但随着各种超级 IP 的出现，即使是迪士尼乐园，光靠自主研发 IP 已经难以满足快速变化的市场需求。于是，与其他超级 IP 合作，成为迪士尼 IP 道路的重要选项。

2014 年 1 月，阿凡达乐园 (Avatar Land) 在美国奥兰多迪士尼世界动物王国 (Disney World' s Animal Kingdom) 破土动工。阿凡达乐园是奥兰多动物王国迄今为止最大的一次扩建，园区由电影导演詹姆斯 · 卡梅隆参与设计和监督建造，预计 2017 年开张。一旦乐园反响良好，世界各地其他的迪士尼乐园也将陆续添加这一园区。

图7.11 阿凡达乐园

阿凡达乐园是迪士尼乐园构建 IP 王国的新探索——IP 合作。迪士尼公司与福克斯以及卡梅隆达成协议，获得《阿凡达》主题公园的独家落地授权，让每个游客都可以真实地看到、听到和触摸到阿凡达的世界。

环球影城与 J.K. 罗琳的 IP 合作取得了巨大的成功。在宣布合作之后，全球的哈利 · 波特迷们通过网络自发传播和宣传，并对哈利 · 波特魔法世界的开业翘首以待。2010 年，哈利 · 波特魔法世界在奥兰多环球影城开业后，每年数以百万计的哈利 · 波特迷涌入环球影城，实现了奥兰多环球影城游客人数的持续增长，并带动了餐饮、购物等二次消费的增长。

图7.12 日本大阪哈利・波特乐园

说到2010年在奥兰多环球影城开业的哈利・波特魔法世界，也想和大家分享一个有趣的哈利・波特魔法世界主题商业的创意：2005年，易铺智库为天津最大的SHOPPING MALL项目提供了咨询策划服务。鉴于大型郊区SHOPPING MALL发展对于体验娱乐业态的需求，考虑《哈利・波特》在世界范围内的影响力，易铺智库建议项目中策划并引入世界上第一个《哈利・波特》主题乐园项目——《哈利・波特》是华纳的作品，并非环球影城的杰作，所以易铺智库建议开发商和华纳以及J.K.罗琳洽商IP合作事宜。后来，这个项目的开发商把项目分地块出售了，这个极为超前的策划并没有实施，以至于2010年只能眼睁睁地看着第一个哈利・波特魔法世界落地奥兰多。

易铺智库极为关注IP的商业竞争力，我们也希望能为中国IP的发展做出智慧的贡献。

旅游IP的修炼，要经历策划创作—品牌设计—法律认证—投资开发—营销销售—运营管理的漫长过程，只有经历过漫长修炼并最终脱颖而出的IP，才是旅游行业当之无愧的超级IP。除了前期的创作设计之外，后期持续的运营管理和IP内容的迭代更新，是IP能否成功的关键，也是从IP到超级 IP 的必由之路。如果把普通 IP 比喻为注册成功的专利，那么超级 IP 就是市场化持续运营后大获成功的专利。

三、旅游目的地IP研究

1. 什么是旅游目的地 IP

对于旅游目的地 IP 概念而言，旅游目的地 IP 是指具有特色的、能吸引游客的，并赋予旅游目的地以个性及生命力、能代表旅游目的地的元素或符号。旅游目的地 IP 可以是故事，可以是文化，可以是建筑元素，也可以是人物、卡通等，例如乐山大佛、苏州的园林建筑等。

2. 旅游目的地 IP 的五大特征

旅游目的地 IP 具有五大特征：一是旅游目的地 IP 具备个性化及特色性；二是旅游目的地 IP 具备稀缺性，是独一无二的；三是旅游目的地 IP 是具备生命力的；四是旅游目的地 IP 具备场景化，即一提及旅游目的地 IP，游客马上联想到旅游目的地的体验场景；五是旅游目的地具备衍生性，即旅游目的地 IP 可以是孵化、衍生出一系列产品。

3. 旅游目的地 IP 的生命周期

旅游目的地的发展是具有生命成长周期的，对于旅游目的地 IP 而言，同样具有生命周期，旅游日的地 IP 是一个不断调整、发展的过程，而大数据在 IP 发展过程中起到了非常重要的支撑作用。

旅游目的地 IP 生命周期可以分为初创期、发展期、成熟期、复苏期或衰退期四个阶段。其中，初创期是旅游目的地 IP 发展的定位、创立阶段，是从无到有、从 0 到 1 的过程。在这个阶段，旅游目的地 IP 需要通过基于大数据来支撑 IP 的精准定位、IP 产品的策划及设计。

发展期是旅游目的地 IP 的市场推广及认知提升阶段，同时也是旅游目的地本身的快速发展阶段。在此阶段，旅游目的地 IP 需要通过 IP 精准营销迅速提升 IP 市场知名度并吸引游客，同时也开始旅游目的地 IP 的孵化及产品衍生。

成熟期是旅游目的地 IP 发展的第三阶段，旅游目的地 IP 市场认知基本确立，客源市场已经成熟并增长缓慢。在此阶段，需要通过大数据加强旅游目的地 IP 的监测，挖掘、分析游客市场对旅游目的地 IP 的认知及反馈，并进一步对旅游目的地 IP 进行重构，调整旅游目的地 IP 营销及产品发展策略，这也是旅游目的地 IP 新的一个从 0 到 1 的阶段。

如果旅游目的地 IP 重构得好，则会突破自身瓶颈，进入新的复苏期；如果旅游目的地 IP 调整得不好，则会陷入衰退期。

4. 旅游目的地 IP 的成长路径

旅游目的地如何打造 IP？除了花费时间、精力自创旅游 IP，吸引关联的旅游 IP 集聚是打造 IP 目的地的捷径。

随着中国旅游消费者的日益成熟，特别是 80、90、00 后的快速崛起，中国旅游消费进入品牌消费新时代。旅游目的地建设如果依然停留在“资源为王”“产品为王”的层面，必将落伍于旅游市场的需求变化，并被消费者抛弃、被竞争者超越。旅游目的地建设急需打造和培育 IP。

IP 的修炼有两种路径：

一是深入挖掘自身的地方文化与特色资源，引进专业的人才团队和资源力量，创造自有 IP 项目和活动。如宿迁的“生态四项”体育赛事，通过 2013 ~ 2016 年 4 年的培育发展和迭代更新，已经成为宿迁自有 IP 的赛事活动。

二是积极与 IP 拥有方和运营方合作，将 IP 项目和产品引入目的地。如上海浦东引入迪士尼乐园后，之前普普通通的川沙镇，一跃转变为上海国际旅游度假区，成为上海旅游走向世界的核心增长极。

本章关于特色小镇招商，特色小镇 IP 的概念、分类，特色小镇 IP 的打造或选择以及旅游 IP 专题研究，希望给特色小镇的开发、招商、运营团队建立系统化的招商概念，以及 IP 打造和引入体系，为特色小镇的成功奠定了科学的资源植入思想。

第八章　特色小镇的开发运营

特色小镇注定就是美丽和魅力的约会，并且历久弥香。这样浪漫的约会，一定需要爱一般的呵护，否则绝无可能。对于特色小镇来说，就仿佛爱情和家庭需要用心经营，而且，因为牵涉到不同产业的运营，牵涉到从产品到营销到管理所有的环节，所以其成功又远比经营感情和家庭复杂。

这就是本章要专题探究的特色小镇运营。

8.1 特色小镇运营理念的转变

我国有关“城市运营”的概念出现在20世纪中后期，是基于积累城市发展所需资金提出的，比国外晚20年。它是指政府及其他相关主体在充分认识城市资源基础上，以增值为目的，把城市作为组合化的国有资产，运用政策、市场和法律手段进行整合、优化、创新，其实质是以市场化的手段进行城市综合资源的优化配置和整合的一种商业化经营行为。

一直以来，由于土地增值带来的巨大效益，我国城市运营的本质体现在土地运营上。最近几年，随着城镇化的推进、原有竞争优势的消失以及城市发展理念的转变，重在短期利益的土地发展模式难以为继，而产业和项目运营所产生的长期收益，成为了政府关注的重点。

因此，对于市场化机制下产生的特色小镇来说，其运营更需要站在新的高度，提出新观点、新模式，架构新的运营体系，做出彻底的转变。

特色小镇运营理念的转变源于城市发展理念及开发建设主体的转变。几十年来，政府一直是城镇建设的推动者与核心运营主体，既是所有者，又是经营者，还是管理者和监督者。对于特色小镇发展来说，随着市场取代政府成为资源配置中的决定力量，这也就决定了城市运营必须在理念上发生转变，同时运营主体、运营客体以及收益模式也要随之转变。

一、核心运营主体的转变

伴随中国城市化发展，特色小镇运营主体需要从政府主导转变为市场主导。当然，在当前特色小镇发展的初期阶段，这种转变需要一定的过程。当前特色小镇运营主体主要有以下几种情况：

（1）政府仍然为主导力量，或者政府全权负责特色小镇投资建设运营，或者政府负责投资，委托运营商建设运营。这一模式适合财政力量雄厚，运营能力或把控能力强大的政府。优势是政府拥有绝对的控制权，推动进展快；劣势是政府财政压力大，同时也面临着后期运营的大量投入。

(2) 政府与企业联动发展。即政府负责小镇的定位、规划、基础设施和审批服务，并通过市场化方式，引进社会资本投资建设，许诺投资方在一定时间段内拥有经营权，到期后再归还政府。这一模式适合于财政相对困难的政府，优势是缓解了政府的财政压力，劣势是所有权与经营权的分离，导致参与企业的短视行为，同时回收后对政府来说仍然是一个较大的包袱。

(3) 以企业为主导。由某一企业或多家企业联合完成投资建设运营，通过政府购买或用户付费获取收益，受政府的管理和监督。这一模式适合于资金及运营能力均强大的企业，优势是减轻政府财政压力，激发市场活跃度，劣势是需要有持续的盈利模式。

(4) 以非营利的社会组织为主体。比如在国外的一些城市，由市民组建一个管理委员会，进行管理。这也是以后特色小镇运营可借鉴的一个模式。

从上述特色小镇运营主体的分类情况看，无论哪种运营主体，运营主体最终必须和市场对接，否则不可能实现运营成功，这和特色小镇需要精细化的产业持续运营关系极大，截然不同于土地财政模式背景下城市化主体面临的相对简单的问题。

众所周知，土地财政模式下的城市化盈利模式主要是市场推动、地价上涨为背景的房地产销售驱动的土地出让模式，各类房地产中需要持续运营的主要是商业地产。从市场情况看，需要运营的商业地产已经令开发商焦头烂额，不少地方的政府也很头疼。如果拿特色小镇复杂的产业运营和商业地产运营相比，前者无疑是更大的挑战，这就要求特色小镇运营主体必须充分市场化，否则难以解决特色小镇的持续经营问题。

二、运营客体的转变：从土地为重转变为产业为重

长期以来，土地一直是城市运营中的主要对象，也是政府财政收入的主要来源。但这一模式为城市发展所带来的弊端，逐渐凸显。随着国家对

地产行业政策的收紧，越来越多的地产商都瞄准了向城市运营商、产业运营商转型。不仅要开发土地，还要开发配套服务设施、旅游项目、产业项目，要进行房产开发，最后进行产业整合和运营整合。因此，新形势下的城镇运营客体可以概括为，以产业为主导，以土地为基础，以各种产业项目、旅游项目和房产项目为重点的全方位体系。

三、收益模式的转变：从土地收益转变为综合收益

以土地为经营客体的模式决定了政府以土地出让为主要来源的收益模式。而新形势下，多条运营线的展开，已经使得特色小镇的收益除了来自土地一级、二级开发之外，还包括产业项目的运营收益、二级房产的运营收益及城市服务的运营收益等。这一收益模式已经不再依赖于土地财政，而是一种可自我供血、可长期持续的合理架构。

当中国城镇化已经发展到城市化率超过 56% 以后，城镇化的解决方案势必发生根本性的变化，尤其对于和城市有一定距离的特色小镇来说，简单的土地运营已经不能解决政府土地财政的诉求，也不能从根本上解决城镇持续发展问题，否则真正的“鬼城”将在小镇出现——和过去新区、开发区的“鬼城”不同，新区、开发区只是所谓的“鬼城”，伴随着经济的发展，未来会陆续变成热闹的城区；但是，距离城市较远的小镇，没有产业支撑，一方面土地卖不上价，另一方面房子卖不上价，也不容易形成有效居住，最后成了货真价实的“鬼城”。

美国底特律在当地汽车产业大幅下滑后，就变成彻彻底底的“鬼城”了，偌大的别墅价格低廉、无人问津，这就是没有产业支撑的城市的宿命，更不要说小镇了。

从上述内容可以得出清晰的结论：特色小镇运营需要从理念上彻底转变，运营主体、运营客体和收益模式都完全不同于传统城市化运营模式，这是任何特色小镇投资、开发机构必须建立的基本认识。

8.2 特色小镇运营的内容

特色小镇的形成不是一蹴而就的，其诞生是一个错综复杂的过程，需要土地、产业、城镇、服务、法制等多个方面的配合与交织。为了方便分析小镇的运营过程，我们将特色小镇的开发分为土地一级开发或待开发期、产业项目开发期、产业项目培育期、产业链整合期、土地二级开发期五个发展阶段。每一个阶段都对应着不同的资源形态，有着不同的运营要点及目标。

表8.1　特色小镇开发阶段及运营要点和目标

发展阶段	资源形态	运营要点	运营目标
土地一级开发或待开发期	政策和土地	顶层设计、法制着手； 城市规划和产业规划、制度建设和监管机制	形成特色小镇的顶层。设计思想，打好小镇开发的基础
产业项目开发期	人才、创业团队、资金	对接科研、教育； 尊重市场及产业发展规律	通过科研及孵化，形成产业项目发展条件的聚集
产业项目培育期	特色产业、政策	政策开路、金融扶持； 有的放矢，重点品牌大力扶持	通过优惠政策的实施，大力培育特色产业，形成运营收益
产业链整合期	上下游产业链及相关产业链	打破产业之间的壁垒； 特色鲜明、重点突出	上下游产业及相关产业聚集，形成产业聚集
土地二级开发	土地、配套产业需求、服务业需求	配合小镇节点亮化，利用特色小镇品牌形成的透镜放大作用收官	综合服务配套升级

一、土地一级开发或待开发期

特色小镇中的土地一级开发并不仅仅是项目地的征地补偿、拆迁安置、七通一平等基础设施和社会公共配套设施的建设，其主要目的也不仅仅是使“生地”成为“熟地”，而是要与产业发展、与项目开发结合在一起，因为产业的价值决定了土地的价值。因此，我们建议土地一级开发必须结合产业项目开发，结合土地二级开发，只有这样才可能真正获取一级市场的利润。

这一阶段的运营要点在于顶层设计和政策法制层面：顶层设计层面，做好特色产业定位、城市规划和产业规划，确定小镇未来的发展方向；政策法制层面，出台土地、奖惩、税收等方面的政策条件以及监管机制，保证小镇的顺利推进。

二、产业项目开发期

“特色产业”的发展方向确定后，就要围绕这一产业，通过项目及载体的开发建设，形成产业的开发、培育及集聚，最终打造产业集群，实现产业价值。产业项目开发是其中的第一步，即紧抓产业链上的核心环节，在尊重市场及产业发展规律的基础上，集中人才、创业团队及资金等优势条件，集中攻破产业开发的各种难题，形成产业项目发展条件的聚集。

这一阶段的运营要点在于对接国内外优势的科研及教育资源，一方面通过科研成果的孵化，促进技术向生产力的转化；另一方面通过专家学者的研究，突破产业发展技术上的一些难题，同时还可以完成人才的培育及输送，形成产业可持续发展的后备力量。

三、产业项目培育期

当产业初步开发完成，形成一定的特色优势及产业价值后，就进入到了产业的培育阶段。这里所说的培育是围绕特色产业的核心部分展开的，主要目的在于培育和扶持有效的产业项目和企业主体，形成规模化的经营效益。

这一时期的运营重点在于相关政策的大力扶持，包括信贷金融支持、税收优惠和财政补贴、科研补贴、进出口关税和非关税壁垒、土地价格优惠等。在这一阶段可以有的放矢，对一些重点品牌或企业进行大力支持，引导它们与产业链条上的其他小型主体，建立互补、合作、共赢的关系，发挥龙头企业的引领带动作用。

四、产业链整合期

产业链整合，即围绕主导特色产业，利用整合手段，使特色产业、旅游产业及其他相关产业通过某种方式彼此衔接，打破各自为政的状态，构建一个有价值有效率的产业集群，实现产业联动与融合，从而增强产业活力、节约交易成本、形成产业抱团发展，推动区域经济发展。

这一阶段的运营重点在于打通产业链上下游及各相关产业之间的壁垒，有效运用资源、技术、产品、市场、经营方式、组织管理、制度、人才等各种手段，实现产业之间的有效聚集，形成带动作用更强、效益更好的产业集群式发展。

五、土地二级开发期

土地二级开发期即产城融合共建期，这是新形势下特色小镇发展的必经阶段。产业大发展，吸引大量就业人群集聚，进而产生了对居住、教育、医疗及第三服务业的大量需求。基于“产城人”一体化的发展目标，就需要通过土地的二级开发，实现综合服务配套的升级。包括居住配套、商业配套、教育配套、医疗配套、休闲娱乐配套、社区服务配套等。

这一时期的运营重点在于综合考虑城市发展、旅游发展、产业发展、政策的扶持和制约等因素，实现产城一体化开发，防止以“城镇运营”之名，行“地产开发”之实。

8.3 特色产业的培育和运营

特色小镇是以特色产业为引擎的多产业聚集结构，特色小镇建设的关键在于特色产业的定位、培育与导入，把握特色产业发展路径，遵循易铺智库特色产业定位原理，“横纵联合”与“内外合力”结合，培育和运营特色产业，从而推动特色产业形成。

特色小镇介于城市与乡村之间，对上承接大中城市的功能疏散，对下对接美丽乡村建设，是中国城镇化进程中非常重要的部分。特色小镇的核心是特色产业，特色产业集聚则是特色小镇建设的重要支撑之一。

易铺智库认为特色小镇要坚持“产业引领”的理念，促进从小镇资源到小镇产业、小镇产业到小镇经济、小镇经济到小镇的发展，最终实现产镇一体、协调发展，为中国特色小镇提供持续健康发展的动力和支撑。需要特别指出的是，特色小镇追求的不是面面俱到的全产业体系，而是聚焦某个优势产业，确保这一产业在小镇中的独特及主导地位，围绕其来打造完整的产业生态圈，从而激活小镇经济，促进小镇特色形成。

一、特色小镇的建设重在特色产业培育

（一）特色产业真实有效的落地发展是特色小镇发展的重要前提

产业发展带来的是人们生产生活方式的变化，一直以来，产业都被认为是城镇发展的背景与推动力。以特色产业本身为基础，在纵向维度上，往上向研发延伸，往下向应用、营销、管理、服务延伸；在横向维度上，与旅游、教育、会议等泛旅游产业广泛融合，实现全产业链聚集，形成小镇产业结构，从而构成人口与要素集聚的前提和基础，这是特色小镇发展的重要前提，但目前由于很多小城镇产业要素支撑不足，所以产业发展非

常困难。

（二）特色产业带来的人口聚集是新型城镇化落地的基础

特色产业的发展带来了大量的长期居住类就业人口，泛旅游产业的发展聚集的是中短期流动性人口以及部分服务产业人口。人口的聚集必将产生生产、生活、休闲、娱乐、居住、教育、医疗等多种需求，由此便催生了商街、商业综合体、居住社区、度假社区、学校、医院、银行等系列生活配套设施以及公安、工商、市政等政府公共管理服务机构的产生，形成了基础设施配套完善、社会公共服务健全、城市管理人性、相关政策合理完善的宜居环境。

二、特色小镇发展首先要做好特色产业的定位

特色产业是特色小镇发展的核心，国家与地方有关特色小镇培育政策中，均对特色产业提出了要求：住房城乡建设部、国家发展改革委、财政部《关于开展特色小镇培育工作的通知》中要求特色小镇要有特色鲜明的产业形态，向做精、做强发展，并要充分利用“互联网 +”等新兴手段，推动产业链发展思维，促进以产立镇、以产带镇。国家发展改革委《关于加快美丽特色小（城）镇建设的指导意见》中也提出：要坚持夯实城镇产业基础，挖掘本地最有基础、最具潜力、最能成长的“三最”特色产业，做精做强主导特色产业，打造具有持续竞争力和可持续发展特征的独特产业生态。关于特色产业定位问题，本书第二章进行了专题论述，在此不再赘述。

三、“集中突破”“规模优势”结合，推动特色产业集聚生态圈形成

“集中突破”和“规模优势”是特色产业培育的两个基本发展思维。

“集中突破”是特色产业发展的关键。特色小镇的特色产业选定之后，就要遵循特色小镇的培育要求，将主导产业做精、做强。先采取“集中”策略，重点突破，将战略的注意力集中于产业链思维上，挖掘深加

工潜力，延伸产业链条，把特色产业逐步做精、做强，发展产业的核心优势。

“规模优势”则是特色产业稳定发展的保障。规模效益是在产业发展基础上，全面提高“低成本生产优势”和“低成本运作优势”，在产业研究、产业应用、产业服务、产业营销方面形成集群发展，在市场竞争中形成规模优势，保持竞争优势，获得持续稳定的发展。

（一）“集中突破”的产业链发展思维

特色产业的产业链可以比作是特色小镇的线形核心，核心的重点在于产业主体项目的培育，在“选得准”的基础上还应重点突击，保障其“立得住”“长得大”。

“选得准”就是要找到符合产业的整体发展战略的最适合的项目 / 企业种子；“立得住”就是要重点培护，保证龙头项目 / 企业能够在小镇扎根，做到本土化运营；“长得大”就是要最优化成长，能辐射带动新枝，也具备良好的可持续发展效益。

产业核心产业链的完善发展，就要梳理产业链思维，强化产业链配套，营造良好的产业生态。

（二）“规模优势”的产业集群发展思维

特色小镇的产业集聚不同于一般的区域产业集聚，特色小镇的产业集聚是要形成一个在核心产业支撑下的融研发创新、文化创意、成果转化、体验应用于一体的全方位立体化特色产业生态系统。“规模优势”主要有横纵联合和内外合力两种实现方式。

1. 横纵联合

特色产业的规模发展优势除了自身“纵向”产业链的壮大完善外，还要在“横向”完成资金、人才、科技、信息等高端要素的集聚，挖掘历史人文要素的集聚，充分体现特色小镇的创新导向，推动经济要素与人文历史要素的高度契合，融合产业链和创新链于一体，构建良好的产业生态圈，增强区域内生发展动力，从而保证特色小镇的特色化、创新化和可持续性发展。

2. 内外合力

特色小镇的产业发展不同于产业园区，更具有开放性和系统性。一方面对外通过与创新网络的连接，可以将最新的产业创新信息、新业态、新商业模式甚至创新人才源源不断地引进到特色小镇来，推动产业生态圈的实现；另一方面，对内通过协同机制推进特色产业创新战略平台的建设，不断完善特色小镇企业主体的创新合作交流机制，促进信息和成果的互通共享。通过内外合力推动产业生态系统的创新增长极。

通过横纵联合和内外合力，可以推动特色产业集聚生态圈的形成，进而将实现特色小镇产业功能、创新功能、生态功能、文化功能、旅游功能和现代社区功能的有机融合。

四、特色产业运营应实现从“引”到“留”到“聚”

（一）特色产业的服务平台运营架构

特色产业发展过程中除了要发挥企业的主体作用，还要有效发挥政府的引导作用，政府要在“纵向”“横向”产业集聚的发展战略下，注重从土地空间利用、生态环境保护、服务能力提升等方面建立全方位、立体化的服务运营平台架构，从企业需求出发，匹配高效、便捷的产业服务，健全产业生态系统的发展格局，提升区域整体竞争力。

特色产业的运营服务是以招商运营（企业）为核心，融合了投融资平台运营（资金）、资源平台运营（技术）、人才服务运营（人才）、互联网服务运营（信息）等的一个多元化运营体系。

（二）从“引”到“留”到“聚”的高品质可持续运营

1. 抓好招商服务平台建设

围绕特色产业的发展目标，完善政府主体、上下联动、激励推动的招商促进机制，开展全程跟踪服务。

一是建立项目引入评审机制。建立由牵头政府领导、招商、发改、规划、国土、环保、财政等多部门参加的招商引资项目联合预审会议制度，并对重大项目施行专题协调会的方式解决。

二是建立和完善项目促进机制。建立牵头人和各部门负责人参与的重点招商项目联席会议制度，定期召开，重点解决项目引进和实施中存在的具体问题，确保招商项目顺利落户。

三是建立促进工作监督机制。目的在于通过督查对影响落地和实施的人、事进行责任追究，并对创新工作思路行为进行鼓励，确保招商项目顺利落地。

2. 抓好投融资平台建设

依托政府、企业、金融机构的合作，通过直投基金、政府引导子基金、产业基金等方式，打造产业发展金融平台，助力特色产业的产业聚集。一方面，为需要资金支持的企业，提供方便优惠的融资渠道和金融服务，助力企业发展，推动产业落地；另一方面，扶持产业研究领域，实现产学研一体化，从技术创新的角度，推动产业的发展。

3. 公共资源交易平台建设

确保公共资源交易公开、公平、公正，实现公共资源交易服务专业化、效益最大化，应推进特色小镇的公共资源交易平台建设。主要包括农村产权流转（农户承包土地经营权、“四荒”使用权、农村集体经营性资产、农业生产设施设备、小型水利设施使用权、农业类知识产权等）、环境能源交易（节能减排技术等）。

4. 人才服务平台建设

人才是特色产业发展的智慧力量，应充分发挥人才在特色产业中的支撑作用。政府应鼓励和支持搭建人才服务平台，实施“人才引领、创新驱动”的发展战略，做好人才引进、人才培养、人才服务工作。

人才引进方面，可通过搭建人才引进交流大会，与高校合作打造人才库，并出台人才引进相关政策，推进人才的“落地生根”；人才培育方面，可创新人才培养模式，在特色产业的发展趋势和方向深入分析基础上，对产业发展下的人才新需求进行思考，从而针对性地对产业人才进行培养和提升；人才服务方面，各项配套和支持需同步，尤其是住房保障和福利待遇保障，可针对人才的贡献率设立人才扶持资金。

5. 智慧服务平台建设

在特色产业的发展过程中，需要借助科技来动态跟踪规划、投资、建设、运营情况，搭建以产业大数据为核心的智慧服务中心。利用互联网技术、大数据挖掘技术、GIS 技术搭建特色小镇网，为特色小镇规划、建设和运营提供智慧服务。

8.4 特色小镇的IP打造和运营

特色小镇的 IP 代表着个性和稀缺性，也往往是简单鲜明有特色的元素和符号。对于旅游产业小镇来说，IP 可能就是一个故事，可能是具体的某一个景点，也可能是某一种感觉，它赋予旅游景区独特的性格特点，也给予了景区生命力。

在智能化制造时代，产业链的控制权开始从 B 端转移到 C 端。C 端通过智能工具可以即时对产业链形成反向控制，影响上下游的供应链系统，从而为个性化生产提供可能，为消费者的个性化表达提供空间。而消费者个性化表达的核心就是 IP，个性化生产的内在灵魂也是 IP。

特色小镇作为一个综合性的空间产品，未来将承载更多的个性化生产者和个性化产品，当众多的 IP 怀着物以类聚的理想聚集到小镇，这个小镇也就拥有了自己的 IP，小镇的命运从此也就不同了。

一、特色小镇打造的五个IP逻辑

1. 一个 IP 贯穿一条龙服务的特色小镇生长逻辑

规划：寻找小镇的 IP 内核，实现规划各个环节之间的价值分享和技术协同，打造出具有符合小镇生命周期和产业理性的规划方案；

投资：依托小镇 IP 的生长周期，针对 IP 形成的产业链各个环节，设计出符合小镇的投融资模式，为小镇导入持续、健康的资金流；

运营：根据小镇的历史特点和产业特性，帮助小镇构建起符合小镇体量和规模的运营方案，将IP的成长过程与小镇运营过程实现深度捆绑；

营销：以IP为品牌灵魂，构建起小镇独特的品牌识别系统，打造IP引领的小镇品牌营销系统解决方案；

服务：将IP理念持续地注入到服务过程中，打造IP至上的服务系统。

2. 一个IP连接一群利益相关者的特色小镇组织逻辑

地方政府：依托核心IP，地方政府在目的地进行形象传播、招商引资方面能够掌握较大的话语权，并通过IP构建起统一协调的目的地治理体系；

投资者：借助IP的影响力和持久性，投资者能够降低投资风险，投资者所投项目也能够围绕着IP实现相互协调和互补，避免恶性竞争；

当地居民：当地居民本身的民风民俗就是IP内涵的重要组成部分，当地居民既是IP制造者，也是IP拥有者和分享者；

规划运营服务机构：IP的生产者、设计者、运营者，参与IP的全生命周期运作，为小镇导入IP，并全程提供IP相关服务；

游客：IP最终是服务于游客的，IP的变现也必然要通过游客来实现。

3. 一个IP打通一个吸引物体系的特色小镇运营逻辑

核心吸引物：核心吸引物是IP最重要的承载者和表达者，通过IP构建核心吸引物的强大传播力，成为目的地的代言者。

重点吸引物：围绕核心吸引物进行重点吸引物的布局，重点吸引物较为均衡地布局在目的地的各个板块，重点吸引物决定着目的地的格局；

基础吸引物：基础吸引物的布局相对来说比较分散，也比较广泛。存在的价值是满足消费者最基础的体验要求；

无形吸引物：承载IP的最精髓部分，隐藏在目的地不同吸引物的背后，虽然无形，却能够影响消费者的价值观；

有形吸引物：直接面对消费者的体验，直接作用于消费者感官。

4. 一个 IP 影响一个城市群体系的特色小镇补位逻辑

产业补位：特色小镇与周边城市群之间形成产业链相关关系，小镇支柱产业是整个城市群产业链上的重要一环；

品牌补位：特色小镇的品牌与周边大中城市之间的品牌形成互补效应，在共同区域文化背景下，形成既有竞争、又有协同的城市群品牌系统；

投资补位：一个特色小镇的投融资活动往往依赖于上一级政府设立的相关投融资平台，要在全局的投资格局下寻找自身的投资价值；

体验补位：有些小镇的游客导流能力不强，往往需要依托周边的大景区或者大城市实现导流，要充当大景区和大城市的体验补充，做好消费者整个旅游体验计划中的配角。

5. 一个 IP 串联一个体验系统的特色小镇消费逻辑

生理体验：通过满足吃住行游购娱的基本欲望而达到的物质满足，这是游客最基础的消费体验，这种生理体验也是导入 IP 的生长土壤；

情感体验：附加在物质满足之上的情感满足，这样的情感满足往往需要通过产品设计中植入的情感元素来实现，是 IP 的表达主体；

文化体验：隐藏在旅游产品和旅游项目背后的无形体验，是最容易表达目的地差异性和厚重性的一种体验，是 IP 的灵魂根基；

技术体验：在互联网、物联网、VR、AR、大数据等技术植入旅游产品之后，相关的技术体验也就成为旅游体验的重要组成部分，是 IP 的技术载体。

在以上五个逻辑的支撑下，特色小镇的生态化打造也就具备了基础。对于特色小镇来说，传统的单向度的技术已经不再适用。

单向度的技术造就的是粗放式的小镇，那样的小镇注定要被城市化的浪潮淹没，而五个逻辑构建起来的生态化的技术体系则是未来特色小镇得以立足的根基，也是特色小镇 IP 生命力的源泉所在。

二、特色小镇IP发现路径

1. 找途径

找途径就是在找特色小镇的独特识别物，优质的小镇 IP 一定有着或产业、或才华、或影响力作为 IP 的发散才能支撑！迪士尼有效地利用自己的 IP 资产，将 IP 引入到商品、游乐设施和其他周边产品，最终实现丰厚的盈利。同样，北京古北水镇也非常重视自身 IP，如长城文化、民俗等，使旅游商品优雅发展。

主动寻找生命力较长，足以摊平投资的最佳 IP，就能起到事半功倍的效果。此外，还要确保合作双方的目标是一致的，如果你想品牌化一个儿童游乐项目，但是 IP 所有方希望一个和哈利·波特魔法世界差不多等级的，那这就是相悖而行了，所以选择可以成功进行旅游转化的 IP，这样它的粉丝们才乐意前来体验。

2. 找爆点

找爆点就是在找特色小镇可以引爆市场的、具有鲜明特色的东西，找准爆点才能各个击破，达到更高效的作用！海南亚龙湾的热带天堂公园引入葛优、舒淇主演的《非诚勿扰 2》，最后所有的游客来到热带天堂公园都要走一走那个吊桥，看一看他们拍摄的那个鸟巢酒店的房间，这样的小景点其实早已演变成了这个景区的香饽饽。

小说《盗墓笔记》非常火爆，而在小说中提及“2015 年的 8 月 17 日是‘张起灵回归的日子’”。于是，很多粉丝开始在网上邀约——共赴“长白山十年之约”，见证“张起灵回归”。这个活动，一度引发了吉林长白山景区的拥堵。

3. 找粉丝

找粉丝就是提高特色小镇的人气，人气的高涨必定吸引更多人前来！前段时间热映的国产动画电影《大鱼海棠》，画面中多次出现了以福建土楼为原型创作而成的村落，画面规整，具有浓浓的中国风，很快便吸引了更多的游客去福建土楼观瞻。随后，以福建土楼为核心的相关旅游产品在许多旅游网站迅速上线，“福建高北土楼群”“田螺坑土楼群”等一日游产品预订环比翻倍增长！

2008 年，英国 Astley Baker Davies 公司动画片《粉红猪小妹》（Peppa Pig）进驻保尔敦斯主题公园（Paultons Park），结果非常受游客欢迎。由于符合该主题公园品牌内涵，因而也就有了 2011 年开业的粉红猪小妹主题公园。英国比尤利国家汽车博物馆举办了一场“邦德在行动”的主题活动，活动吸引力早已超出了比尤利汽车爱好者圈子，成功建立了品牌与汽车联结。

了解产业、旅游者在想什么，找准痛点并提供超出预期的用户体验，将线下活动互联网化，并且基于人性进行传播驱动，发挥社交圈进行口碑传播，最终实现用户的角色转换。

4. 做参与

做参与就是特色小镇为大家提供极致的体验，大家都能身临其境参与融入进来，实现参与度最大化的颠覆！经久不衰的 IP，比如 Hello Kitty，包括马来西亚公主港的 Hello Kitty 小镇、英国德鲁西拉公园的 Hello Kitty 秘密花园，以及印度尼西亚安可梦境公园 Hello Kitty IP 乐园，这些都能让前来的人有强烈的参与感，和这些卡通形象零距离接触。

从提供服务到用户尖叫，人性化的口碑传播，无可比拟的体验与参与感，是建立强黏性的前提。可以通过整合包装为小镇产品，或者节庆活动等来延续，甚至可以变成一个特色景点。显然，参与感的提升可以见证这个景区的人气度，多元化的融合更能维持特色小镇 IP 的生命力。

特色小镇 IP 的发展途径，其实就是玩转粉丝经济，最后实现 IP 完美的飞升，可以通过整合包装为产品，或者节庆活动带来延续，甚至可以变成一个特色景点。不单要结合互联网思维和新营销理论，同时还要提炼和把握最初的人性和欲望需求。

三、后特色小镇的IP时代

特色小镇的经济现象是我国从要素经济向品牌经济过渡的中间过程。这个阶段过后，也就是后特色小镇时代会有怎样的发展呢？无疑，后特色小镇将进入IP价值阶段。

1. 品牌化程度越来越高，对设计系统化、精细化的要求越来越高

伴随着特色小镇的热潮，未来会有一大批成功特色小镇出现，IP品牌意识和设计意识将伴随特色小镇发展共生共荣，通过融合当地产业，形成品牌体系。从品牌的定位、产品设计、研发培育，到各种规则、秩序的设计，都将体现出更加卓越的品牌化理念和特征。未来，小镇的品牌将更具有凝聚力，更有品位，为品牌输出做准备。

2. 出现国际化品牌输出

将来或许会有一批特色小镇，以园区或品牌小镇的形式做品牌输出，不仅输出到其他地区、城市，甚至会输出到国外。能达到这样高度的小镇虽然不多，但是中国城市化、城镇化形成的竞争力在特色小镇领域携中国文化、中国元素走向世界完全具有可能性。

3. 复合型大品牌的产生

某一些先天条件很好的特色小镇，比如人文历史、自然景观和产业资源都比较优越的地方，品牌效应会被放大，IP价值会特别高。从国际视野的发展经验看，有文化底蕴、思维、功力的中国特色小镇，或许可以沿着自有品牌的影视、动漫、衍生产品、特色产品和品牌店成为复合型IP，并可能会借助资本市场，创造更大的商业奇迹。

无论社会如何发展，其最终诉求都跟物质无关，都会在人文精神下以至高至美的文化形态进行沉淀。特色小镇的发展，一定要人文回归，人居和谐，产城融合，并且在这样的光辉下，特色小镇的IP才会光大，也才会成为乐居的小镇，幸福的小镇，美丽、魅力的小镇。

8.5 特色小镇的交互运营思维

伴随交互技术的发展，特色小镇这种人文、旅游、产业的载体，除了从有机生命体层面对小镇深入理解外，我们还可以把特色小镇理解成为一款产品，一款有品牌、有交互的产品。产品与人的交互流程在小镇运营的时候需要考虑。

一款产品与人的交互过程有如下阶段：植入需求意向；产生需求意向；消费计划；意向感触；交互行为；产品使用；形成使用习惯；品牌传播；交互运营思维。

(1) 植入需求意向是品牌宣传的工作，其目的是让产品的核心亮点与社会需求产生关联度。让人们有类似核心需求的时候想到该产品。

(2) 产生需求意向，是消费者的思想行为，也是市场的大需求行为，是市场调研层面的工作。只有深度了解了本土市场，以及 5 公里、10 公里、100 公里、300 公里、甚至大市场经济圈层，才能对小镇的功能有准确定位。

(3) 消费计划，是消费者从有意向到规划消费行为的过程。比如从想去小镇，到从网上搜集信息到规划路线，这个过程是需要精心设计的。包括网络平台的合作，路线的设计，以及相关网络媒体信息的传播都是这个过程要考虑的。

(4) 意向感触，是顾客与小镇第一印象的感受。就是顾客来到小镇的第一时间的整体感知。这些设计主要体现在进出口的方便、停车的方便、第一形象的气质、接触到当地人的友善程度等。

(5) 交互行为，指顾客与当地的产品、体验、人发生交易、交流的过程。这个过程的消费便利度、当地人的话术以及体验过程的设计，都十分重要。

(6) 产品使用，指的是与当地的产品，体验发生深度交互的使用过程。这个过程主要由产品的质量以及人员的服务质量所决定。当然，使用产品的仪式感，顺畅程度也非常重要。比如我们吃饭的时候，服务员的服务态度也会影响心情。

(7) 形成使用习惯，指的是当一个产品很好地满足了人们某一个层面的需求的时候，该产品与人的该层面的需求就产生了关联反应。每当有这类需求就会关联到该产品。使用习惯的形成是产品出售的直接目的，只有形成了使用习惯，才有后续的服务市场，也才能形成后续的品牌传播。

(8) 品牌传播，是随着形成使用习惯，顾客成为品牌传播的媒介，是一个自然而然的过程。当然，也可以通过一些制度的设计，比如会员制度、顾客连锁推广优惠制度等，来促成传播效应。

(9) 交互运营思维，是特色小镇形成良好交互体验的重要组成部分。只有细致到每一个交互细节，才能够让小镇灵动、鲜活起来。

8.6 特色小镇的营销传播

特色小镇的营销传播是指利用公共关系的手段和技巧为特色小镇的市场营销提供支持。特色小镇的营销传播需要针对特色小镇的产品或服务，利用调研、策划、传播等公共关系手段，为特色小镇的营销目标实现提供建议和服务，帮助特色小镇保持或提升市场的竞争优势，取得更大的影响力和销售利润。特色小镇的营销传播需要结合营销战略进行系统化策划，包括市场定位、研发定位、生产建设、上市、销售、渠道、售后等各个营销环节。

我们可以把特色小镇看作一个多产业、复杂运行的实体，并按照产品化的方向进行精耕细作，这就是前期定位、建设和运营的过程；对于任何魅力四射的特色小镇来说，再美轮美奂，也需要营销和传播，让小镇在全市、全省、全国、全世界建立知名度、美誉度、认可度，这样才能实现特色小镇的城市梦想、国家梦想、世界梦想，而这，也是营销传播的方向。

对于绝大多数特色小镇来说，旅游业都是重要的内容。站在旅游市场竞争的角度，一个特色小镇本身也是一个产品，这个产品是常规的产品、精品还是极品，意味着这个产品得到市场认可和关注的容易程度和价值实现的空间——小镇越有“特色”、越具备“第一”的特质、“唯一”的魅力，越容易低成本传播，原因很简单，特色小镇的“第一”“唯一”通常会成为公众媒体乐意主动传播，甚至免费传播的重要爆点，微博、微信这些自媒体也更是如此。

需要特别指出的是，特色小镇文化的“唯一”“第一”更有爆发力，文化的“唯一”和“第一”仿佛自己长了翅膀，让小镇飞到更远地方人的心里。这就是特色小镇营销传播的至高境界，也是特色小镇产品定位绝杀的至高境界。

其实，特色小镇的产业基础，首先可以造就多数从业者并影响多数居住者，这往往激发特色小镇自然的传播。如同丽江的城市形象的传播，因为在丽江生活已经变成一种有格调的方式，那么丽江的大大小小的几千个民宿客栈的老板娘，都自发地在微博、微信等渠道，不停地传播着丽江的生活方式和丽江的美景。

在自媒体时代，当地居民愿意自发制作内容、传播内容和接受内容；小镇若有魅力，就算匆匆游客也会自发拍照，替小镇传播。这当中一个自然的逻辑就是：特色小镇如果魅力无穷，在自媒体时代就会病毒式传播，这无疑为“绝色”特色小镇的极限传播创造了可能。所以，当特色小镇的产业造福了多数人的生活，那么特色小镇的传播也就让更多的人自愿参与进来了。

需要特别指出的是，特色小镇的营销传播如果能够插上 IP 的翅膀、

PR 的翅膀，这个特色小镇的市场穿透力将会更加惊人。

本节对特色小镇的营销传播进行专题解读，希望为特色小镇的营销助力，从营销角度讲，智慧的营销传播可以给特色小镇插上成功的翅膀。

一、小镇“特色”就是营销竞争力！

特色小镇之“特”，最简单的理解就是“不同”，这正是体验经济的精髓。对于关注旅游经济的特色小镇来说，“不同”往往成为有杀伤力的竞争力。传统农业经济、工业经济产品的复制特征是农业经济和工业经济规模化发展的基础，但是对于体验经济来说，恰恰相反，成功的特色小镇最大的魅力在于“不同”的产业、不同的 IP、不同的文化、不同的体验娱乐元素，这些“不同”共同打造了特色小镇的产品竞争力，同时，这些产品竞争力形成这个特色小镇最“特色”的营销竞争力，从而让产品竞争力成为最有杀伤力的营销竞争力。

前文探讨过特色小镇的产品竞争力：经过深度、专业的策划、开发和招商融合打造的特色小镇，通过多项“唯一”和“第一”的打造。因此，特色小镇“不同”，不仅具备了产品竞争力，也具备了强大的营销竞争力。

市场经济环境下，任何企业都在做“产品”和“销售”两件事情，我们发现，做“产品”厉害的企业，往往内秀者巨多，喜欢踏踏实实做产品，不擅长夸夸其谈做“营销”；我们也发现，做“销售”厉害的企业，往往擅长表达、表现、营销，但是不擅长把“产品”做到极致；当然，做“产品”和做“销售”都厉害的企业无疑是企业里面的“极品”，这些企业往往成为行业前列。

对于特色小镇来说，长期运营需要“真功夫”，这个“真功夫”无疑要求特色小镇的开发运营团队既具有深厚的产品功底，又具有高超的营销功力，这样，特色小镇才能取得成功。

对于特色小镇来说，作为一个小型经济体，面对的行业和市场都充满复杂性，要想赢，核心产品就得是精品，甚至是极品。如果是次品，那什么也别说，干脆停下来吧！因为这意味着任何努力都无济于事，投入越多，跑得越快，死得越惨。

关于特色小镇“特色”就是营销竞争力，我们从国内外知名的特色小镇案例中都可以找到这样的脉络，无论是香水产业小镇格拉斯镇，还是达沃斯小镇，乃至中国声名鹊起的乌镇、古北水镇，都是如此，在此不再赘述。

二、文化软实力就是营销“爆点”

说特色小镇的“特色”，就必须谈一谈特色小镇的“文化软实力”问题。

“文化软实力”的概念可以这样解读：软实力是文化和意识形态吸引力体现出来的力量，是世界各国制定文化战略和国家战略的一个重要参照系。表面上文化确乎很“软”，但却是一种不可忽略的伟力。任何一个国家在提升本国政治、经济、军事等硬实力的同时，提升本国文化软实力也是更为特殊和重要的。对于特色小镇来说，“提高特色小镇文化软实力”，不仅是特色小镇建设的一个战略重点，也是特色小镇营销爆点。

项目或者产品的文化元素往往成为项目或者产品绝对差异化的内容，这些文化元素具有推动项目传播的功效，恰当使用就是营销“爆点”！

比如壁画主题小镇德国加米施—帕滕基兴，这里原来是两个村子，一个叫加米施，另一个叫帕滕基兴。

小镇并不大，整个小镇是由这些典型的具有巴伐利亚特色的漂亮房子所组成。木头的大屋顶，宽大的阳台和门窗，雪白的墙壁上画着各种各样鲜艳的彩绘图画，仔细看那些图画，都是一些圣经里的故事，还有一些飞禽走兽和花朵虫草。帕滕基兴（Partenkirchen）是老城，许多房屋的外墙上都画着精美的壁画，走在这老城的街道上仿佛回到了童话的世界。

显然，加米施—帕滕基兴小镇的建筑文化、圣经壁画文化形成了其“唯一”的文化特征，这种“唯一”对于喜欢壁画艺术的朋友们来说，建立了简洁的传播通路，并吸引他们从全世界来到这个童话般的小镇。世界上的特色小镇很多，但是巴伐利亚建筑和圣经壁画在全世界也就在这里完美呈现，这种“唯一”，令加米施—帕滕基兴小镇在世界范围内传播。

图8.1 加米施—帕滕基兴小镇的壁画文化

图8.2 加米施—帕滕基兴小镇的壁画文化

小镇文化自然流淌的精彩，大尺度的满镇壁画的风景，就是艺术张力的完美呈现。我们把加米施—帕滕基兴小镇的壁画文化称为小镇的文化“爆点”，应该是最恰当的表述。

对于任何特色小镇来说，利用小镇文化软实力，打造营销“爆点”本质上属于发挥文化IP的竞争力进行的市场传播，市场成本低，市场传播效果也会很好。

三、营销从IP营销突破

特色小镇的 IP 是小镇重要的符号和竞争力，小镇营销从哪里突破呢？IP 营销无疑是特色小镇营销的突破点。

对于特色小镇来说，营销的突破点在哪里？或者从哪个角度进行营销事半功倍？小镇 IP 往往是小镇最差异化的内容和形象点，最容易形成辨识度，最容易得到市场的感知、反馈，也最容易被媒体发掘并进行传播。

从法国格拉斯香水小镇的营销，可以清晰地看出小镇营销从 IP 营销做起的超级效果：法国格拉斯香水小镇作为“世界香水之都”“法国香水的摇篮”“世界上最香的小镇”，传播的核心就是“香水”和“芳香”，其独有的 IP，引领自然和谐浪漫的生活方式。众所周知，格拉斯小镇拥有全球顶级的香水生产地和度假胜地格拉斯小镇，是特色小镇的典范，以花田加工业为主导，拓展到香水旅游、花田高端度假，实现产业延伸驱动，在市场传播中始终围绕“香水”和“芳香”，以清晰的市场形象享誉世界，这正是特色小镇营销简单又容易成功的逻辑。

在特色小镇营销过程中，营销突破点的选择很重要，有些小镇营销偏离 IP 进行营销，一定劳而无获。

四、活动、节庆、赛事营销，名利双收的战法

如果大家关注国内外成功特色小镇的营销，往往会有共识：成功特色小镇普遍强化公关活动、节庆、赛事营销，而和小镇目标市场定位一致的公关活动、节庆、赛事既对小镇进行了广泛传播，又能真金白银赚钱。

对于达沃斯小镇来说，达沃斯国际论坛肯定是最有影响力的活动营销，每年国际政要、企业家光临吸引的世界范围的聚光灯，让这个小镇不用做任何广告就可以闻名世界，这就是活动营销的力量。

乌镇，在世界互联网大会选择成为会址后，其知名度的提升十分快速。作为由中华人民共和国倡导并每年在浙江省嘉兴市桐乡乌镇举办的世

界性互联网盛会，在搭建中国与世界互联互通的国际平台和国际互联网共享共治的中国平台，让各国在争议中求共识、在共识中谋合作、在合作中创共赢的同时，也让乌镇走向了世界。

上述达沃斯小镇、乌镇的论坛营销，任何特色小镇都可以恰当借鉴，并进行深度打造，操作成功的话，一定名利双收。

近年来，因为国家“中国战略”营销沾光的小镇不少，比如北京怀柔的雁栖镇，因为举办 G20 论坛，一夜之间成为举世瞩目的中国“会都”，下面的问题是怎样才能把雁栖镇打造成为货真价实的中国“会都”，让雁栖镇成为会议经济的翘楚，易铺智库特别建议雁栖镇深入进行论坛营销的策划和运作，通过类似达沃斯国际论坛的论坛运作，持续推动小镇会议经济的影响力，并最终建立雁栖镇“中国会都”的 IP 价值。

对于特色小镇来说，节庆也是小镇营销重要的推广和销售行为，农业产业特色小镇的“采摘节”“西瓜节”“南瓜节”“葡萄酒节”都是节庆的典型形式；工业特色小镇的“贸易节”“洽谈会”“交易会”“展示会”也是这样的节庆营销；文化小镇的艺术节、电影节等诸如此类的节庆都是重要的营销方式。

另外，各种赛事本质上也属于类似节庆一样的营销，其中体育赛事又是赛事的重要选项，各种特色小镇都可以结合自身的产业特点进行相关产业赛事的策划、运筹，通过赛事进行更加精准的小镇营销。

易铺智库长期从事特色小镇全产业链服务，也积累了深厚的特色小镇论坛营销、节庆营销、赛事营销经验，相信未来可以成为众多特色小镇营销合作伙伴。

本章就特色小镇的开发运营进行了系统性的总结，希望特色小镇的投资发展能够关注特色小镇市场化的运营理念，并对特色小镇不同阶段的运营内容、运营要点和目标建立系统的认知，在特色小镇的运营过程中始终树立特色产业、IP、交互运营的思维，掌握并将特色小镇的特色传播、文化传播、IP 传播、活动营销、节庆营销、赛事营销理念贯穿运营始终，最终实现对特色小镇的开发。

第九章　7大产业特色小镇典型案例分析

经过前面章节内容的梳理，相信大家对特色小镇的概念分类、国内外发展情况、产业定位、市场定位、产品定位和规划设计已经建立了体系化的思想。易铺智库从早期进行商业地产项目的专业服务再到特色小镇的智慧服务，始终秉承科学化、专业化的思想为行业健康发展指引方向。当前，特色小镇的发展已经成为未来中国城市化、城镇化发展的重要探索领域，易铺智库希望结合实践经验整理的本书对全国各地特色小镇的发展提供最专业的指导和借鉴，这也是易铺智库服务社会的企业精神的体现。

当我看到不少文章简单草率地提出中国特色小镇适合发展诸如此类模式的概念的时候，我首先认为这些文章绝大多数对产业的理解是肤浅的，甚至是模糊状态下的分门别类。另外，这种习以为常的“模式化”发展观点，忽视了市场化因素对特色小镇影响的程度，这特别容易误导市场。

易铺智库提出的8大产业价值除房地产业外都有可能成为特色小镇的特色产业，甚至不少特色小镇是2~3种产业的组合。本章将精选不同特色产业主导下的特色小镇案例，分门别类地进行研究和分析，能让大家更加直观、全面地对特色小镇的产业定位、市场定位、产品定位、规划设计、开发运营乃至投资等建立系统性的知识体系。

9.1 农业产业特色小镇的案例分析

一、案例1：法国格拉斯小镇

（一）浪漫的格拉斯小镇

格拉斯小镇（Grasse）位于法国东南部，在地中海和南阿尔卑斯山之间，是一座环境优美、气候温润、街道交错的中世纪小城，距离海边有 20 公里路程，特殊的气候非常适合花卉种植，再加上地区人文和产业偏好，小镇重点产业逐渐偏向花卉种植业及香水工业。花卉种植业包括了茉莉、月下香、玫瑰、水仙、风信子、紫罗兰、康乃馨及薰衣草等众多品种，其香精成为众多香水师心驰神往的理由。

法国是世界第一香水出口大国，占全世界香水出口量的 38%。而位居蔚蓝海岸的美丽小镇——格拉斯，则是法国香水的第一产地，这个不到 4 万人的地方，却有着超过 30 家的香水工厂。

自从 18 世纪末以来，格拉斯的香水制造业一直相当繁荣，风靡世界的品牌 Chanel No.5 香水就诞生于此，它也为法国赢得了“香水之国”的美誉。

格拉斯小镇生产法国三分之二的天然 aromas，用于制造香水和食品调味料。每年香水业为小镇创造超过 6 亿欧元的财富。小镇因为香水也设置有国际香水博物馆、弗拉戈纳尔美术馆、弗拉戈纳尔香水工厂、普罗旺斯艺术历史博物馆等著名景点，吸引着全世界的爱香及旅游的人士到来。

格拉斯小镇每年都会举行国际玫瑰博览会和“茉莉花节”，小镇在茉莉花节要举行盛大的活动，装饰华丽的花车穿过市镇，并设置焰火、免费派对、民间音乐团体和街头表演者等活动。如今，格拉斯小镇已成为探访香水之路的旅行者们争相拜访的圣地之一。

（二）格拉斯小镇特色产业的打造

1. 处处是花香的小城

格拉斯小城傍山而建，陡峭的台阶像一条条蜿蜒的带子，把小镇那些散落的塔式建筑和窄窄的石板路串在了一起。这里面朝大海，夏季地中海吹来的季风湿润宜人，阿尔卑斯山下的地下水加上充足的阳光，使格拉斯成为花草优生地带。

冬季圣诞节后，来自澳洲的黄绒花将格拉斯及整个蓝色海岸染成金黄色；春季，染料木的黄花取代黄绒花；夏季，田中是紫色的熏衣草；5 ~ 6 月份是玫瑰的季节，7 ~ 9 月茉莉盛开。此外，还有月下香、玫瑰、水仙、风信子、紫罗兰、康乃馨及薰衣草……由于格拉斯位处坡地，各个品种的花均找到了自己需要的海拔高度而各得其乐。每年在这个地区采集的花朵有 700 万公斤之多。

图9.1 格拉斯小镇的花田

在格拉斯小镇附近的山丘里，一座宁静的溪谷若隐若现，蜿蜒的乡间小路从中间划开，一条叫塞瓦涅的小溪平静地流过，另一边平坦的玫瑰与茉莉花田就是世界著名的香水圣地。这座名为 Le Petit Campadieu 的花田，法语的意思为“上帝的小营地”，是世界上最著名香水原料供应地。

这片为全世界无数女人酝酿芬芳的花田由Joseph Mul经营，他是格拉斯镇花田的第五代经营者，在他每天照顾的100公顷花田里，一半是蔷薇一半是茉莉。每年5月，从Joseph Mul的花田里，都会固定地收割50公吨的洋蔷薇用作制作玫瑰香膏(包含花朵香精像蜡一样的物质)的原料。这种5月蔷薇是这里最著名的香水玫瑰。每年9月，Mul的花田还要收割25公吨的茉莉送往Chanel的香氛加工基地，另外40%的玫瑰也都会服务于Chanel香氛系列。

Mul说过："从1986年起，我们的农田就是Chanel的香料供给商，Chanel是始终如一的老品牌，只要香奈儿5号存在一天，我们就会继续经营下去。"

2. 香水加工业的传奇之地

俗话说："世界的浪漫在法国，法国的香氛在格拉斯小镇。"早在16世纪，欧洲人就知道最迷人的香水出自格拉斯。可是你不会想到的是，征服了世界时尚圈的香水发明者和早期制造者竟是这里的"臭"皮匠。

16世纪时，嫁给法国国王亨利二世的意大利美妇人凯瑟琳·德·美第奇，把自己对香味的追求也带到了法国。当时的格拉斯是专门生产皮手套的地方，那时的传统手工业是使用橄榄油熟皮技术制作手套，然而经过橄榄油熟皮后的气味不太好闻。在凯瑟琳的建议下，皮匠们试着在制作熟皮时使用香精，从而制成了香味手套，很快在欧洲上流社会掀起了一场香味风暴，于是一些皮匠就转而专门为那些追赶时髦的贵妇制作香精了。

由于格拉斯随处可以采摘到鲜花和香草，使得这里的香精提炼技术日臻完美，当年的那些臭皮匠也渐渐成为女人魅力的制造者。制造这些香精是很费神的事儿，为了保证香精的质量，制造的过程十分考究。所有作为原料的鲜花，一律都是用人工采摘，时间要求很严格。像素馨的花，只能在凌晨4点至上午10点之间采摘，而茉莉花必须在凌晨4点至日出前带露水采摘，因为太阳一出来，它就没有什么香味了。这种近乎苛刻的传统方法被一代又一代地沿袭了下来，从而保证了格拉斯香水的高品质。

1730年，法国第一家香精香料生产公司诞生于格拉斯。从此，香水业逐渐在格拉斯落地生根。20 世纪 20 年代初，服装设计师夏奈尔将目光瞄向了香水市场。她的好友，香水调配师恩尼斯在格拉斯设置了实验室。夏奈尔求他帮忙开发一种特别的香水，为此她专程来到格拉斯学习用嗅觉感受玫瑰、紫罗兰及木兰等不同花朵的特殊香气。在恩尼斯的协助下，夏奈尔最终在无数样品中选出了第 5 号。“这就是我要的。”她说：“一种截然不同于以往的香水，一种女人的香水。一种气味香浓，令人难忘的香水！”于是，夏奈尔 5 号就这样诞生了。Chanel 的 No.5 号香水，成为了香水界的一个魔术数字，其代表美丽的传奇，也为法国赢得了“香水之国”的美誉。

法国香水全球闻名，但大多数中国人知道的是 CD、Chanel 这些在商业上很成功的大品牌，却不知道法国人自己用的香水则是来自南部小镇格拉斯的全部用花卉制作的手工香水。

花宫娜（Fragonard）在法国很有名气，是有百年历史的手工香水品牌，有人称她为骨灰级的香水国王品牌，该品牌只在法国销售，也是世界上第一个香水工厂，至今都还有许多品牌例如（Chanel CD 等）委托这里制作香水。无论是香水还是护肤品，花宫娜全部采用植物花卉为原料，决不盲目追求功效而添加有任何刺激性的化学物质，三百多年来始终如此。花宫娜的产品都有一种经过岁月沉淀的经典，不光是香水，还有很多是用格拉斯盛产的知名原材料制作的护肤品、香皂、固体香膏，这些宝贝不仅每个都散发着纯正的芳香，而且经过专家数百年的钻研更是具备了消炎镇定、保湿焕肤等多种作用。

3. 花香引来全球游客

法国南部的普罗旺斯——阿尔卑斯地区，统称“蓝色海岸大区”，古罗马人公元前 123 年就开始在该地定居。这里古典建筑比比皆是，既是世界顶尖画家梵高、塞尚、莫奈、马蒂斯、毕加索等人的故居，也有当代名流比尔·盖茨、贝克汉姆夫妇、威尔士亲王等人的别墅。这里日照充足，气候温润，是个旅游度假、休闲定居的好去处。格拉斯小镇就坐落在这样一个得天独厚的地方，典型的地中海气候，十分适宜花卉、果蔬的生长的一块福地。

格拉斯被称为是嗅觉的天堂，它拥有众多的香水博物馆、香水实验室、香水工厂、花田、高尔夫球场，每年全球有数十万游客来此探寻香水的历史，香水旅游成为时尚，旅游业也成为格拉斯的支柱产业。

图9.2 国际香水博物馆

著名的国际香水博物馆于1983年正式对公众开放，所在的建筑物是一栋建于1860年的拿破仑三世风格的市内住宅。国际香水博物馆是香水爱好者的朝圣之地，是每一个来格拉斯的人不可错过的驿站。走进博物馆，从温室花房里散逸出的香味会使你陶醉其中；在博物馆的玻璃橱窗中，你会见到各个时代用来盛香水的容器，欣赏到4000年以来各个时代与香料、香水有关的物品，了解到从古埃及到现代的所有香水制造技术；在这里，讲解员和调配师还会为大家阐释香水的制作过程。

了解香水，最好的方法除了参观香水博物馆，就是去香水制造企业亲身体验了。格拉斯可参观的香水工场有花宫娜 (Fragonard)、戛里玛 (Galimard) 和莫利纳尔 (Molinard)。戛里玛推出的游览服务包括：讲解香水制造的基础知识、提供各语种的免费导游。游客还有机会进入香味工作室配制自己所需要的香水。出于同样的想法，莫利纳尔香水制造厂推出了名为“香水大师”的旅游项目，向游客介绍提炼香精的“秘密”。在花宫娜的香水博物馆，能看到香水的古老生产过程：妇女们穿着当地的传统服装，在日出前的玫瑰田里采摘花朵；隆隆的机器轰鸣声中，工人们摇晃着各种瓶子，用各式大大小小、奇形怪状的煮锅、滚筒、蒸馏锅来压榨、提炼、萃取香油。要知道，一吨的茉莉花只能得到一升的精华，而一公顷田里的薰衣草也只能榨出 15 磅的香油。

在格拉斯，还有一间培养调香师的学校，招收任何年龄的学生，不一定要有经验。不过，唯一条件是鼻子要够灵敏，因为每个学生都必须学会分辨 500 种不同的气味才准予毕业。不过，懂得分辨 500 种气味也只能晋身为初级专业香水师，一个受业界承认的“香水鼻”，至少要能分辨出 4000 种香味，还需要另外 5 年的学徒训练。在学校里，更多传授制造香水的技巧，特别集中在比较难调配的天然香水材料，而非现在越来越普遍的化学合成香水。想要修读这个收费 9000 欧元的课程，学生还要通过半天的入学考试，除了测试对香味的敏感度，还会考验创新能力。

（三）分析及总结

法国小镇格拉斯最初成名于皮革业，后来因环境污染发展了养花，再后来格拉斯便借了花的精髓成了世界的香水之都，如今旅游业又成了小镇的主导产业。格拉斯小镇历经了多次的产业转型，并最终走上了以绿色农业为基础（鲜花）、新型工业为主导（香水）、现代服务业为支撑（旅游）的经济发展模式，并始终保持着活力。

从格拉斯小镇的发展过程可以看出，农业产业特色小镇赖以发展的特色种植或养殖是小镇产业发展的基础，没有鲜花种植形成的产业基础，就不可能有芳香四溢的生态，就不可能有新型工业（香水）的导入，至于闻名遐迩的旅游风情更不可能享誉世界。

农业产业特色小镇能否支撑大规模工业发展，是农业产业特色小镇都需要思考的问题：农业产业养殖、种植规模足够大，规模工业化，工厂才能开起来，否则农业产业无法形成工业产业链。对于中国众多的农业产业特色小镇来说，能否大规模工业化必须合理评估农业种植、养殖的产业规模。当然，作坊式的工业化对于很多农业产品是适合的，不牵涉复杂的产业规模决策问题。

从格拉斯小镇产业发展过程看，农业产业特色小镇工业化的定位对于小镇发展影响深远：无论什么工业，讲求生态环境保护是成功的基础；工业定位需要选择新型工业等有发展潜力的方向，不可以把污染严重的传统工业引进来。

农业产业和工业产品都是大众日常消费品，而且是中高端消费者钟爱的鲜花、香水等产品，这样的产品组合共振形成的影响力更大，为格拉斯小镇的世界影响力奠定了产品既 IP 的市场价值，也是特色小镇定位的精髓所在。当这些都成为格拉斯小镇的内容后，旅游产业自然蓬勃发展。

在格拉斯的发展历程中，有两次重要的转型，第一次是工匠们积极抓住市场机遇，从手工皮手套生产转向了香精、香水的生产；第二次是随着本地原材料成本的提高，转向国际化采购原材料，转向旅游业，以获得更高的附加值。

格拉斯小镇的持续转型过程说明特色小镇市场化的特点，运营者需要不断根据市场的变化进行转型调整，才能保证小镇持续的活力，绝对不是建成后一成不变。

二、案例2：台湾清境农场——“小瑞士”

休闲农业的发展促进了台湾农业的成功转型，甚至可以说是起到了至关重要的作用。台湾休闲农业起源于 20 世纪七八十年代，至今已有三十多年的发展历史，目前台湾的休闲农业已经走红国际市场，中国香港、中国大陆、新加坡、马来西亚等地的游客不断增多。

（一）惬意的清境农场

清境农场是台湾休闲农业的经典项目之一，创建于 1961 年，位于台湾南投县仁爱乡，邻近合欢山，面积 700 公顷，海拔 1748 米，有“雾上桃源”的美名，是台湾最优质的高山度假胜地。

清境乡村农场利用优质的草场和山地景观资源，打造特色农场和风情民宿，吸引游客远离城市，体验独特的山地田园风光。

图9.3 清境乡村花园

清境乡村花园——来自世界各地的花花草草所交织成的百花风貌，让人仿佛置身于欧洲世界，清境农场也因此有了“小瑞士”的美名。登高远眺清境云雾，山岚徐徐弥漫，如梦如幻，小瑞士花园又有了“雾上桃源”这一美称。

“挪威森林广场”“阿尔卑斯双塔”“落羽松步道”“主题花园”等，皆环绕着“天鹅湖”而建，欧洲花园般的景色让民众可以放松身心，别有洞天的景色，辽阔的绿意，遍洒的花海，使人心旷神怡，令人流连忘返。

清境乡村亲子体验——海拔 2000 多米的草原上，小朋友可以自由自在地奔跑，更可以和羊合影，工作人员会给小朋友讲解羊的趣事，讲述清境农场的历史。

（二）清境农场特色产业的打造

台湾休闲农业成功的原因在于通过“情景消费”，创造出大量的奇观、风景和主题。注重定位、强调特色，在“体验经济”理念之外，还创造了“分享经济”理念，即休闲农业经营者与游客分享乡村生活，变“消费者为上帝”“与客人成为志同道合的朋友”。

1. 清境农场整体规划

(1) 线：车行路、六大步道意境深远。清境六大步道最能让人深刻地感受到清境的真实面貌。坐落在青青草原四周的六大步道：大片的茶园，碧绿青翠就像是湖泊般的翠湖步道；近距离接触羊群、牛群是农场畜牧中心的畜牧步道；柳杉群林，寻幽静谧，享受森林浴最佳去处的是柳杉步道；最佳观落日美景的落日步道；拾阶而上的步步高升步道；最具人气指数遍布白色法国菊玛格丽特，十分具有欧洲风情的玛格丽特步道。一路由北到南相互连接的步道群，是踏青、健行、赏景的连接网脉。

（2）点：游客中心、休闲中心与特色民宿是相辅相成的。清境农场著名的民宿区，建筑各有特色，感觉仿佛漫步在欧洲的不同风情，加上新兴景点摆夷文化风情观览、云端上喝咖啡、高山上听民歌、游PUB等，清境农场吸引着众人前往。

为了广泛地进行传播，清境民宿通过策略联盟经营的方式，成立了清境观光发展促进会，共同进行营销活动推广，在对外事务的利益争取、地区发展的规范、地区的资源分配与协调等方面取得了很大的进展，进一步推动了当地乡村民宿的健康发展。

（3）面：草场、牧场、花园、茶园浑然一体。将景区节点离散化，在草场、牧场、花园和茶园等各个片区打造不同主题的景观和休闲娱乐活动。

图9.4 清境农场和谐的乡野

在这片偌大的仙境之中，最受欢迎的景点莫过于清境农场的青青草原以招牌“羊咩咩脱衣秀”最负盛名，深得大众喜爱。绵延不尽的草地上有着成群的牛羊不时穿梭其中，山林田野的纯净之美，徜徉其中不但可近距离地接触到牛羊，还能欣赏到可爱的“绵羊秀”。

(4) 创意文化植入。以本地摆夷族文化为主题，打造包括节庆、美食等多重参与性文化体验，挖掘当地文化潜在价值。

2. 清境农场运营策略

定制化服务：个性定制化旅游服务，满足不同客户需求；

分散式布局：依山就势，各景点分散式布局；

统一性管理：管理委员会统一经营管理；

运营开发策略：清境农场前期依托草场资源发展观光旅游，撬动区域价值。后期植入特色民宿、文化体验，综合服务等多元业态，以休闲度假功能、景观体验、多主题设施作为核心竞争力；

创新盈利模式：核心服务全部自持运营获取收益，少量民宿和商业由本地村民自营，少量民宿和商业村民自己运营管理，与景区无关。

（三）分析及总结

1. 清境农场成功经验

(1) 依托先天山地草场资源禀赋，打造独特的城郊休闲农场风光，而非传统景区大规模开发植入；

(2) 建立了完善的功能体系，依山就势，分散景点布局，通过交通串联景区各个节点，形成“线、点、面”彼此联动的内部格局；

(3) 将创意文化植入到关联活动中，少数民族文化的植入，融入到各种主题活动中，成为大众游客的核心吸引力之一；

(4) 创新盈利模式，统一经营管理，核心设施全部自持运营，少量民宿和商业由本地村民自营，有利于统一管理和服务的提高。

对于中国众多的乡村小镇来说，每个有独特生态环境并得到良好保护的小镇都可能发展成类似的特色小镇，原则很简单：最大限度进行特色打造；最大限度保护好生态环境；用心进行体验休闲空间和项目的发展；动脑筋进行特色文化植入；用心进行统一运营管理。

对于距离一线、二线城市比较近的乡村小镇，这样的市场机会更多，成功率往往很高。客观讲，在一线、二线城市周边的乡村小镇，未必一定按照国家颁布的特色小镇评定标准上纲上线、求大求全，只要做好特色、守好生态、做好产品和服务，适当进行文化植入，就能够取得成功。看看北京、上海、深圳、广州、成都、杭州等周边的小乡村，虽然尺度、空间、设施达不到乌镇、古北水镇等水平，但还是有不少小乡村取得了良好的发展。

2. 田园综合体——清境农场理念的创新发展

近来，无锡田园东方引领的“田园综合体”成为农业特色小镇有活力的新探索。田园东方是我国目前比较成功的田园综合体落地案例，是田园综合体的先行者。由东方园林产业集团投资50亿元建设的国内首个大型田园综合体项目于2016年3月份启动，项目规划总面积6246亩，于4月初启动建设，力争通过3至4年全面完成。

田园东方位于江苏无锡阳山镇，集现代农业、休闲旅游、田园社区等产业为一体，倡导人与自然和谐共融与可持续发展，通过“三生”（生产、生活、生态）“三产”（农业、加工业、服务业）的有机结合与关联共生，从而实现生态农业、休闲旅游、田园居住等复合功能。

图9.5 无锡田园东方

（1）建设原则田园综合体包括农业、文旅、地产三个产业。

农业主要做三件事：现代农业生产型产业园＋休闲农业＋ CSA（社区支持农业）；

文旅产业主要打造符合自然生态型的旅游产品＋度假产品的组合，组合中考虑功能配搭、规模配搭、空间配搭，此外还增加了丰富的文化生活内容，以多样的业态规划形成旅游度假目的地；

地产及社区建设，无论改建还是新建，都按照村落肌理打造，即使是开发，那也是开发一个“本来”的村子，并且更重要的是要附着管理和服务，营造新社区。

需要特别指出的是，田园综合体不是要打造一个旅游度假区，而是打造一个小镇本身，只是这个小镇有很多旅游度假设施，小镇本身也具有非常丰富的旅游价值。

(2）田园综合体的组成

景观吸引核：吸引人流、提升土地价值的关键所在。依托观赏型农田、瓜果园、观赏苗木、花卉展示区、湿地风光区、水际风光区等，使游人身临其境地感受田园风光和农业魅力。

休闲聚集区：为满足客源的各种需求而创造的综合产品体系，可以包括农家风情建筑（如庄园别墅、小木屋、传统民居等)、乡村风情活动场所（特色商街、主题演艺广场等)、垂钓区等。休闲聚集区使游人能够深入农村特色的生活空间，体验乡村风情活动，享受休闲农业带来的乐趣。

农业生产区：生产性主要功能部分。让游人认识农业生产全过程，在参与农事活动中充分体验农业生产的乐趣，同时还可以开展生态农业示范、农业科普教育示范、农业科技示范等项目。

居住发展带：城镇化主要功能部分。居住发展带是田园综合体迈向城镇化结构的重要支撑。通过产业融合与产业聚集，形成人口相对集中居住，以此建设居住社区，构建城镇化的核心基础。

社区配套网：城镇化支撑功能。服务于农业、休闲产业的金融、医疗、教育、商业等，我们称为产业配套，由此形成产城一体的公共配套网络。

(3）产业延伸与互动模式设计

在田园综合体中，一二三产业互融互动，通过各个产业的相互渗透融合，把休闲娱乐、养生度假、文化艺术、农业技术、农副产品、农耕活动等有机结合起来，能够拓展现代农业原有的研发、生产、加工、销售产业链，使传统的功能、单一的农业及加工食用的农产品成为现代休闲产品的载体，发挥产业价值的乘数效应。

从上述田园综合体的案例看，这种思路对于绝大多数小镇具有借鉴性，尤其对于其他特色产业优势不明显的小镇，更有参考价值。当然，进行田园综合体的发展需要极限强化规划、景观、项目、运营的体验消费特征，并在农业、文化旅游和地产中均深入融合。

9.2 工业产业特色小镇的案例分析

一、6个国外工业产业特色小镇基本情况

（一）案例 1：瑞士朗根塔尔小镇

图9.6 瑞士朗根塔尔小镇

5 世纪至 16 世纪，朗根塔尔小镇一直是一个重要的集镇。12 世纪时，朗根塔尔建立修道院，农业因灌溉系统而蓬勃发展，为之后的产业发展打下了坚实的基础。随着许多工匠和小企业的入驻，镇上商品供大于求，每年两次的集市活动不得不改为每周举行一次。1640 年，朗根塔尔小镇成为欧洲的亚麻帆布织品中心，并向各国出口纺织品。

特色：以出众的纺织品业闻名，成为众多企业总部中心。

作为纺织品中心，朗根塔尔政府将质量提升作为第一要义，并在 1785 年就出台了相应的质检标准和程序。这一举动，虽然清除了一部分不符合要求的企业，但也对朗根塔尔产的纺织品行业造成了一定的抑制。当然，严格的质量要求却换来了更大市场的信任。

如今，许多全球企业如 Lantal 纺织品公司和 AMMANN 集团总部都设立在朗根塔尔。除了传统的纺织品外，充足的劳动力和长久形成的品质要求，使得朗根塔尔的瓷器也名声大噪，还因此成为纺织品之后最成功的产业之一。

（二）案例 2：法国维特雷小镇

图9.7 维特雷小镇

维特雷是法国境内的一个内陆城镇，位于布列塔尼大区东部，因地势原因，维特雷在两次世界大战期间才得以幸存。从1950年开始，维特雷的农业开始低落，农民逐渐向其他城镇转移；同时，维特雷的传统工业受到来自发展中国家低廉劳动力的冲击，所以只有奢侈品鞋业的家族企业得以维持生存体系。

特色：及时向新兴工业转型发展调整。

农民的迁徙和传统工业的衰败给维特雷带来经济冲击的同时，也萌发了新型工业的诞生。如为雷恩的标致汽车厂发展机械工业、分包加工业，还生产芯片银行卡，且三分之二都用于出口。也因此，逃脱了劣势的地理位置，维特雷不仅在全球金融危机中保持着经济的增长，还积极推广维特雷城堡，吸引着全球的游客来访。

（三）案例3：法国干邑小镇

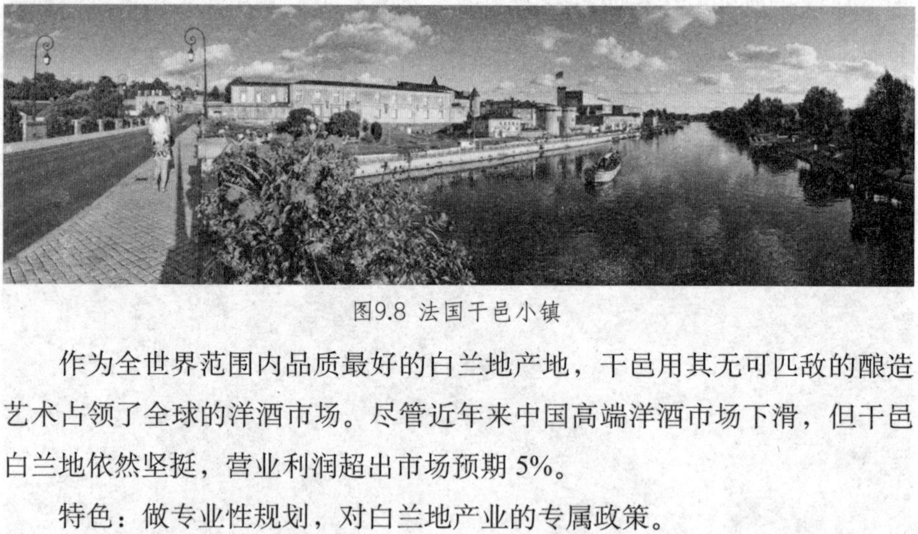

图9.8 法国干邑小镇

作为全世界范围内品质最好的白兰地产地，干邑用其无可匹敌的酿造艺术占领了全球的洋酒市场。尽管近年来中国高端洋酒市场下滑，但干邑白兰地依然坚挺，营业利润超出市场预期5%。

特色：做专业性规划，对白兰地产业的专属政策。

干邑拥有得天独厚的自然环境，是最优质的葡萄产区，但越是珍贵越是要“对症下药”，法国政府依据土壤和气候将干邑分区，用来系统地区分白兰地的口味。另外，法国政府还设立特优香槟干邑来定义白兰地的价值，清晰的分级制度使得白兰地不论从酿造还是之后的销售，都具有品质的保障和稳定的销路。

（四）案例 4：最甜蜜的小镇——美国好时镇

世界上最大的巧克力产地，由米尔顿·好时先生（Milton Hershey）率先在小镇上创建巧克力工厂发端。

图9.9 美国好时镇

目前，小镇有 3 家现代化巧克力生产工厂。该镇除了是著名的巧克力生产地外，还是美国著名的旅游场所，其著名旅游项目包括好时巧克力世界、好时博物馆和巧克力 SPA，镇上的居民几乎全是好时公司的员工。小镇由一家食品工厂开始，到逐步发展成好时镇，再到美国著名的巧克力主题旅游城市，实现了产业联动，形成了“特而强”的产业优势。

（五）案例 5：丹麦卡伦堡——工业循环经济小镇

想象一下，如果工业城市的产业链就像条食物链，A 公司的废物是 B 公司的食物，发电厂的蒸汽提供给制药厂，制药厂的污泥变成邻近农场的肥料，这样的模式可能发生吗？丹麦卡伦堡市正是企业共生与循环经济的典范。

图9.10 丹麦卡伦堡

卡伦堡位于丹麦首都哥本哈根西边约百公里，是个规模不大的小镇，居民约5万。过去40年，卡伦堡创造出产业共生模式“你的废物是我的原料概念”，证明跨产业的资源循环利用并非梦想。

最初，这里只有一座火力发电厂和一座炼油厂。经过数年的发展，20世纪60年代末开始，卡伦堡的主要企业相互间交换蒸汽、不同温度和不同纯净度的水以及各种副产品或者“废料”。20世纪80年代以来，当地发展部门意识到它们逐渐地，也是自发地创造了一种体系——“工业共生体系”，其体系使这个不为人知的小镇在世界上有了名声。历经几十年的发展，其规模和影响力不断扩大，已经成为其他国家发展循环经济、实施区域循环经济的传统典范。

据了解，目前在卡伦堡工业共生体系中主要有四家企业：丹麦最大的火力发电厂阿斯耐斯瓦尔盖发电厂，发电能力为150万千瓦；丹麦最大的炼油厂斯塔朵尔炼油厂，年产量超过300万吨，消耗原油500多万吨；丹麦最大的生物工程公司挪伏·挪尔迪斯克公司；瑞典企业吉普洛克石膏材料公司。

卡伦堡市政府也参与了该共生体系的运行，它使用发电厂出售的蒸汽给全市供暖。共生体系内的成员相互间的距离不超过数百米，由专门的管道体系连接在一起。此外，工业园区内还有硫酸厂、水泥厂、农场等企业参与到了工业共生体系中。

由于进行了合理的链接，能源和副产品在这些企业中得以多级重复利用。这些企业以能源、水和废物的形式进行物质交易，一家企业的废弃物成为另一家企业的原料。炼油厂的废水经过生物净化处理，输送到发电厂，作为发电厂冷却发电机组的冷却水。炼油厂生产的多余燃气则作为燃料供给发电厂，部分替代煤和石油，每年能够使发电厂节约煤 3 万吨，节约石油 1.9 万吨。同时，这些燃气还供应给石膏材料厂用于石膏板生产的干燥之用。发电厂产生的蒸汽供给炼油厂和制药厂（发酵池），也把蒸汽出售给石膏厂和市政府，它甚至还给一家养殖场提供热水。发电厂一年产生的 7 万吨飞灰，被水泥厂用来生产水泥。企业间通过这种“互助”，实现了废弃物的循环利用，达到了节能减排的目的。

要探求卡伦堡小镇的发展动力，可以看出以下几点：

第一个驱动力来自于政策机制。政府在制度安排上，对污染排放实行强制性的高收费政策，这使得污染物的排放成为一种成本要素。例如，对各种污染废弃物按照数量征收废弃物排放税，而且排放税逐步提高，迫使企业少排放污染物。为了防止企业在追求利益的动机驱动下隐瞒危险废弃物、逃避废弃物排放税而给社会造成巨大危害，对危险废弃物免征排放税，采取申报制度，由政府组织专门机构进行处理。与此同时，对于减少污染排放则给予经济激励。这是卡伦堡生态工业模式产生的基本原因。

第二个驱动力来自于企业经济效益和长期发展。卡伦堡地区水资源缺乏，地下水很昂贵，发电厂的冷却水若直接排放不仅会导致水的供给短缺，使得当地其他企业无水可用，发展受到限制，而且还要缴纳污水排放税。

因此，其他企业主动与发电厂签订协议，利用发电厂产生的冷却水和余热。因为在卡伦堡，对于那几家企业来说，加工废水重新利用的成本与缴纳污水排放税相比可以节约50%的成本；而与直接取用新地下水相比可以节约成本约75%。因此，水的循环利用成为最早循环利用的生产要素。这是卡伦堡生态工业存在并发展的核心。

第三个驱动力来自于企业的生态道德和社会责任。卡伦堡的制药厂利用制药产生的有机废弃物制造有机肥料，免费送给周围的农场使用。作为回报，企业从农场获得农产品做原料。这使制药厂与农场之间成为循环经济联合体，实现了污染物的零排放。这是制药企业追求对社会负责任形象和生态道德的结果。

同时，丹麦卡伦堡还积极打造绿色宜居环境，引导地区居民健康的生活方式，形成绿色生产和生活方式的良性循环。

这个案例对于中国的工业镇的发展很有借鉴意义，建议政府相关部门可以解决参考。

（六）案例6：德国赫尔佐根赫若拉赫——全球体育用品公司总部所在地

赫尔佐根赫若拉赫是巴伐利亚州埃尔朗根—赫西施塔特县的一座古老城市，距离纽伦堡23千米。中心历史城区、手工业发展传统，以及就业市场的吸引力，让这座小镇有着高品质的生活。这里也是三家全球企业阿迪达斯、彪马、舍弗勒的总部，其为当地经济带来了1.67万个就业岗位(2011年)。作为全球体育用品商的阿迪达斯是城市区域里最大的公司，每年营业额为145亿欧元，在全球共拥有4.7万名雇员。

二、工业特色产业特色小镇案例分析

对于任何工业产业小镇来说，如何成就工业特色小镇无疑是大家的梦想。

任何以工业为特色的小镇都需要先根据自身的地理环境、市场环境做考虑，制造业需要充足的劳动力、成熟的基础建设以及完备的交通系统等先决条件，不能跟风迎合热度产业，选择合适小镇条件的工业才能打造成功的特色小镇。其发展关键是根据地理环境、资源储备等决定合适的“特色”工业。

国外成功的工业产业特色小镇的产业发展经验，可以总结如下：

1. 形成系统的产业规划

这些工业产业特色小镇在资源投入方面具有良好基础。通过对这些资源的流向以及资源之间的配比规划，从而形成产业化基础。同时，在为特色小镇的打造中，怎样对自然环境进行保护，确保工业符合可持续发展，既是难点也是竞争力。

2. 建设“专业性”的工业流程

这些特色小镇所涵盖的工业项目都不太广泛——并不是说工业小镇只能做一项工业产业，而是要将一个或者几个工业产业做精做细。与此同时，需要相应的质量保障体系，保证产品是专业的，同时保证生产过程和服务流程也具有专业性，形成良性循环才是成功之道。

3. 确定“战略性”的工业高标准

瑞士朗根塔尔之所以能够成为纺织品中心，与朗根塔尔政府将质量提升作为第一要义密不可分。“战略性”的工业高标准对于生活消费类工业制造来说既是门槛，也是产品形象的象征，不符合要求的企业被清除，严格的质量要求会换来更大市场的信任。对于中国的工业小镇来说，这是走向工业特色小镇的必由之路。

4. 向新型工业转型发展，未雨绸缪

在移动互联网和人工智能对所有行业产生革命性影响的今天，工业领域面临的新型工业趋势比历史上任何时候都更紧迫、更彻底。如果工业小镇能站在技术革命趋势的制高点向新型工业转型，那么这样的工业小镇更有可能具备成为工业特色小镇的条件。

经过近40年的发展，中国制造的竞争力实际上是由遍布全国的，以长三角、珠三角、京津冀为主的工业镇聚集的制造业实现的，且取得的成就惊人。这些工业镇当前面临的问题除了市场环境变化外，还有四个问题，那就是：环境保护不足导致的生态环境问题、传统工业向新型工业转型发展问题、基础设施不完善问题以及旅游发展滞后问题。其中，环境问题牵涉到工业升级，也算新型工业转型的内容，至于新技术趋势带动的新型工业转型更是这些工业镇面临的挑战，这和思想、技术、人才、投资都密切相关。

对于中国经济赖以发展的中国制造来说，遍布全国的工业镇向新型工业转型发展的重要性甚至超过特色小镇发展的需要，因为中国制造的转型问题是国家竞争力问题，还不是单纯的特色小镇发展问题。

我们无比期待全国各地的工业小镇在向新型工业转型的道路上，以创新和远见走得坚定、彻底，我们更希望见证中国工业特色小镇的全国性发展，因为那将意味着中国制造华丽的转身。

三、工业产业特色小镇发展总结

从上述欧美6个工业产业特色小镇的发展经验，可以总结出以下结论。

1. 拥有强大的地方自治权

（1）独立的财政权利。瑞士中小城镇的大部分收入来自居民和企业的税收，每个城镇可以设定各自的税率，因此能吸引更多的居民和企业进驻。

（2）总规划师制度。德国所有中小城镇的地方政府管理机构都雇有专业城市设计师，负责指导当地的土地发展，颁发建筑许可，调解相关的法律纠纷，为当地发展寻求公众支持，参与区域规划战略，与市民沟通并了解其需要。

（3）重视对公共服务领域的投资。如德国设立公共设施的等级配给制度，完善各级中心相应的属性都成为地方公共管理机构职责的重要组成部分，保证地方政府在发展和运营公共服务中能够得到相应的支持等。

2. 专业化的产业集聚氛围

（1）具有悠久的手工艺传统，对私营企业和个体经营的重视和支持，使这些企业各自活跃于地方、区域或全球市场。

（2）拥有合格的人才，注重对年轻技术人才的培养和素质的提升，使雇员具有可靠、勤奋、受教育程度高等久负盛名的优秀品质。

(3) 较高的服务水平，由中小企业形成的互补、灵活、创新能力强的工业肌理以及自上而下与自下而上体制的互动和政治环境，使企业在全球化市场中凭借城市网络的聚集效应增强自身竞争力。

3. 重视与大城市的合作疏通

在“大都市化”历史背景之下，小城镇成为大都市区域和地方空间的交界点，扮演着“枢纽角色”。特色小镇起到了“衔接功能”，让所有的地方都能和那些向世界经济开放的大都市相联系，故而国家的医疗政策、高等教育政策和交通政策都给予这些“中介城市”以极大关注。国家通过“城市契约”推动了地方性项目的进程，并促进了中小型城市的基础设施发展。

9.3 生态产业特色小镇典型的案例分析

一、两个生态产业特色小镇案例

(一) 案例 1：依云小镇

依云小镇位于法国 Haute-Savoie 地区，背靠阿尔卑斯山，面临莱芒湖，湖对面是瑞士的洛桑；小镇依着半圆形湖面而建，只有七千多居民，居民生活富足；小镇青山绿水、环境优美，是欧洲人休闲度假、夏天疗养、冬天滑雪的绝佳场所。

依云小镇以“水”出名，最著名的是以小镇名命名的矿泉水而闻名于世。而依云水的发现是一个传奇。1790 年，一个法国伯爵来到依云镇，喝了一口卡查特家的泉水，觉得泉水清甜爽口，于是每天都跑去喝几口，过了一阵子，他久治不愈的肾病竟好了。他相信这是泉水的功劳，便四处宣扬泉水的“疗效”，引得附近居民纷纷跑来讨水喝。

图9.11 法国依云小镇

1824年，第一家用这种矿泉水洗澡的浴室开张。两年后，国王授权把泉水罐装卖到外地。也因此，小镇于1864年正式取名为依云镇，依云水开始被大量出售，成为地区的第一大产业。从此，依云的名字在法国传遍，吸引了更多人来这里度假。

在镇上，关于水的第二个传奇是SPA，法国所拥有的温泉数占欧洲的五分之一，而法国人最引以为豪的则是他们的医疗温泉，依云是其中代表。1902年，闻名法国乃至全世界的依云水治疗中心成立，主要提供依云天然矿泉水SPA、按摩师根据病痛的部位按摩治疗服务、母婴游泳和产妇产后体型恢复养生服务。

之后，依云小镇逐渐成为依云水、旅游、疗养等主导的文化旅游目的地，小镇70%的财政收入来自于依云水文化息息相关的产业，当地居民对依云水也充满着深厚的感情，从而将小镇打造成一个安宁祥和、闲散安逸、满眼葱翠而经济发展和生活水平较高、居民幸福指数较高的文化旅游小镇。

依云小镇是典型的依靠当地的地理特色和自然资源这些生态产业基础而形成的产业小镇，以依云水品牌为主导，从初期的疗养胜地，到水主题的养生度假胜地，最后逐步形成集聚旅游度假、运动、商务会议等多功能的综合型养生度假区。

（二）案例 2：火山游览胜地——黑龙江五大连池镇

黑龙江省西北部的五大连池镇，是我国著名的火山游览胜地。公元 1719 ~ 1721 年，火山爆发堵塞了当年的河道，形成了五个互相连通的熔岩堰塞湖。这里有景色奇特的火山风光、丰富完整的火山地貌和疗效显著的矿泉“圣水”，已经成为一个集游览观光、疗养休息、科学考察多种功能的综合性天然风景名胜区。五大连池除五个堰塞湖外，还有许多古代和近代的火山。中、近期形成的火山共 14 座，其中老黑山和火烧山年龄最小，但体态庞大，景色尤佳，是五大连池中最佳景区。老黑山山势高耸，植被葱郁，相对高差达 166 米，是 14 座火山中最高的一座。

图9.12 火山游览胜地——五大连池镇

火山、岩溶、湖泊、矿泉构成了五大连池景区世界顶级旅游资源，也奠定了五大连池景区旅游产业、康疗产业、矿泉产业三大产业的市场基础。

随着持续发展，旅游产业、康疗产业和矿泉产业逐步转型升级，构筑了景区未来发展及打造世界旅游目的地的巨大空间。

景区在旅游产业转型升级方面，鼓励居民开设农家乐、家居宾馆，加快旅游商品、纪念品研发，规划建设旅游商品购物中心，增加地方特色服务，旅游接待由粗放经营向精准服务转型；开发低空飞行旅游、骑马、射箭、垂钓、游泳、科考、探险等项目，游览由观光向体验转型；发展冬季雪景游、雪地温矿泉浴康疗游、冬季试车游、越野滑雪，旅游旺季由一季向四季转型；改造升级“神山圣水亘古情”舞台剧，挖掘民俗、火山、矿泉文化内涵，推出文化娱乐项目，旅游文化由松散向集约转型。

一年一度的火山圣水节在 6 月 7 日举行，活动基本上都可以吸引数十万游客参与。历经几十年的积淀，火山圣水节已成为景区的文化名片和北方少数民族的狂欢节。

五大连池景区康疗产业逐渐向保健疗、体验疗方向转型。2016 年，景区改造升级南药泉、北药泉、翻花泉康疗设施，配套建设保健康疗、体验康疗设施。

景区也打造了“五大连池”矿泉水品牌，已经建立了良好的知名度和市场占有率。未来需要加快延伸产业开发，引进有实力、善经营的企业开发专业水、功能水、高端水和饮品、食品、火山泥化妆品等。

二、生态产业特色小镇案例分析

法国依云小镇的依云矿泉水享誉世界，本身就是 IP ；依云小镇原生态的环境无疑打造了其 IP 特质的生态产业：依云小镇作为法国温泉第一镇，矿泉水级别的水质打造的生态环境令这个小镇吸引着来自世界各地的目光。

对于依云小镇来说，生态环境的保护越纯粹，越能吸引更多的旅游者。

对于五大连池镇来说，大自然留下来的火山游览胜地就是天然的生态，并成为小镇特色。不要各种各样人工的方式、工业的方式影响其纯粹，这就是最好的生态产业的打造——上帝留给小镇的无价财富。

对于五大连池镇来说，要做的主要是旅游产业、康疗产业和矿泉产业配套和设施的完善和提升，保证足够的人性化服务和服务品质是基本标准。

三、生态产业特色小镇发展总结

依云小镇通过依云矿泉水级别的水质打造了世界级别的 IP，这是典型的把生态环境打造到极致形成生态产业价值的案例，原生态是基础，依云矿泉水是特色，其他旅游配套只要保证足够的人性化服务和服务品质，就很容易成功。

和依云小镇类似的城镇，中国也有几个，主要面临的问题是：原生态的保持存在各种各样的问题——尤其是传统思路的工业招商，经常将生态环境毁于一旦；生态环境没有形成特色，更不要说成为 IP；配套服务缺乏人性化，服务品质低。

五大连池，五个火山喷发形成的堰塞湖，打造了中国不可多得的火山游览、疗养胜地 IP，这是典型的原生态地理运动极致形成原生态产业价值案例，原生态是基础，火山是特色，其他旅游配套只要保证足够的人性化服务和服务品质，就很容易成功。

中国乡村变成“美丽小镇”，一方面是“美”的问题，另一方面是生态环境复原和保护问题。严格地讲，生态产业特色小镇也属于旅游产业特色小镇的范畴。之所以单独研究，是希望强化生态产业价值，并把这类大自然给予人类或通过祖辈建立的生态环境形成的旅游价值和其他诸如主题公园、水上乐园等人工雕琢形成的旅游目的地有所区别。

9.4 旅游产业特色小镇典型的案例分析

一、旅游产业特色小镇案例

旅游产业特色小镇主要指依托区位、自然资源、人文资源、特色产业、特色社区等优势发展旅游产业，并使之与其他相关产业、居住社区、其他旅游区（或风景区）发生交互关系的小镇。下面精选国内外典型案例以飨读者。

（一）案例 1：大花园式的葡萄酒小镇——法国埃吉桑小镇

小镇位于法国科尔马城西南 6 公里处，是阿尔萨斯地区最古老的村落之一，曾被评为法国最适宜居住的小镇。

图9.13 葡萄酒小镇——法国埃吉桑小镇

特色：

（1）德法交融的特色风情——独特的地理位置决定了小镇德法交融的美丽风情，彩色的小屋与满街的花朵构成了城市的主要风景。

（2）美妙绝伦的城市布局——这里历史悠久，有许多保存完好的中世纪建筑。同时小城布局非常特别，整个城市是由街道、围墙和房屋围起的三个同心圆，圆心为一座 13 世纪建造的城堡，独具匠心。

（3）悠久的葡萄酒文化——这里被誉为“阿尔萨斯葡萄酒摇篮”，小镇随处可见古老的酿酒作坊，不定期举办的“葡萄酒节”吸引了大批葡萄酒热爱者的前往。

（二）案例 2: 湖光山色的安宁小镇——瑞士卢塞恩

卢塞恩位于瑞士中部，罗伊斯河出口与四州湖的交界处，是卢塞恩州的首府。

图9.14 湖光山色的安宁小镇——瑞士卢塞恩

特色：

(1) 山水风光的典型代表——卢塞恩三面靠山，一面临湖，湖面水雾氤氲，湖水蜿蜒曲折，山色葱茏苍翠，整个城市安宁沉静，如一幅优美的风景画。

(2) 大型节庆——国际音乐节。该音乐节是欧洲主要的音乐节，至今有六十多年的历史。许多著名音乐家（包括福特万格勒、卡拉扬等）都曾在该音乐节上演出。

(3) 古老的建筑，悠久的历史文化——城市随处可见中世纪的教堂、塔楼及文艺复兴时期的百年老店。卢塞恩最负盛名的是卡佩尔廊桥（教堂桥）。这座桥建于1333年，是欧洲最古老的有顶木桥，也是卢塞恩标志性建筑。

（三）案例3：典型的地中海风情小镇——意大利波西塔诺

波西塔诺位于意大利坎帕尼亚大区阿马尔菲海岸，是一个坐落在岩石上的色彩斑斓的童话小镇，有着“地中海最美丽的小镇”的美誉。小镇主要部分背山面海，建筑物根据地形呈现阶梯状分布。阳光、海滩、柑橘香构成了令人沉醉的艺术梦境。曾有文人这样描述它：波西塔诺是一个梦乡，你在时，她不很真切，你离开后，她变得栩栩如生。

图9.15 地中海风情小镇——意大利波西塔诺

特色：

（1）独特的海景房，彩色的建筑——小镇坐落在山崖上，独特布局使这里的每栋房子都拥有观看海景的平台。小屋外面均涂有五彩斑斓的色彩，与热烈的阳光、湛蓝的海水一起向游客展示了一幅无与伦比的绝美画卷。

（2）影视、艺术文化的殿堂——小镇是很多电影的取景地，如《托斯卡纳艳阳下》；著名词曲家肖恩菲利普斯以及滚石乐队也都曾被这里吸引，并创作出了自己的经典作品。

（四）案例 4：蜜月圣地——突尼斯蓝白小镇

蓝白小镇全名西迪·布·赛义德，始建于 13 世纪，位于突尼斯首都突尼斯城以北 20 公里，坐落在地中海边的峭壁上。

图9.16 蜜月圣地——突尼斯蓝白小镇

特色：

(1) 爱情为主题的浪漫圣地——白墙蓝窗两种简单的颜色构成了世界上最单纯浪漫的色调，使之成为世界上最受欢迎的求婚、蜜月圣地，曾入选美国《国家地理杂志》世界十大浪漫小镇之一，无数情侣在这里感到了甜蜜与浪漫，许下了爱的誓言。

(2) 布局简单，原生态趣味浓厚——鹅卵石铺就的小路，充满了原汁原味的自然乐趣。

(3) 艺术家聚集之所——小镇迷人的风景吸引了来自世界各地的知名画家，他们的画大多取材于现实风景。神圣的清真寺、文艺的咖啡馆，鲜花掩映的门窗……这里是艺术家的天堂。

（五）案例 5：极具少数民族风情的古镇——丽江古城

丽江古城位于云南省丽江市，始建于宋末元初。古城历史悠久，古朴自然，城市布局错落有致，兼具山城风貌和水乡韵味，是中国罕见的保存相当完好的少数民族古镇，也是世界文化遗产、国家 AAAAA 级旅游景区、全国文明风景旅游区示范点。

图9.17 丽江古城风情

资源特色：有古街、古桥、木府、福国寺五凤楼、白沙、束河民居建筑群、鲜明的东巴文化和酒吧街。

主营业态：自申遗成功后，旅游业和商业得到了迅猛发展，集中在以铜银器制作、皮毛皮革、纺织、酿造业为主的传统手工业，以及餐饮、住宿、商业、休闲娱乐、文化等现代旅游发展业态。

发展模式：政府主导模式，即政府投入巨资实施，通过建章立制，使积极的保护与旅游开发有机结合。行动计划的实施包括建立机构、制定遗产保护资金管理机制和核心区鼓励发展传统文化。

总的来说，发展模式主要包括四方面：在文化经营上，从战略高度经营民族文化产业；在古城风貌打造上，将“死城”变“活城”；在开发保护上，坚持保护第一的原则，处理好保护与利用的关系，处理好遗产保护与旅游业间的协调关系；在可持续发展上，着眼未来，不求短期效应。

二、旅游产业特色小镇案例分析

通过以上对国内外旅游产业小镇的分析来看，这些旅游小镇之所以能够获得全世界游客的喜爱，主要有以下几方面的特点。

(1) 独具特色的自然风光。任何景区的开发与挖掘都建立在自身资源的基础上，这样能避免景区雷同化，也便于打造自身特色。如埃吉桑小镇重视城市布局、卢塞恩小镇的湖光山色、波西塔诺独特临海观景房等，都非常有特色。

（2）依托当地悠久的历史资源，增加了景区的文化内涵。如埃吉桑镇保持完好的中世纪建筑、卢塞恩的教堂桥、文艺复兴时期的老店等。

（3）充分挖掘当地的文化特色，通过大型节庆等增加景区吸引力。如埃吉桑小镇当地的葡萄酒文化、葡萄酒节庆，以及音乐小城卢塞恩的国际音乐节等。

（4）浓郁的艺术氛围。风景优美的小镇很容易吸引知名的艺术家驻足居留，并在此创作流传百世的经典作品。如突尼斯的画家、艺术家，以及波西塔诺小镇的电影作品。

（5）自然悠闲的生活方式，避免过度商业化。对任何一个景区，都要尊重当地生活习惯及特色，并符合当地生活节奏。

以上几个小镇都具有面积小、原生态环境、生活节奏缓慢等特点。在这里，游客能充分放松心情，舒适惬意地度过自己的假期。

三、旅游产业特色小镇发展总结

（一）旅游产业特色小镇的产业特征

旅游产业是小镇的核心产业、主导产业或最具潜力的特色产业。同时，小镇可兼有其他特色产业的存在。

功能特征：旅游功能是旅游小镇的必备功能，小镇可兼有文化、人居、生产、商业、服务等功能。

规模体量：根据产业规模而定，规模需适度。

形态特征：可以是小城镇、风景区、产业园、旅游区（景点）集合地，也可以是综合体及非行政建制小镇。

（二）旅游产业特色小镇主要的开发类型

1. 资源主导型

即小镇自身拥有丰富的旅游资源，依赖旅游发展而成为旅游目的地的开发类型。这些小镇本身就具有旅游吸引力，很有特色。根据其依托的资源类型，可以分为：

（1）自然资源主导型小镇。该类型小镇，拥有良好的自然资源，环境优越、气候宜人，区域内或紧邻地区，一般拥有品质较好的风景区，城镇发展和风景区建设紧密结合在一起，且以景区发展为基础。比如，由武夷山风景名胜区、九寨沟景区带动的武夷山市和九寨沟县。其开发要点在于加强自然资源和环境保护，控制城镇的承载力：自然景观不要做大范围的人为加工，开发重点应放在交通、水电等基础设施的完善；餐饮、住宿等高品质服务的提供；用地、建筑景观风格等方面的控制上。此外，还要严格限制游客数量、控制城镇核心区规模。

(2) 古城古镇。古城古镇，特别是国家历史文化名城（镇），以其独有的特色建筑、风水情调、民俗文化等，成为我国旅游小城镇中的中坚力量。比如，乌镇、西塘等名镇。

同质化是我国古城古镇开发面临的主要瓶颈，挖掘特色主题，形成鲜明的形象，成为了古城镇开发与提升的第一步。另外，古城镇在经历以“古”为特色的观光主导，以“商”为核心的商铺为王阶段后，以“夜”为核心的休闲体验发展，已经成为很多古城古镇新的开发方向。因此，业态向休闲化的调整必不可少，而以夜景观光、夜间活动、夜晚休闲为核心的夜游项目，也会成为古城镇开发的重点。

历史文化资源主导型的小镇开发，主要是依托其保存相对完好的传统建筑、古建筑，展示历史文化风貌，体验传统生活方式，从而对游客产生特有的吸引力。

(3) 行业依托型。行业依托型，顾名思义是指依靠某种特殊行业，发展形成的旅游宜居小镇。比如，以会议旅游宜居小镇（瑞士达沃斯、中国博鳌）为代表、云南瑞丽（玉石）、江西景德镇（瓷器）、浙江义乌（商贸）、横店镇（影视）。其开发重点在于以泛旅游产业框架为基础，构建特色产业、旅游产业及其他相关产业共同组成的产业集群，并形成旅游产业与特色产业的互动发展机制，实现两者的共赢发展。但这类小镇特色产业通常来讲，仍是当地的主导产业，旅游作为联动产业，可以带来人群和消费聚集，提升特色产业的附加价值，促进其发展。

2. 休闲集聚型

在特色小镇建设进程中，休闲小镇是一种非常有效的实践模式。这一类小镇，本身不是景区，但是一般具有良好的区位、交通或环境条件，能够依托周边的景区或是城镇旅游资源，形成休闲集聚区、旅游集散地，是旅游接待建设的重点区域。

（1）集聚型小镇。依托著名旅游风景区或旅游区，在旅游集散和服务需求的催生下，在风景区重要门户和游客主通道上，形成的以旅游服务为核心功能的小城镇。比如，黄山周边的汤口镇、甘棠镇。

一般具有较好的区位优势与生态环境，适宜进行“商业＋休闲＋旅游地产”的开发。

①商业开发：一般以商业街的形式呈现，汇集了当地的特色美食、民俗客栈、土特产店等；

②休闲开发：要想把游客留下来，必须为他们提供不同于景区体验的休闲娱乐活动，尤其是夜间的。比如，一些民俗演艺活动、养生 SPA 等；

③地产开发：依托于区位及生态环境优势，这类小镇往往受到地产商的青睐，适宜开发商业房地产，又可以开发度假地产。

一般而言，旅游接待型小镇是为前往景区旅游的游客提供住宿服务的小城镇，同时配套提供食、购、娱等相关服务。虽本身不是景区，但自然生态环境良好，同时作为旅游集散地，具有独特的区位优势，也是旅游房地产开发的最佳区域。

（2）城郊型休闲小镇。城郊旅游小镇属于旅游小镇发展中的一种类型，一般位于城市边缘区域，主要满足游客旅游休闲需求，优化配置旅游各要素，从而为游客提供相应的旅游休闲服务的小镇。

对于城郊旅游小镇的概念界定，有以下几点含义需要加以说明：

①特定的地理范围及空间尺度。城郊旅游小镇位于城乡接合部上，产业结构、人口结构和空间结构逐步从农村向城市过渡。从空间维度上看，城郊旅游小镇的活动一般集中在空间距离与城市中心区 150 公里以内的区域内；从时间维度看，这些区域一般在车程 2 小时以内。旅游小镇的人口规模应符合国家建制镇的标准。城郊旅游小镇尺度范围不宜过大或过小，

过大难以对小镇功能进行合理划分，也给其基础设施建设带来难度。尺度过小则给各旅游要素的完整配备度带来难度，易造成产业链的不完整。当然，它在空间上并不是简单地将旅游资源组合，而是突出旅游与休闲的核心功能，以满足游客多种旅游需求为条件而形成的空间部落。

②旅游资源。旅游资源是构成吸引游客的一切要素。旅游消费需求的升级使小城镇的旅游资源观发生变化，旅游资源除包含独特的自然或人文观光资源外，其他任何可以对旅游者产生吸引力的有形、无形要素，且能被开发成休闲度假产品的，均是城郊旅游小镇可以依托的相应资源，例如节庆、娱乐、康体等资源。

③小镇内旅游各要素的有机复合。旅游业在小镇经济发展中属主打产业或优势产业，或旅游产业是促进乡镇经济提速与发展的动力源。同时，旅游小镇围绕旅游服务这一核心功能，在区域内形成产业链而构成旅游要素集聚区。旅游小镇在统一规划的前提下，注重空间内旅游要素的有机复合，从而实现产业链完备性，提升当地旅游服务接待能力。

(3) 资源依托型休闲小镇。这类小城镇有着鲜明的特色，通常位于自然或气候较好的城市。比如滨海小镇、海岛小镇、温泉小镇、滑雪城、花卉城、渔港小镇、边境小镇等。其开发要以优势资源为基础，以休闲度假为方向，走综合发展之路，打造一个集观光、休闲、度假、养生、会议、康体、文化体验、居住等多种功能于一体的旅游小城镇。其打造重点有两个方向：一是设置完善的度假生活配套及高品质的服务质量，高尔夫、游艇俱乐部等高端度假项目必不可少；二是以度假人口候鸟型居住为目标的度假第二居所的开发。

（三）旅游小镇开发模式总结

1. 因地制宜，打造小镇吸引力核心

有旅游吸引核才会吸引游客，产生消费聚集，进而带动其他产业发展。没有吸引核，难以引导城镇化。对于休闲小城镇来说，可以形成休闲聚集中心，进而带动城镇化。旅游吸引核的设计，对小城镇建设来说至关重要，自然景观、文化遗存、休闲度假要素、滨海滨湖、温泉甚至博彩

等，均可作为旅游吸引核。

2. 消费驱动，促进休闲产业多元聚集

随着游客旅游需求的不断增多，旅游小镇的功能布局也由单一化走向综合化，其往往具有观光、休闲、度假、游乐、夜间娱乐、居住、集散、养生、运动等多种功能。当然，不同资源类型主导下的小城镇，功能也不尽相同。

旅游小镇的产业架构体系中，应以产业关联度高、需求收入弹性高的休闲产业为主导产业。通过休闲产业的多样化开发，形成多样的产业关联式发展结构，进而广泛带动其他产业发展。同时还应结合具体的区域产业发展实际及城镇发展需求，兼顾发展农业、教育业、交通运输业、制造业、邮电通讯业、物资供销和仓储业等其他产业。

3. 城市化延伸，完善社区居住功能

旅游小镇与旅游景区及传统城镇的最大区别在于其服务对象的复杂性，因此，在构建旅游小镇时应充分地考虑居民及游客的需求，构建生活化的服务系统。服务系统里面既包括教育、文体、卫生、商业等公共生活服务设施及交通、邮电、供水供电等市政公用工程设施等，也包括食、住、行、游、购、娱、体、疗、学、悟等旅游要素，同时还包括旅游区必备的专项旅游交通体系、游客中心（含导游服务）、旅游标示系统、生态停车场、游客公共休息设施等，且旅游服务设施在综合配套服务里的比重要高于一般城镇。

9.5 文化产业特色小镇典型的案例分析

一、文化产业特色小镇典型案例

（一）案例1：英国海伊小镇——旧书之都

英国海伊小镇，被誉为“天下旧书之都”，其书店、图书馆、图书集市、读书场景随处可见。尤其是小镇的书店，以各种形式遍布于各处，有镶嵌于墙壁之上的、依山而建的、露天的……让人仿佛进入书的海洋。

图9.18 英国海伊小镇——旧书之都

（二）案例 2：新西兰皇后镇——休闲型体育小镇

休闲型体育小镇是指以良好的生态环境为基础，以多样化的、极具参与性与体验性的体育休闲运动（山地运动、水上运动、球类运动、冰雪运动、传统体育运动、特种运动等）聚集为特征，而形成的面向大众消费的体育小镇。

体育休闲小镇一般依托景区而发展，与旅游结合打造。一般以一个或几个核心资源项目为引爆点，形成以休闲为核心的多个参与型体育项目；并充分考虑家庭老、青、幼不同年龄段人群的体育需求，打造体育休闲、娱乐、教育等拥有完整体系的项目集聚区。聚集区对基础设施的观感度、承载量、配套完善程度等要求较高。另外，在选址方面，考虑到辐射范围内的受众总数和消费频率，城市周边或大型旅游目的地路线上是较为理想的选择。

图9.19 新西兰皇后镇——休闲型体育小镇

新西兰皇后镇位于新西兰第三大湖泊瓦卡蒂普湖北岸，为南阿尔卑斯山包围，被誉为“新西兰最著名的户外活动天堂”。小镇依托天然的湖泊与多样的地形地貌特征，形成了数量众多的户外休闲运动项目，因此也被称作“极限运动的天堂”。其中众多项目以极限、探险为核心，蹦极、高空弹跳、喷射快艇等很多极限运动也发源于此。

皇后镇是旅游休闲与体育共生发展的典范。小镇利用域内高山峡谷、激流险滩等自然地形地貌优势，将静态的自然风光开发为具有探险性、挑战性和极强参与性的户外运动，并提供高端住宿、特色餐饮等全方位的旅游度假服务，让体育与休闲旅游互相补益，共生发展。此外，小镇依据四季特点，围绕体育探险打造观光旅游、文化体验、高端度假等多元化产品序列，并充分利用冬季庆典进行小镇推广营销，形成了以探险式休闲为核心的综合型体育特色小镇。

（三）案例3：澳洲谢菲尔德——世界最大壁画小镇

谢菲尔德是澳洲著名的壁画小镇。步入小镇，就如同来到了一个“壁画王国”：整个镇子就像一本立体的图画书一样，眼睛看得见的，手指碰得到的，几乎处处都是壁画！银行提款机、唱片店、咖啡馆、餐厅和私人邮箱都装饰有壁画，就连多年没人居住的空屋的墙和屋顶上也都被壁画占领了。在这里，业余或专业的画家在发疯似地拼命作画，几乎不给小镇留下半点空白。

图9.20 澳洲谢菲尔德——世界最大壁画小镇

谢菲尔德在历史上一直都是以农牧业为主导的贫穷小城，直到1985年后，小镇的人们决心利用附近的旅游资源，并借助壁画为特色吸引国内外游客。果然，一幅幅壁画使得原本死气沉沉的小镇很快变得生机勃勃。

在小镇主街上的一些历史性建筑的外墙上，装饰着数以百计的名家壁画作品，似乎在向来自远方的客人讲述着小镇的发展历史。事实上，可以说正是壁画改变了小镇原本单一的农牧经济的传统，而让旅游业唱起了主角。今天，这个仅仅一千多人口的小镇每年都能迎来十多万名观光客。与此同时，壁画小镇的兴旺发达又吸引、带动了越来越多来自世界各地的画家在此落户定居，并由此形成了一条令人羡慕的良性循环链。

壁画小镇一年中最大的节日首推“壁画节”。每年复活节前，当地的壁画公园都要举行一场国际性的壁画比赛，国内外所有爱好作壁画的人士都可在网上报名参加。比赛时，各路壁画圣手必须在规定的时间内创作出自己的作品，然后由评委会最终评选出10种不同奖项。所有的参赛壁画不论得奖与否，都将参加展出并保留至来年比赛时。

文化特色：壁画艺术。

据说颇有些作画才能的香港歌手陈奕迅也曾到小镇参观，并留下了自己的壁画作品，最后还在画上签下“留我在此”的手迹。自此之后，小镇对陈粉们的吸引力也随之大增。

（四）案例 4：英国剑桥镇

英国剑桥镇可以算是世界上最有名的文化教育小镇之一，剑桥大学的 35 个学院坐落于此。剑桥大学第一所学院彼得学院于 1284 年建立，其他学院在 14 和 15 世纪陆续建立。剑桥大学是诞生诺贝尔奖得主最多的高等学府，90 余位诺贝尔奖获得者曾经在此执教或学习，70 多人是剑桥大学的学生，仅三一学院就培养出了 30 多位诺奖得主。

美国马萨诸塞州剑桥市（仅 10 万人口）为哈佛大学和麻省理工大学所在地，从 1636 年建学起，一直是精英教育中心。世界各国的学术小镇，无一不是群星荟萃之地，大国以举国之力或许能建两三个，几乎没有多大的复制性。

图9.21 英国剑桥镇

二、文化产业特色小镇案例分析

对于文化产业特色小镇来说，文化产业包含的内容是最丰富，也是最容易令小镇超凡脱俗、魅力尽显的，当然，关键看创意团队、运营团队的水平高低了。

小镇文化包罗万象，除小镇自身历史文化、建筑文化、人物、节庆等之外，农业文化也是选项，另外考虑小镇基础条件、市场可行性、发展可行性，确定的其他文化内容的博物馆、艺术村、艺术形式、建筑文化、婚庆文化、体育文化、特定产业的文化、文化活动、会展经济、教育产业等都可能是特色小镇文化产业的组成部分。

成功文化产业特色小镇往往在以下方面比较出众。

（1）独具特色的文化选项和资源。不同的文化小镇需要恰如其分地进行文化定位及选项，怎样不同是重中之重。英国海伊小镇，旧书海洋，世界无双；新西兰皇后镇的休闲型体育，个性十足；澳洲谢菲尔德，靠世界最大壁画小镇就能吸引世界的目光；英国剑桥镇，有剑桥大学这样的世界名校资源。在文化特色小镇的开发中，文化选项定位和资源的可行性决定成败。

（2）文化内容的深度、尺度都是撒手锏。文化内容或者深度到第一，或者尺度规模成第一，都有可能因此让小镇在这个方面成为城市、国家或者世界的“唯一”或“第一”，这和张艺谋电影中排山倒海的表现张力如出一辙。这也正是特色小镇的撒手锏，不求多，只求特，无人做过，当然是“唯一”，有人做过，通过深度、尺度的超越，也可以成为“第一”，这就是特色小镇需要进行文化挖掘的原因——来自文化的“唯一”或“第一”就是小镇飞翔的翅膀。

（3）当地文化特色的挖掘和大型节庆是运动战中的撒手锏。如埃吉桑小镇当地的葡萄酒文化、葡萄酒节庆，以及音乐小城卢塞恩的国际音乐节等。

（4）文化氛围就是生产力。文化特色鲜明的小镇很容易吸引名人、艺术家驻足居留，并在此创作流传百世的经典作品。这会形成小镇新的竞争力。

三、文化产业特色小镇发展总结

文化产业引领的特色小镇总是个性十足，很容易创造世界级的“唯一”，这样的核爆市场的力量给全世界文化爱好者创造了最人文的体验场所，也从而令文化产业特色小镇成为特色小镇中最魅力的一隅。

在特色小镇建设中塑造文化灵魂，树立文化标识，留下文化印象，是文化作为特色小镇内核的必然要求。推进特色小镇文化建设，要着力推动

“文化＋特色小镇”融合发展，这样有利于强化特色小镇的文化功能，融入特色小镇的文化元素，提升特色小镇的文化品质，实现文化让特色小镇更加美好、更具魅力的双重目标。

9.6 细分行业商务办公特色小镇的典型案例分析

一、细分行业商务办公特色小镇典型案例

（一）案例 1：美国格林威治镇：“对冲基金之都”

对于非专业人士而言，“对冲基金”是个陌生的金融术语。百度解释说，在金融市场既买又卖的投机基金称为对冲基金。对冲基金的最大特点是进行贷款投机交易，亦即买空卖空。显然，这是一种存在超高风险的基金投资品种。

图9.22 美国格林威治镇——“对冲基金之都”

美国小镇格林威治，坐落在美国康涅狄格州南部，系世界最著名的“对冲基金之都”。这个面积仅174平方公里的弹丸之地，却是500多家对冲基金总部所在地，目前管理的资产总额超过3000亿美元，其资金管理规模在全球仅次于纽约和伦敦，排名第三位。在全球350多只管理着10亿美元以上资产的对冲基金公司中，有一半都把总部设在这里。

格林威治是康涅狄格州最富有的小镇，同时也是美国最富有的小镇之一。格林威治现有人口7.2万余人，年收入超过1000万美元的大佬比比皆是。从人口结构来看，来自不同文化背景的异国居民高达四分之一左右，其中包括来自中国内地、香港、台湾以及新加坡等的各路精英。

格林威治小镇之所以能在并不算太长的时间里就确立了自己“对冲基金中心”的地位，原因是多样的：

（1）它茂密的森林、旖旎的湖光山色以及种种保护良好的自然生态所构成的“明信片风景”，本身就对高度追求宜居环境的对冲基金大鳄们具有磁石般的吸引力。

小镇的地理位置具有无可比拟的优越性。它比邻纽约市，方便经纪人等金融专业人士在两地之间穿梭。更重要的是，它距纽约的超大金融中心近，兑换方便。加上小镇周边都是经济发达地区，投资对冲基金的客户很多。

此外，格林威治离海底光缆仅仅一步之遥，这就为拥有超高的网速提供了保证。众所周知，对冲基金对网速的要求特高，都是拼毫秒级的，网速差个几秒那就是很大的劣势。

（2）小镇还具备良好、完善的基础设施。由于交易员的工作压力非常大，对冲基金基地必须为他们提供良好、完善的生活配套设施，其中包括安静、宽敞的寓所，五花八门的娱乐和健身设施，各种风味的餐馆、各种风格的酒店、干净整洁的停车场和充足的游艇泊位以及私人机场，甚至心理诊所等。

至于对那些早已积累了天文数字财富的对冲基金大鳄们，小镇则提供散布于海岸边或森林里的隐秘度超高的豪华别墅和超级庄园，舒适的起居生活和有规律的娱乐健身活动有效地松弛了大富豪们绷紧的神经。

对冲基金大鳄菲斯坦承，他最终选择在小镇的庄园里定居而离开了纽约的高楼，是因为这里同行众多，而这种竞争者历历在目但又互不靠近的生活状态最让他点赞。

格林威治镇能成为“对冲基金之都”，还有一个更深层的原因：小镇的个人所得税率极低，相比不远的纽约州，低了差不多 3/4，这为基金大鳄们平添了大量财富。

值得一提的是，小镇还有严格的安保系统，个中缘由不言自明。有人形容说，小镇活像个军事重镇：巡警随处可见，建筑物的入口处总有警犬蹲守。此外，遍布的摄像头和安检设备总能让图谋不轨者早早就原形毕露。

（二）案例 2：硅谷——高科技小镇

高科技产业特色小镇都有世界知名院校为依托，作为其科研和人才的基础。在高科技产业特色小镇中，最为人津津乐道的就是“硅谷”，一个人口 300 来万，面积 4000 平方米的地方，成为全球创客云集、技术创新的高地。

图9.23 硅谷——高科技小镇

硅谷的成功首先归结于一个企业——HP（惠普公司），硅谷因其开始转型，他们发现以军事工业推动的微波技术小企业成长得非常快，这也归功于第二次世界大战、冷战时期美国财政对军工产业的扶持，由微波技术开始，硅谷有了自己的特色产业——半导体产业。

硅谷自创第一个半导体产业后，风险投资业也相继在硅谷兴起，而后衍生出计算机产业、清洁能源以及各种高新技术产业。

此外，硅谷还有三个成功因素：

（1）硅谷周边的研究型大学和本地企业强强联手，对技术人员进行教育和培训，让他们成为硅谷持续发展的核心原动力。根据资料显示，硅谷由斯坦福大学创建，硅谷依托斯坦福大学并利用其扩散效应，把新理论、新技术、技术人才、商业模式等导入到产业领域中，并形成了自身独特的品牌效应。

（2）硅谷成功的根本是由于它市场化的运作机制以及自身的创新演变能力，而当地政府对创新型技术的支持及金融资助，也为硅谷的快速发展奠定了基础。

（3）硅谷良好的产业生产、基础设施的配套建设也是它稳定发展的保障。

二、细分行业商务办公特色小镇案例分析

1. 高科技产业小镇都有世界知名院校为依托，作为其科研和人才的基础

如美国硅谷及周边拥有一些具有极高学术和科研水平的美国顶尖大学，主要包括斯坦福大学（Stanford University）和加州大学伯克利分校（UC Berkeley），同时还包括加州大学其他的几所校区和圣塔克拉拉大学等。这个智慧的集中地给了硅谷起步时诸多划时代公司有力的支撑。

2. 金融业小镇的要素更多，独特性、难以复制性更强

美国格林威治小镇集中了超过500家的对冲基金公司，其基金规模占全美三分之一，是全球最著名的对冲基金小镇。格林威治环境优美，风景如画，别墅区众多，非常安静。但这样的环境对小镇成功来说，只能算是最微不足道的因素。在美国找一个环境好的地方造一堆好房子太容易了，

为什么只有格林威治？

因为格林威治税收特别优惠，这一点吸引了很多对冲基金在那里落户。几十年前，格林威治开始发力吸引对冲基金的时候，当地税收比纽约要低很多。大概一千万美元的年收入，在格林威治要比在纽约省 50 万美元。再如房产的物业税，小镇只有千分之十二，近在咫尺的纽约州就要千分之三十。再加上本身环境也不错，交通也方便，离纽约又不远，这些节省的税金切切实实吸引了最早的一批对冲基金企业。更重要的是，格林威治小镇离纽约州很近，坐火车 35 至 40 分钟，大概相当于深圳到广州的距离，形成良好的金融业的集聚效应。

即使在网络交易发达的今天，金融业依然是对集聚效应要求最高的行业！能称得上世界金融中心的只有伦敦、纽约、新加坡、香港、东京、苏黎世等（根据 2017 年 3 月 27 日公布的第 21 期全球金融中心指数 Global Financial Centres Index，中国内地最高分的上海排名第 13 位），数量远少于制造业中心。纵观全球，金融产业集聚区一般都在沿海最发达地区，因为金融业需要极高的效率和时效性、对各行业信息的敏感度以及对高端人才的需求，甚至有些会集中在这一地区的某个点。如纽约曼哈顿岛、伦敦金融城、上海陆家嘴等，而美国的对冲基金最终都集中在了纽约和格林威治。

三、细分行业商务办公特色小镇发展分析

细分行业商务办公特色小镇往往适合高新技术、高端服务业、创新创业等的发展。与产业园、金融街不同的是，细分行业商务办公特色小镇除了考虑细分行业办公式聚集形成产业外，还对生态、生活居住设施进行了较高标准的建设，避免了过去产业园、金融街或者缺乏生态环境，或者缺乏生活居住设施，导致办公人群疲于奔命在产业园、金融街和自己的住所之间艰苦往返，而周末产业园、金融街又人去楼空的尴尬，小镇可以为大家提供良好生态环境，为居民提供工作的机会，而且就业者可以住在小镇，享受生态、生活、工作的惬意时光。

之所以把细分行业商务办公特色小镇和工业产业特色小镇区别开来，

是因为这两类小镇完全不同的运行模式、人员结构以及产业链：

表9.1　细分行业商务办公特色小镇与工业特色小镇的区别

	细分行业商务办公特色小镇	工业产业特色小镇
人员结构	白领主导	蓝领为主
运行模式	办公形态	工厂为主形态
产业链聚集	研发、市场聚集	工厂聚集

从上述表格可以看出，细分行业商务办公特色小镇人员既然以白领主导，那么这样的小镇必须靠近行业人才聚集的区域，否则缺乏发展的基础；细分行业商务办公特色小镇适合高新技术、高端服务业、创新创业等，意味着在中大型城市周边更具备发展条件，否则即使照猫画虎建了，关门的可能性也很大。

9.7 商业服务业特色小镇的典型案例分析

商业服务业类型的特色小镇很多，除了在前文列举的以大型购物中心、奥特莱斯、商业街、社区商业、商贸城为特色的商业服务业类型的特色小镇外，目前流行的爱情小镇、健康养老小镇、沐浴小镇、儿童育乐主题小镇等都属于商业服务业细分的范畴。这类特色小镇的特点是服务业的特色化、主题化、专业化，通过强化某类主题、某种特色的专业服务，形成商业服务特色是符合特色小镇发展规律的。

本节就商业服务业类型的特色小镇举例，希望能对大家有借鉴和参考的帮助。

一、商业服务业特色小镇典型案例

（一）案例1：德国巴登巴登：沐浴之城

“巴登”在德语里意为“沐浴”，顾名思义，“巴登巴登”城就是沐浴城。早在18世纪末，“沐浴之城”就享誉天下。这个位于奥斯河谷的小城沿着山谷蜿蜒伸展，背靠青山，面朝秀水，空气洁净，风景旖旎，渐渐就成了欧洲的夏都。几百年来，一直是欧洲最负盛名的度假、旅游、休闲地之一。

众多名人在此留下脚印，其中有拿破仑三世、俾斯麦、瓦格纳、马克·吐温、勃拉姆斯等。作家马克·吐温曾感慨：“在巴登巴登泡温泉，10分钟你会忘记时间，20分钟你会忘记世界！”而音乐大师勃拉姆斯则表白：“我对巴登巴登的赞美难以用语言表述。”

图9.24 德国巴登巴登：沐浴之城

“巴登巴登”还是个拟声词。入夜，当奥斯河“巴登巴登”地穿城而过时，四周群山齐声发出“巴登巴登”的回响，催人安然入梦。据说，作曲家瓦格纳就在小城美妙无比的“巴登巴登”流水声中治好了失眠症。

小城有两个最著名的温泉浴场：卡拉卡拉浴场和弗里德里希浴场。前者包括室内和室外浴池，可以裸身也可以穿泳衣沐浴，甚至还允许游泳；而后者只有室内浴池，须按照古罗马的洗浴方式裸身入浴。进入浴场，可洗蒸汽浴、灌水浴、流水浴、潜水浴、泥浴和碳酸浴等。

小城的文化气氛也十分浓郁，其歌剧院、音乐厅在欧洲都赫赫有名。德国作曲家勃拉姆斯故居是音乐迷心中的圣地，而遍布全城大大小小的美术馆、博物馆也吸引着游客的眼球。

此外，小城还经常举办大型国际会议，如最近二十国集团（G20）财长和央行行长会议就是在德国巴登巴登举行的。

（二）案例 2：德国福利德纳村：养老小镇

福利德纳村位于德国西部风景如画的莱茵兰地区，就像是一个与世隔绝的仙境，它远离喧嚣和浮躁。福利德纳村离附近的大城市杜塞尔多夫和艾森距离都在 20 公里以内。

图9.25 德国福利德纳村：养老小镇

早在 20 世纪 80 年代，德国人就已经开始关注老年人的养老问题了。这个养老村，是由一个叫 Theodor Fliedner Stiftung 的基金会建设的，村子以 T.F. 基金会的创立者“福利德纳”的名字命名。这个村子 1987 年开始规划建设，是一个容纳了多种社会服务设施的综合服务基地。其中有专门设计的老年住宅、残疾人住宅、精神病患者住宅以及基金会总部和培训中心，还有具备疗养功能的“精神康复花园”等设施。

目前，这里有600多个居民居住。其中有200多个老年人，150个左右残障人，40个左右的精神病患者，还有200多个陪护家属和义工以及专业的服务工作人员。除了老年人和特殊人群之外，这里也经常迎来参观旅游的团队、社会公益团体以及参加教育培训的学员们。

福利德纳村不是单纯意义上的养老院、护理院或精神病院，而是一个生活化的村子，只是其把这些功能和村子整体很好地融合了起来。住在这里的人们和住在自己的故乡一样，过着平静的生活，一旦需要紧急或特殊的护理，相应的服务设施和人员就会及时到位。“平静中安享晚年”也是这一村子的氛围特点。这使得村子成为一处环境幽静、设施齐全、服务周到，同时又和外界社会密切联系的健康和养老圣地。

1.哪些人可以住到村子里

可住到村子里的人有三种：第一类是需要满足“养老村”所服务的对象人群：年龄65岁以上的老人、身体残疾的人、精神或智力有障碍的人；第二类是服务对象的亲友也可共同申请住在村子里；第三种类是义务的志愿者，也就是说，身体和精神正常的人也可申请入住村子，但必须履行至少一项服务义务，如照看邻居老人。当然，除了以上三类人，村子里随处可见的，就是护理人员和工作人员。

2.住在村子里的房租谁来付

住在村子里的老人和特殊人群房租费用的产生，一般分为三种情况：

(1) 政府性的社会救助项目支持的入住者（如莱茵兰社会救助教育项目），产生的费用由莱茵兰地区财政支付；

(2) 个人申请的一般性公寓，产生的费用可从个人养老保险金扣除。房价与当地同档次平均房价基本持平；

(3) 如果是个人申请的特殊护理住房（如森林小屋），产生的费用要个人另外支付。房价水平比当地的同档次住房平均房价高50%到100%。

3. 护理费用有多高

住在村子里的护理费也是必不可少的。收取额度因人而异。基本的护理费用都可从养老保险金里扣除。少数有特殊护理需要的人群，需支付比较高的护理费用。

4. 对我国养老特色小镇的启示

如今的 T.F. 基金会以及其托管的董事会机构，是德国民间力量参与到社会化服务设施建设的一个比较成功的案例。其长期奉行慈善理念，积累了足够的资本和社会声誉，具备专业的技术素养，同时有赖于德国政府在社会养老和社会救助方面的政策扶持。其内部有序的组织架构、广泛布局的全国网点、功能齐全的服务基础设施站，以及背后的基金会，经历了长期过程，才得以最终形成。

中国处于深化改革阶段，也面临着老龄化及社会弱势群体护理需求。而国家的政策又为发展社会力量参与建设健康养老产业做了引导和鼓励。

德国经验的意义在于：将社会民间资本，社会公益创造力，科研力量的专业技能等要素统一协调，激发社会的创造力和自发管理能力。目前“萎缩化，空心化”的农村地区，也由此找到一种可能的复兴方式。

（三）案例 3: 英国格特纳格林小镇：铁匠婚礼小镇

在苏格兰与英格兰边境上，有一个可爱的小镇闻名天下，它便是格特纳格林小镇——著名的逃婚小镇或“铁匠婚礼小镇”。

图9.26 英国格特纳格林小镇——铁匠婚礼小镇

著名的“逃婚”开始于1753年，当时在英格兰法律规定21岁才能结婚，不过这条法律并未在苏格兰实行。于是，许多相爱却又无法得到家庭认同的恋人纷纷投奔向苏格兰，无论是否有父母的首肯。而由于格特纳格林小镇是踏上苏格兰土地的第一个村落，近水楼台先得月，自然成了“结婚之村”。

格特纳的两个铁匠商店、数不清的旅馆和小农庄开始变成千上万人婚礼的背景。直到现在，格特纳格林及周边有一些结婚场地，从之前一直存在到后来为此而建的教堂。所有的服务场所都有一把铁匠的铁砧标志。

在格特纳格林小镇举办婚礼的地方不是教堂，而是铁匠铺，婚礼主持人也不是牧师，而是老铁匠。格特纳格林最著名的婚姻登记员是镇上的一名老铁匠。老铁匠在新人面前将两块铁烧红，放在铁砧上锤打在一起，就像新人两颗热忱的心从此系在了一起，没有繁文缛节，没有奢侈喧闹，在极其生活化的温馨氛围里，又有些近似古老神圣的仪式面前，一对对新人缔结了婚约。

苏格兰法律允许非正式结婚，意思是只要结婚誓词能在两个证人面前立下，那么几乎任何人都有权利举办婚礼。于是格特纳格林的铁匠们成为了有名的“铁砧牧师”。老铁匠到1962年退休时，一共为5147对情侣主持了婚礼。

原本是在这里住上一个星期，就可以在镇上的小教堂里结婚了。但是由于年轻人太容易冲动，结婚快离婚也快，后来就规定情侣必须在镇上住三个月，如果彼此没有丧失热情的话，才能结婚。而镇上的铁匠木匠什么的，也都兼职成了证婚人。据说，如今还有很多人专程来这里结婚，为的就是讨个好口彩。

如今时代已变，但格特纳格林的婚礼风俗依然保留下来。每年有4000多对恋人从世界各地来到格特纳格林结婚，占据了苏格兰婚姻的13%，当然结婚的人大多已不再是私奔者。此外，每年还有70多万游客来此感受原汁原味的“格特纳格林式婚姻”。

二、商业服务业特色小镇案例分析

上述三个案例都属于特色商业服务业小镇，每个小镇都因为主题化、特色化、专业化的特色服务而获得了市场美誉。

德国巴登巴登——沐浴之城，沐浴设施、沐浴服务、沐浴文化都是其特色，主题清晰，特色鲜明，服务专业，令游客流连忘返；德国福利德纳村——养老小镇，养老设施、养老服务、养老文化是其精心为老人们打造的人性化的颐养产品，服务对象清晰，服务设施完善，服务水平专业，给老人们最贴心的照料；英国格特纳格林小镇——铁匠婚礼小镇，其婚礼文化打造，婚礼服务特色化，婚庆设施的个性化都令小镇对准备举办婚礼的朋友们喜出望外。

三、商业服务业特色小镇发展总结

商业服务业特色小镇主题化、特色化、专业化的发展是其成功的重要基因。通常情况下，传统的商业服务业主要为周边居民、游客提供便利服务、消费体验，而商业服务业类特色小镇因为主题化、特色化、专业化，往往容易在某类消费领域形成广泛知名度，一旦形成 IP 并广泛传播，就容易形成该类消费特色的小镇。

对于特色小镇来说，我们在关注小镇商业配套功能的时候，如果能够发掘小镇在某类商业服务领域的特色，就意味着小镇多了一个有竞争力的 IP，在竞争激烈的小镇生态下，这必然是值得探索的方向。

本章按照易铺智库特色小镇产业模型细分的 8 大产业价值，对以农业、工业、生态、旅游、文化、细分类型商务办公、商业服务业为主要特色的各类小镇案例进行了翔实的分析和研究，希望大家通过不同的案例、相应的案例分析以及上述产业价值为特色小镇发展需要关注的问题建立系统性的思想。

第十章　特色小镇实战要点

站在特色小镇风口，哪些环节直接影响成败？实战操盘如何防微杜渐？本书前面内容已经进行了全面的阐述，下面就集中总结一下特色小镇操盘的实战“要点”，以便于大家温故而知新。

10.1 选址有乾坤，远见定输赢

面对特色小镇发展机遇，大家必须牢记“易铺智库特色小镇产业定位的空间原理”，原因很简单，特色小镇周边城市的城市级别、产业结构、产业规模、消费结构、消费规模对特色小镇的产业定位、市场空间以及市场成熟周期影响巨大。在中国特色的城市群发展战略下，能否顿悟一线、二线、三线城市级别及国家级城市群的动态演化过程，直接决定了特色小镇选址是否高屋建瓴，是否从选址阶段就为特色小镇项目的成功和利润谋定了空间。

首选：北京、上海、广州、深圳等一线城市以及杭州、苏州、南京、天津、重庆、成都和武汉等重点二线城市，产业外移、消费外溢是大势所趋，周边游市场需求旺盛，适合打造产业、产业＋文旅等特色小镇。大城市周边小镇无论在政策规划、区位交通、消费市场等方面均具有突出优势，开发经营的风险小、利润空间大，比如华夏幸福基业围绕北京进行孔雀城发展；碧桂园的特色小镇只在一线城市周边做，最多二线城市，不会选择偏远地区。

其次：选址具有产业基础的网络节点型小镇，深挖其基础产业特色，并围绕产业特色引入旅游维度，打造产业＋文旅业特色小镇。我国许多网络节点型小镇因区位、历史、资源等方面的优势，积累了不错的产业基础，但随着产业发展动力减弱或规模见顶，产业升级、科技发展、人才引进和生态环境等方面面临挑战，难以支撑其可持续性发展。这类小镇，企业可通过与地方政府或知名企业进行战略合作，围绕基础产业深挖、培育和演绎文化，依托基础产业构建拓展文旅业态体系，发展产业＋文旅型特色小镇等。

此外，可在全国范围内选址生态环境优美的小镇，并通过资源精深利用、IP 导入和消费链延伸，打造文旅型特色小镇。孤点分布型小镇在区位、产业等方面可能不具备优势，因此除了风景优美、生态环境良好之外，更需要独特的自然资源、历史文化资源或 IP 资源作为发展支撑。

10.2 产业准定位，事半却功倍

特色产业定位决定特色小镇的发展方向，只有准确的产业定位才能引领特色小镇开发走向成功的彼岸。特色小镇特色产业定位的代名词，就是确定要做一个什么样产业主导的特色小镇。如乌镇就是一个有江南水乡特色的文旅小镇；东部华侨城就是一个以观光游乐为主的度假小镇。

特色小镇产业定位问题在本书第二章进行了深入研究，易铺智库结合长期实践总结的特色产业定位原理，将指导大家走向特色小镇产业定位的成功彼岸。

易铺智库特色小镇产业定位原理：

特色小镇“比较优势”产业组合原理；

特色小镇产业定位的空间原理；

特色小镇产业定位的时间原理。

对于特色小镇的开发运营商来说，谋定而后动是成功的标准动作；特色小镇产业精确定位无疑又是标准动作的第一个，也是最重要的动作，方向性错误必然导致谬以千里，所以要珍惜、珍重特色小镇的产业定位环节。

10.3 不谈模式，只谈市场

虽然特色小镇在国内依然处在发展的初级阶段，还没有足够数量的成功案例来论证哪个操作方式已经成了模式，但是不少业内人士习惯总结模式。

个人认为，特色小镇属于充分市场化的领域，模式的理念并不符合特色小镇的发展规律，应该坚持市场化思维，以市场导向进行特色小镇的产业定位、产品定位、规划设计、开发运营等。

10.4 “大钱”“小钱”通吃的生意

对于特色小镇来说，企业必须深刻把握特色小镇产业规律，客观考虑不同产业赢利模式及可行性，并且对企业竞争力在核心赢利模式方面的把控力有理性的判断。

鉴于特色小镇利益链条小到运营项目，大到资本运作，所以必须养成从小钱思路到资本思维的全系列的生意经。

小钱思路：

（1）门票收入等；

（2）综合收益：主要有餐饮收入、住宿收入、租金收入、演艺收入以及其他消费收入等；

(3) 地产经营收入：包括度假、养老主题的公寓、别墅以及旅游商业等。

资本思维：

(1) 地产销售收入及土地增值收益：包括各类地产开发内容等。对于不少特色小镇来说，这将是重要的收入和利润来源；

(2) 产业收入：比如中国首个云计算产业生态小镇——西湖云栖小镇，中国首个机器人小镇——廊坊香河机器人小镇；

(3) 资本运作：对于特色小镇的发展来说，必须有资本运作思维，恰当的资本运作模式可以最大化降低前期投资压力、快速推进项目。在项目初期必须做好整体策划，然后在此基础上引进战略投资者，最终实现上市，或者通过资本运作，实现融资和资本退出管道。比如，乌镇到2006年引入上市公司“中青旅”开发古镇旅游，是资本运作的成功案例之一。

10.5 无情怀，不规划

特色小镇规划的核心，就是在认识环境、尊重环境、利用环境的基础上，融入具体建筑的形象和功能，满足发展需求，创造和谐的生存环境，并深入考虑文化主题，用有温度的内容和协同方式实现环境、建筑、产业、人的有机融合。

规划务必追求一种境界。如：曲径通幽、欲掩还现、柳暗花明、别有洞天；一砖一瓦、一屋一巷，总有道不尽的韵味，有看不完的精彩、有想不透的空间……

在小镇规划中，重视文化和规划的融合，强调互动、交互，规划的灵性才能得到充分表现。这样的小镇规划设计，才正是游客来了又来的理由。

10.6 服务无温度，小镇必失色

文旅小镇，如果没有完善的服务体系，一定令消费者远去。服务是高标准的旅游需求，也是增加游客体验价值和提升满意度的重要方面。而建立有温度的高层次、精细化的服务体系，是打造小镇旅游核心竞争力的关键。

小镇不仅服务于游客，还服务于小镇的居民、就业人员。小镇服务体系需根据不同的服务对象和需求，从硬件设施和软件服务两方面入手：硬件方面是建设相关的基础设施；而软件则是建立高标准的服务规范和制度。

10.7 IP主导的小镇盛宴

特色小镇的 IP 应该是一种身份识别：最先想到、最快延伸的、最大想象、最美形象、最好故事，当特色小镇 IP 具有了这样的内涵，一旦进入公众视野，就会制造新闻，形成强迫记忆，实现故事传播。当特色小镇 IP 形成如此穿透力，成功指日可待!

每个特色小镇无不渴望这样的功成名就，那么没有别的捷径：从特色小镇特色产业的定位、产品的策划、规划设计、IP 打造、IP 植入到 IP 运营，每个环节都需要用 IP 的光芒照亮小镇成长的足迹。

我说特色小镇是 IP 主导的盛宴，希望业者深刻感受并融化在特色小镇操盘的全程。

10.8 节庆、活动、赛事营销，核爆市场的力量

欧美特色的小镇有很多是因拥有独具特色的节庆、展会、赛事等活动而闻名于世界的，例如英国海伊（二手书交易）、法国戛纳（电影）、昂西（漫画）、瑞士巴塞尔（艺术、博物馆）、英国爱丁堡（艺术节）、保加利亚卡赞勒克（玫瑰）、英国温布尔登（网球）、西班牙布尼奥尔（番茄）等。

很多城镇的节庆来自传统的季节、丰收、宗教、狂欢等活动，还有一些节庆或专业活动则源于电影、文学、书籍、艺术、体育、娱乐等主题。无论是哪一种活动，这些小镇都由专业的组织机构和专业人员按确定的文化主题推进，突出主题性、持续性和专业性，且品牌上保持了高度的辨识度。

通常，每个主题活动会需要专业团队用全年之力来运营，并且形成上下游的完整产业链。通过吸引、凝聚、专业兴趣圈子的人，让人们在这里以兴趣相聚，每年相约，每年惦记，从而培育出这个小镇的国际声望。相比之下，我国许多地区的特色节庆就有待提高了。比如缺少专业人才的挖掘整理和持续运营；在规划、投入和运营上缺乏主题思路，也未能充分调动民间资源和力量；品牌管理也缺乏长远考量和评估。

成功特色小镇普遍强化节庆、公关活动、赛事营销，这既对小镇进行了广泛传播，令小镇声名鹊起，快速赢得市场。如达沃斯国际论坛对于达沃斯小镇来说，肯定是最有影响力的活动营销，每年国际政要、企业家光临吸引着来自世界范围内的聚光灯。也因此，这个小镇不用做任何广告就可以享誉世界；世界互联网大会选址乌镇，也让乌镇走向了世界。

10.9 开发节奏巧把握

对于任何特色小镇来说，能够拿到大量土地，本身就是财富。接着就是开发。但是，在开发前首先要客观考虑企业竞争力、小镇产业基础、市场需求、竞争环境，甚至新技术、新趋势等变化因素的影响，对小镇特色产业准确定位，对系统性产品精准策划、组合，进而形成有效的规划设计方案。

特色小镇方案确定后，还要准确考虑市场成熟过程，对不同产业、不同项目根据市场成熟度原则制定开发计划，并考虑政府对小镇开发进度要求，适当调整开发计划后予以实施。

特别强调按照市场成熟度原则进行小镇分项目的开发计划安排，原因很简单：特色小镇开发牵涉多个产业的发展，前期项目又往往面临现金流压力，不科学考虑开发节奏和计划，市场不成熟的内容一旦建设完成，不仅无法形成稳定收益，甚至还会导致资金链断裂问题。

特色小镇开发节奏的至高境界：哪部分市场成熟就建哪部分；市场不成熟，宁可把地空下来——市场成熟后，一纸规划就可以赚得盆满钵满！

特色小镇偌大规模的开发建设，开发企业必须合理进行特色产业、旅游设施、人居配套设施（房地产）等的开发节奏把控，尤其在中国资金成本高企的大背景下，特色产业、旅游设施、配套设施都需要分期发展，协同配比，这样才能最大限度地保证运营成功以及对项目风险的控制。

后 记

经过半年多时间的写作，《特色小镇全程操盘及案例解析》书稿终于完成，从 2013 年就提上议事日程到 4 年后才成稿，我始终心存愧疚。

2013 年 5 月 9 日，易铺网在北京中国大饭店举办“易铺网移动战略及易铺中国城镇化发展模型发布会”，会上发布的“易铺中国城镇化发展模型”的内容其实就是本书第二章第二节“特色小镇产业定位原理”的框架性内容，显著的变化是当年的“城镇化”被更加人文自然的“特色小镇”所取代。

过去 4 年时间，在易铺网的探索发展上做了很多尝试：深入考虑移动互联网变革、人工智能趋势带来的深刻影响，个人始终认为商业地产互联网领域的深度垂直细分并不存在卓越的未来，无论商铺还是写字楼，所以易铺网始终坚持除住宅以外商铺、写字楼、公寓、厂房等所有商业地产交易的大数据、金融增值服务定位，这种思考和当前流行的移动互联网时代的重度垂直有较大的不同，这意味着易铺网和资本之间持续的距离感，也意味着易铺网不得不孤独地行走。当我看到某同行商铺网站亿元投资只是买了很多教训，2 年多无法走出北京的经营状况，以及其他商铺网站乐此不彼地狂奔后，我更加坚信商业地产互联网江湖的血色，更加坚信商业地产互联网领域继续垂直细分崎岖的未来。

这 4 年时间在易铺网上的执着，让本书的出版拖延至今。

年初，当我看到各种微信公众号、相关书籍里面关于特色小镇的“N 种模式”“M 个打法”“特色小镇就是旅游小镇”等诸如此类文章后，我意识到出版这本书的必要性和紧迫性。原因很简单，这些道貌岸然的观点在市场里广泛流传，对于特色小镇行业的危害是难以想象的。

过去 15 年，我经历了运营为王的商业地产过山车般从巅峰跌落谷底的生死时速，深刻体会动观市场、精准定位、科学招商、专业运营对于商业地产项目成败不可割裂的影响，其中“动观市场”揭示了运营属性的商业地产面临的市场的复杂变化性，加上移动互联网、大数据、人工智能等技术变革因素，任何成功的商业地产都不是模式的产物、打法的产物，而是准确把握目标市场的变化特征，进行的差异化、个性化、特色化的运营结果。

特色小镇对于运营的依赖性和商业地产如出一辙，而且因为产业运营的需要，其发展更要动观市场，照搬照抄“模式”，套用“打法”，忽视中国特色的制造业竞争力形成的产业小镇发展空间，简单意义强调“任何特色小镇都是旅游小镇”显然都是对市场极大的误导。这些误导性的观点，对于中国特色小镇的健康发展将是致命的。

从 2003 年开始，我和团队始终以“创造中国商业地产新价值”为企业责任，希望把我们对商业地产领域的思考、经验乃至教训贡献给开发企业、商家、创业者、投资者。如果大家因此少犯一个错误，那就是我和团队最大的幸福。

在特色小镇发展的今天，易铺智库作为特色小镇智库，深耕特色小镇定位研究、规划设计、营销服务、管理顾问等，未来将把团队积累的特色小镇开发、营销、管理经验分享给大家，最大限度为中国特色小镇的卓越发展，为“绿水青山就是金山银山”做出应有的贡献。

无比期待中国特色小镇能够创造出中国制造业那样的世界奇迹，当中国特色小镇成为瑞士达沃斯小镇一样的世界 IP，将意味着中国特色小镇引领中国城镇化走向中国特色，走向世界水平的新境界。

这本书是我 15 年来的第 8 本著作，出版的时间将是我的第 4 个本命年。在“五十知天命”的日子里，希望能够为中国城镇化发展做出一点绵薄的智力贡献，希望我 15 年来出版著作、传授知识的“授人以渔”行为能够成为行善积德的修为，也作为对培育我成长、善良的父母，以及陪伴我的夫人、儿子的特别回报。